… gefunden … könnte … für eine neue …

Ultramarin
mit 5% schwarz
und …
… Coelin-Bl…
… gebrauchen …

die Leinwände. Brauche den …
Weingarten gehört? Möchte …
Spätherbst
… Das Flor…
… ohne den …
… typisch …
… Coelin das Blatt …
… über unsere, meine …
… Walmen werden …
… so lebendig, daß …
… als hätte man …

LICHTNER-AIX Malerei und Graphik

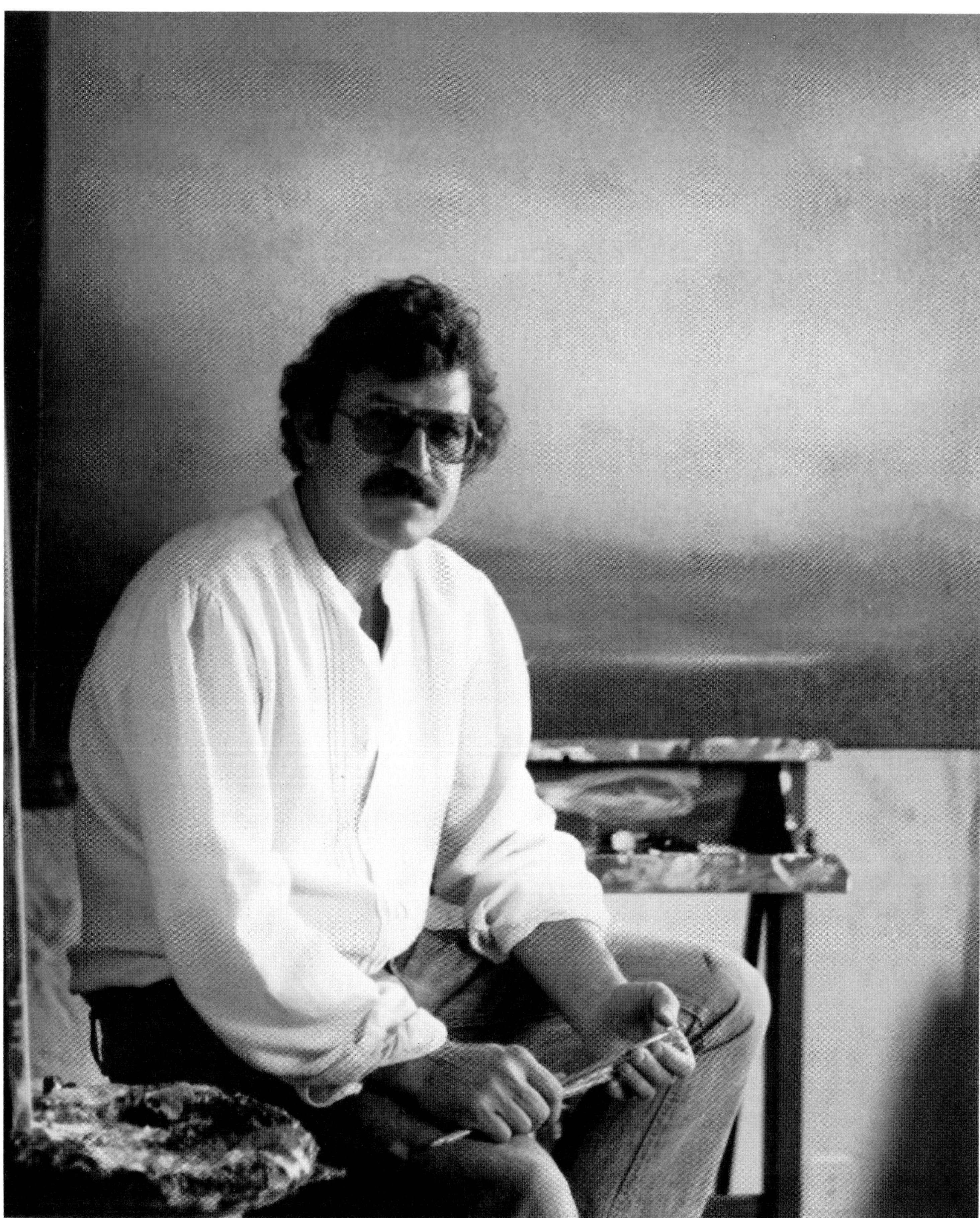

LICHTNER-AIX

Malerei und Graphik

mit vollständigem Œuvre-Verzeichnis
der Druckgraphik von 1967 bis 1983

Einführung Rainer Beck

Weingarten

Dank
Allen, die mitgewirkt haben am Zustande-
kommen dieses Buches. Dank im
besonderen Monique, die das Material
zusammenstellte. Druckunterlagen
stellten freundlicherweise zur Verfügung:
Margret und Horst Willer, Bad Salzufflen,
Ludwig Lange, Berlin, Angelika
Herzogenrath, Köln.

Gewidmet
meiner Frau Monique

Umschlagabbildung: Werner Lichtner-Aix,
Ausschnitt aus dem Ölgemälde „Marché
de Banon" OE 82020
Fotos: Wirth, München, Bruni, Orange,
W. Ostrop, Meerbusch, A. Müller,
München
Satz: Fotosatz F. Riedmayer GmbH,
Weingarten
Reproduktion: repro-team gmbh,
Weingarten
Gesamtherstellung: Graphische Betriebe
Eberl GmbH, Immenstadt
Printed in Germany
ISBN 3-921617-77-4 (Normalausgabe)
ISBN 3-921617-78-2 (Vorzugsausgabe)

Foto neben dem Titel: Werner Lichtner-Aix in seinem
Atelier in Sérignan, 1982

CIP-Kurztitelaufnahme der Deutschen
Bibliothek

Lichtner-Aix, Werner:
Lichtner-Aix : Malerei u. Graphik ; mit
vollst. Oeuvre-Verz. d. Druckgraphik von
1967–1982 / Einf. Rainer Beck. –
Weingarten : Kunstverlag Weingarten,
1983.
  ISBN 3-921617-77-4
  ISBN 3-921617-78-2 (Vorzugsausg.)
NE: HST

Inhalt

Welt als Farbe – ein Essay
von Rainer Beck   7

– Frühphase –   7

– Auseinandersetzung mit
der Tradition –   14

– Selbstfindung –   22

Vollständiges Oeuvre-Verzeichnis
der Druckgraphik   89

Lithographien 1967-1983   94

Radierungen 1969-1983   109

Plastische Arbeiten
Beispiele figürlichen Schaffens   131

Biographie   135

Bibliographie   138

Verzeichnis der Abbildungen   140

Welt als Farbe

Werner Lichtner-Aix sieht eine „Neue Landschaft". Seine Kunst markiert ein Stück Abwendung der deutschen Zeitgenossen von einer jahrzentelang gehüteten heiligen Kuh: dem Subjektivismus. Form- und Farbgebung, darüber hinaus auch das, was überhaupt zur Darstellung gelangte, hing hier einzig und allein von der Souveränität des eigenen Gefühls ab. Die Künstler der 60er und 70er Jahre haben darauf mit zunehmender Durchschlagskraft reagiert. Speziell in der Landschaftsmalerei entwickelten sich mehrere Gegenpole: Vorderhand ein ornamentaler und ein realistischer; beide erreichten eine Rückdämmung des Gefühls durch ein im wesentlichen formales Korsett: den Rückgriff auf das Ornament bzw. die genaue Orientierung an der natürlichen Erscheinungsform. Daneben aber hat sich noch eine dritte, in den bisherigen einschlägigen Übersichten kaum erfaßte Richtung herausgebildet: Die Rückgewinnung des kosmischen Bezugs mit den Mitteln der Farbe und des Materials (Abb. 1). Einer ihrer profilierten Vertreter ist Werner Lichtner-Aix.

Die vorliegende monographisch-deutende Studie versucht, die bisherige Entwicklung des Künstlers differenziert zu fassen.

Frühphase

AUFBRUCH EINES AUTODIDAKTEN (1958-1960)

Lichtner-Aix ist voll und ganz Autodidakt. Trotzdem gibt er für seine ersten malerischen Gehversuche seinen Großonkel und Dresdner Akademieprofessor Carl Wohlrab als geistigen Lehrer an. Dies mag vielleicht einerseits eine Konzession an all jene sein, für die – trotz prominentester Gegenbeispiele – ein akademischer Stammbaum erst ein malerisches Werk adelt, doch lag andererseits rein biographisch nichts näher als das. Als Lichtner-Aix 1958 – angehener Konstrukteur in der Ostberliner Energiewirtschaft – zu malen beginnt, fehlt ihm sowohl wissens- wie reifemäßig jegliche Orientierung. Die Zeit für ein Studium, das diese Lücken schließen könnte, nehmen Kurse an der Abendschule zur Erlangung der Hochschulreife in Anspruch. So verkörpert Wohlrab für ihn vorderhand den einzig greifbaren Einstieg in die Kunst.

Die Bilder der damaligen Zeit leben noch ganz von der naiven Faszination am eigenhändig geschaffenen Abbild: Vor dunkel-brauntonigen Farbklängen dominiert in ihnen das Bemühen um eine möglichst wirklichkeitsnahe Wiedergabe des Sujets. Entsprechend stark sind sie vom zeichnerischen Element – bis hin zum Altmeisterlichen – geprägt. Wo sich die Zeichnung hingegen ganz von der Malerei löst, eigenständig wird, erinnert sie an die englische Landschaftsauffassung des 18./19. Jhs. (Abb. 2). Die wichtigste und bis heute verbindliche Entscheidung dieser Zeit fällt jedoch nicht im stilistischen Bereich, sondern in dem der Themenwahl durch die fast ausschließliche Beschränkung auf Landschaft und Genreszene. Diese Themen-

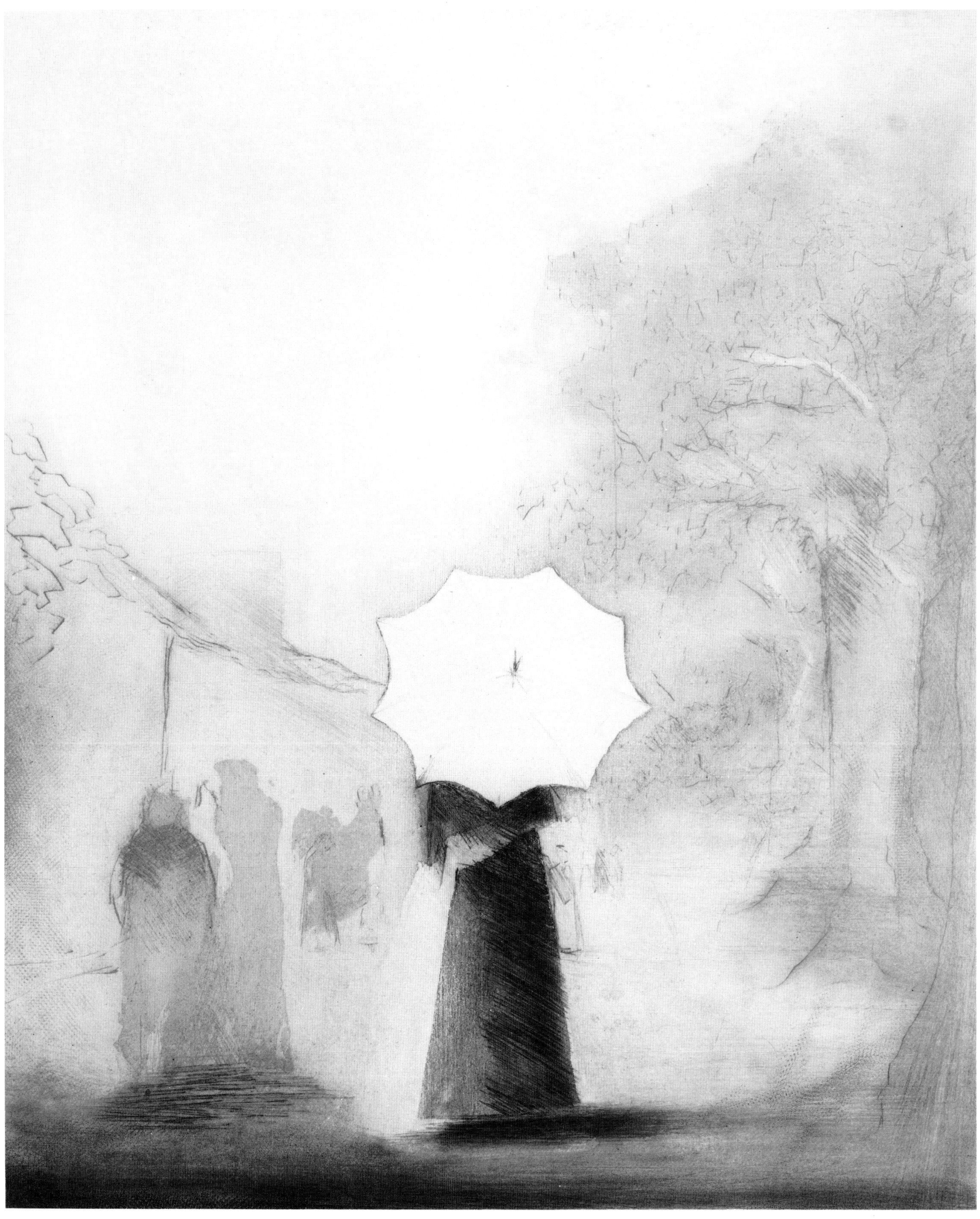

wahl ist mutig und bedeutet bis zu einem
gewissen Grad Programm, denn ein
junger Maler, der damals wider die
informelle Modeströmung am Gegen-
stand festhält, ist alles andere als attraktiv.
So besehen sind Lichtner-Aix' Bilder aus
der damaligen Zeit mehr als nur märkische
Landschaften oder eine Beschreibung
der Kreidefelsen auf Rügen. Sie ver-
körpern das Mitteilungsbedürfnis des
eigenen Seherlebnisses mit einer
gewissen Aussicht auf Verständlichkeit.

REDUKTION DER ZEICHNERISCHEN
HANDSCHRIFT AUF DEN UMRISS
(1961-1965)
Die Flucht in den Westen (1961) und das
daran anschließende Ingenieurstudium
(1961-1965) unterbrechen vorerst den
Fortgang der malerischen Entwicklung
völlig. Vor allem die permanente Zeit-
knappheit und ein chronischer Geld-
mangel, der den Künstler zwingt, sich als
Straßenzeichner mit Porträtkarikaturen
über Wasser zu halten, erweisen sich als
schwere Hypothek. Sie zwingen Lichtner-
Aix zur Suche nach stenogrammartigen
Ausdrucksmitteln, die dennoch das
Wesentliche seiner Eindrücke festhalten
und führen im Ergebnis zur Reduktion der
ursprünglichen Zeichentechnik auf die
Umrißlinie.
Bewußt wird in diesem Zusammenhang
auf den Begriff der Abstraktion verzichtet,
obwohl es sich rein formal um eine solche
handelt. Denn dieser Begriff ist kunst-
historisch belastet und setzt ein ausge-
prägt intellektuelles Kalkül voraus, wovon
im vorliegenden Fall keine Rede sein kann.
Es ist vielmehr das Leben selbst, das
Lichtner-Aix in diese Richtung treibt.
Umso mehr spricht es für seine – zu
diesem Zeitpunkt noch von der Tradition
völlig unbelastete – Begabung und seinen
künstlerischen Instinkt, daß er die Möglichkeiten, die ihm diese neue Technik
bietet, sofort begreift: die reinigende
Beschränkung auf das Wesentliche, die
Ausnutzung der Wirkungen des Hell-
Dunkel-Kontrasts und die Bewegung, die
man einer Gestalt durch die Konturlinie
geben kann.
Exakt diese Stilmittel prägen die jetzt ent-

stehenden Zeichnungen. Dabei erweist
es sich als Glücksfall, daß Lichtner-Aix als
Handwerkszeug ausschließlich den
Tuschpinsel verwendet. Denn gerade die
Tuschpinseltechnik bringt im Bereich der
reinen Zeichnung die genannten Stilmittel mit Abstand am besten zur Geltung.
Sie ist gleichzeitig aber auch eine der
schwierigsten, da sie keine Korrekturen
mehr zuläßt. Ihre ausschließliche Anwendung bedeutet im Moment ein ständiges
Training für die Sicherheit des Strichs.
Die Zeichentechnik des Künstlers hat sich
seit dieser Zeit – auch als später der
Tuschpinsel beiseite gelegt wird – in ihrer
Substanz nur noch unwesentlich ver-
ändert. Unabhängig von der stilistischen

Abb. Seite 8   FEMME AVEC PARASOL
Farbradierung 1979
Blattgröße 53/39 cm, Bildgröße 29,5/24,5 cm
KR 165

Abb. 1   WOLKENLANDSCHAFT I
OE 76041, 110/90 cm, Öl/Leinwand

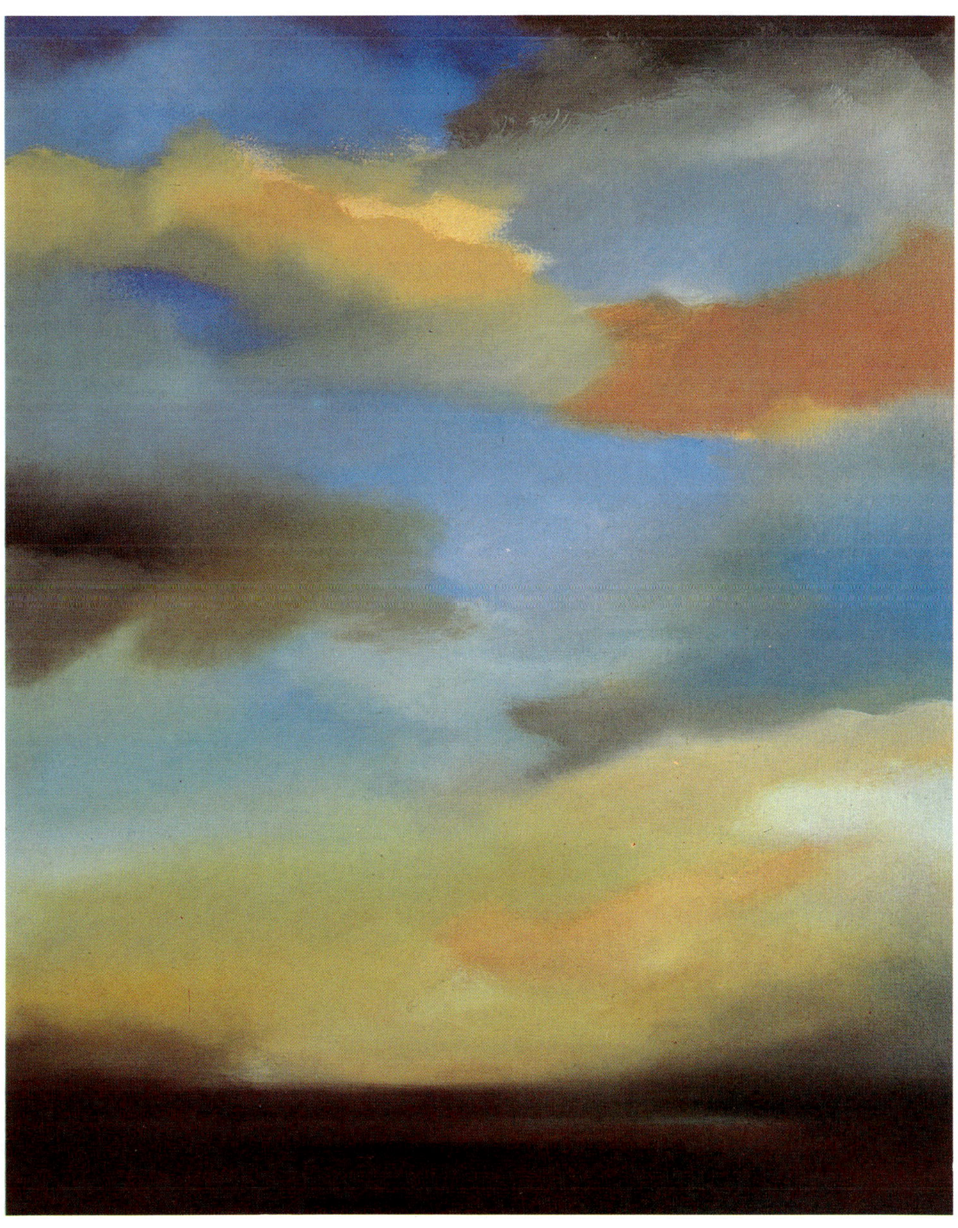

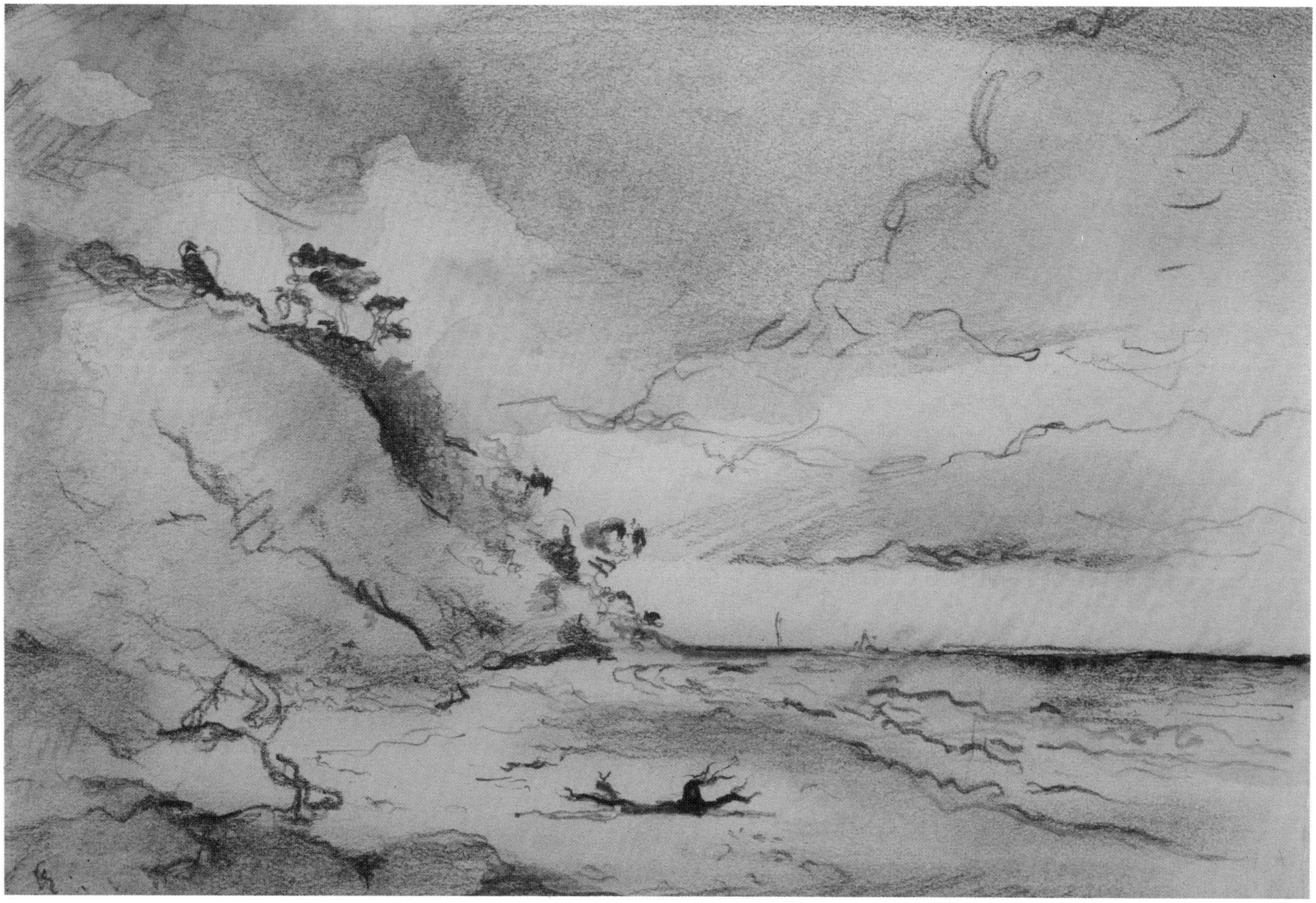

2

Abb. 2   KREIDEFELSEN AUF RÜGEN
Bleistift mit Aquarell/Bütten 1959
Blattgröße 9/12 cm

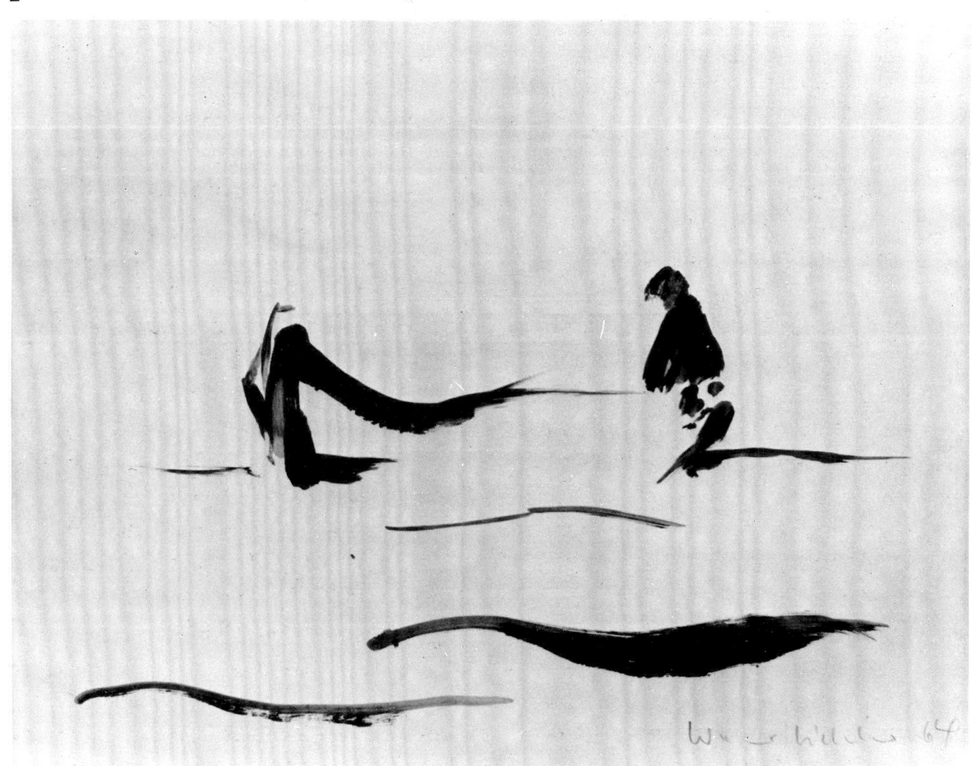

Abb. 3   FISCHER IM BOOT
Tuschpinselzeichnung/Bütten 1964
Blattgröße 34/31 cm

3

Entwicklung bleiben seine Zeichnungen
in ihrer Konturbetonung, ihrer Spontaneität und ihrer malerischen Akzente bereits
vorausdenkenden Anlage immer typische
Malerzeichnungen, nicht Blätter eines
akribischen Zeichners. Trotzdem erstaunt
die Sicherheit, mit der diese frühen
Zeichnungen schon hingeschrieben sind –
ein Erbe der altmeisterlichen Schulung.
Speziell in der Phase von 1961-65 entstehen sparsame, in ihrer Ausgewogenheit perfekte und manchmal fast etwas zu
glatt und effektvoll ins Blatt gesetzte
Impressionen. Einen ersten Höhepunkt
markieren hier die „Bretonischen
Skizzen", Stenogramme einer Reise in
die Bretagne (1964), denen die Berliner
Galerie von Kalkstein noch im selben Jahr
eine erste Ausstellung widmet (Abb. 3).
Auffallend an diesen Skizzen ist, daß in
ihnen bereits die heute so typischen
Merkmale der Lichtnerschen Handschrift
angelegt sind. Die spannungschaffende
Verbindung von anmutiger Bewegung
und Zartheit der Geste mit gedrungenen,
fast massig-blockartigen Gestalten, die in
sich selbst zu ruhen scheinen.

BEFREIUNGSVERSUCHE – MALEREI
ALS GEGENWELT (1965-1967)
Nach Abschluß seines Studiums übersiedelt Lichtner-Aix 1965 von Berlin nach
München und tritt eine Stellung im
Siemens-Konzern an. Mit diesem Schritt
hat er sich einem Lebensrhythmus unterstellt, den er bald als unsichtbares
Gefängnis empfindet. Umso stärker ist
der Eindruck, den auf seiner ersten
Provence-Reise das Fest der Zigeuner in
Les-Saintes-Maries-de-la-Mer hinterläßt.
Die Welt der Zigeuner muß ihm als halbe
Offenbarung, als eine Art Gegenwelt zur
eigenen erschienen sein. Vor allem die
intensive Art des Feste-Feierns, des Sich-
Auslebens und der intensive Naturbezug
der Zigeuner im Rahmen einer in sich
geschlossenen, bergenden Gemeinschaft beeindrucken ihn tief. Das Fest
kulminiert in einer Begegnung mit dem
heute zu internationalem Ruhm aufgestiegenen Gitarristen Manitas de Plata.
In unmittelbarer Auswirkung dieses
Erlebnisses nimmt Werner Lichtner 1965

den Beinamen „Aix" an. Ab jetzt werden
seine Bilder nicht mehr mit Lichtner
sondern mit dem Synonym „Aix" signiert.
Diese Namensänderung darf jedoch
keinesfalls als romantisch-werbewirksamer Schachzug, gleichsam als künstlerischer Stimmenfang ausgelegt werden.
Sie ist damals eine psychische Notwendigkeit und markiert den ersten Schritt
Werner Lichtners zu unabhängiger Denkweise, zu einer gefestigten Persönlichkeit, die sich im Moment nur über den
Protest gegen die alte eigene „Siemens-
Welt" entwickeln kann. Dieses „Aix" –
heute überflüssig geworden – bedeutet
1965 das jugendliche Bekenntnis zu
einem schöpferischen Leben, zu persönlicher Freiheit gegenüber allgemeinverbindlicher Norm.
Die Arbeiten von 1965/66 sind ein
getreuer Spiegel dieser Entwicklung. Der
Pinselstrich wird wild und ausufernd, die
Farbe intensiv, manchmal sogar grell.
Reine Rot-, Grün-, Blau- und Gelbtöne
beherrschen die Leinwand, gedeckte
Zwischentöne sind die absolute Ausnahme. Lichtner-Aix beginnt, sich in
seiner Malerei auszuleben, in ihr eine
psychisch befreiende und ihn selbst
bestätigende Gegenwelt aufzubauen.
Dies ist aber nur ein Teilaspekt ihres
gesamten Erscheinungsbildes. Immerhin
können wir auch einen objektiven Fortgang der malerischen Entwicklung konstatieren. Zum ersten Mal nämlich tritt die
Farbe in den Vordergrund und verläßt ihre
vordem eingenommene Position der
reinen Unterstreichung des Zeichnerischen. Neu ist auch eine gewisse
Flächenspannung, erzielt durch zeichnerische Perspektivandeutungen, die
gleichzeitig durch eine ausschließlich
flächige Farbigkeit neutralisiert werden.
Die Zeichnung selbst bleibt im wesentlichen weiter auf die Kontur beschränkt.
Ob zeichnerische Beschränkung auf die
Kontur und Wildheit des Strichs, ob Primat
der Farbe und ihre aggressive Strahlkraft
oder schließlich die Spannung durch den
Gegensatz von Perspektive und Fläche –
alles sind Stilmittel der Fauves, jener
Gruppe um Henri Matisse, die um 1905
mit ihrer Protestmalerei das vornehme

Publikum des Pariser Herbstsalons verschreckte: Zum ersten Mal läßt das Werk von Lichtner-Aix eine Auseinandersetzung mit der Tradition erkennen. Unabhängig von diesem kunsthistorischen Aspekt belegen bereits jene ersten farbigen Bilder von 1965/66 ein für einen Anfänger geradezu traumwandlerisches Farbgefühl und eine nicht minder sichere Kompositionsgabe. Für beides erweist sich der Künstler als eine ausgesprochene Naturbegabung. Der vielleicht wesentlichste Kern dieser frühen Bilder ist jedoch ihr Gehalt. Sei es im Zyklus der „Zigeunerfeste" oder im „Stilleben mit blauer Vase" (Abb. 4) — immer beinhaltet die hier gemalte Gegenwelt den Formulierungsversuch des Ursprünglichen. Mittelbar wird über die Darstellung eines freien, zur Natur in Einklang stehenden Lebens oder beispielsweise über die Darstellung von Feldfrüchten, von denen sich im Bild eine jede zu einer eigenen Persönlichkeit auswächst, die Frage nach dem ewigen Wesen der Natur gestellt. Diese transzendentale Frage entwickelt sich später zur Kernfrage des Lichtnerschen oeuvres. Im Augenblick allerdings ist der Künstler

Abb. 4   STILLEBEN MIT BLAUER VASE
Öl/Leinwand, OE 66014, 81/90,5 cm

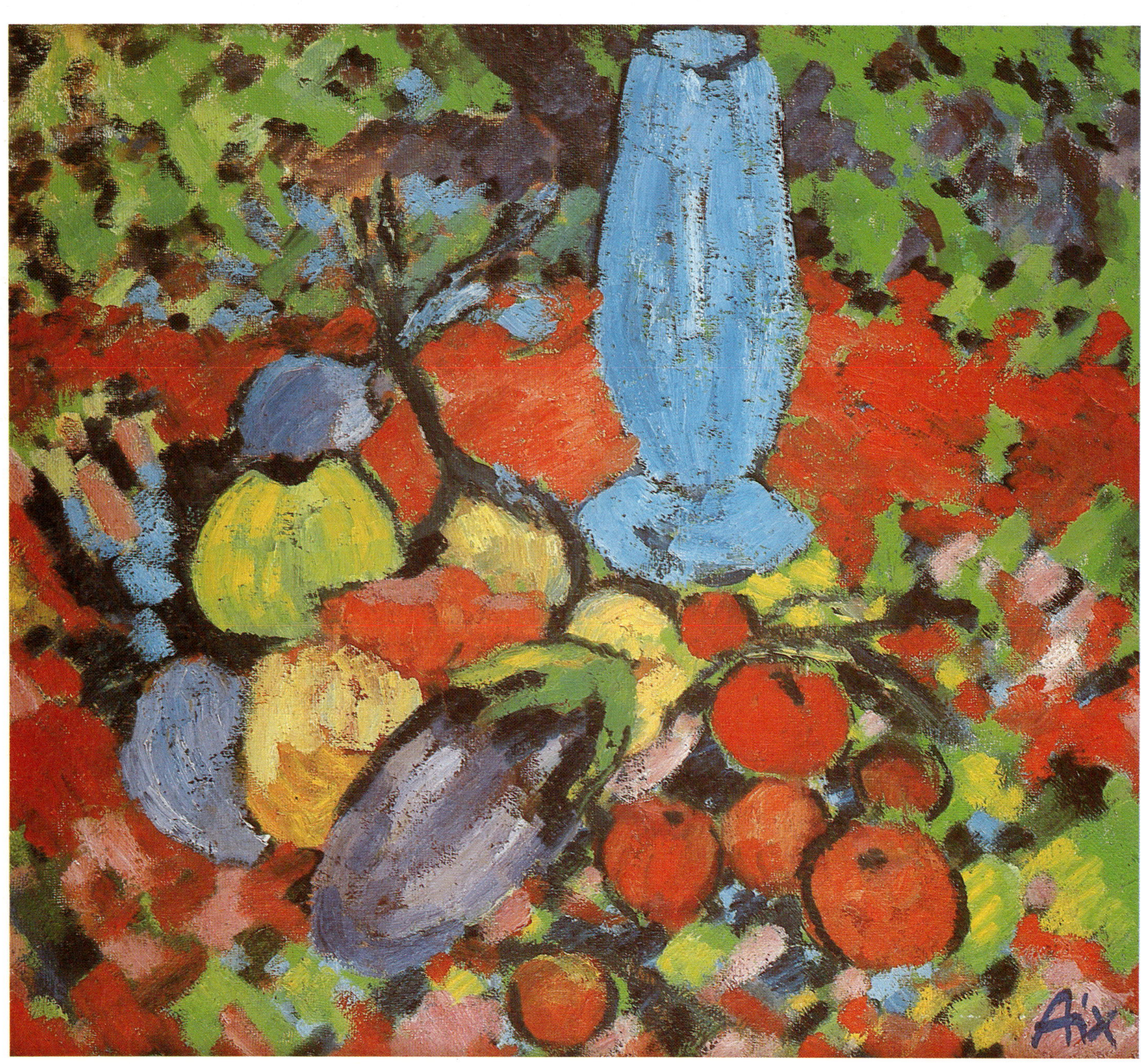

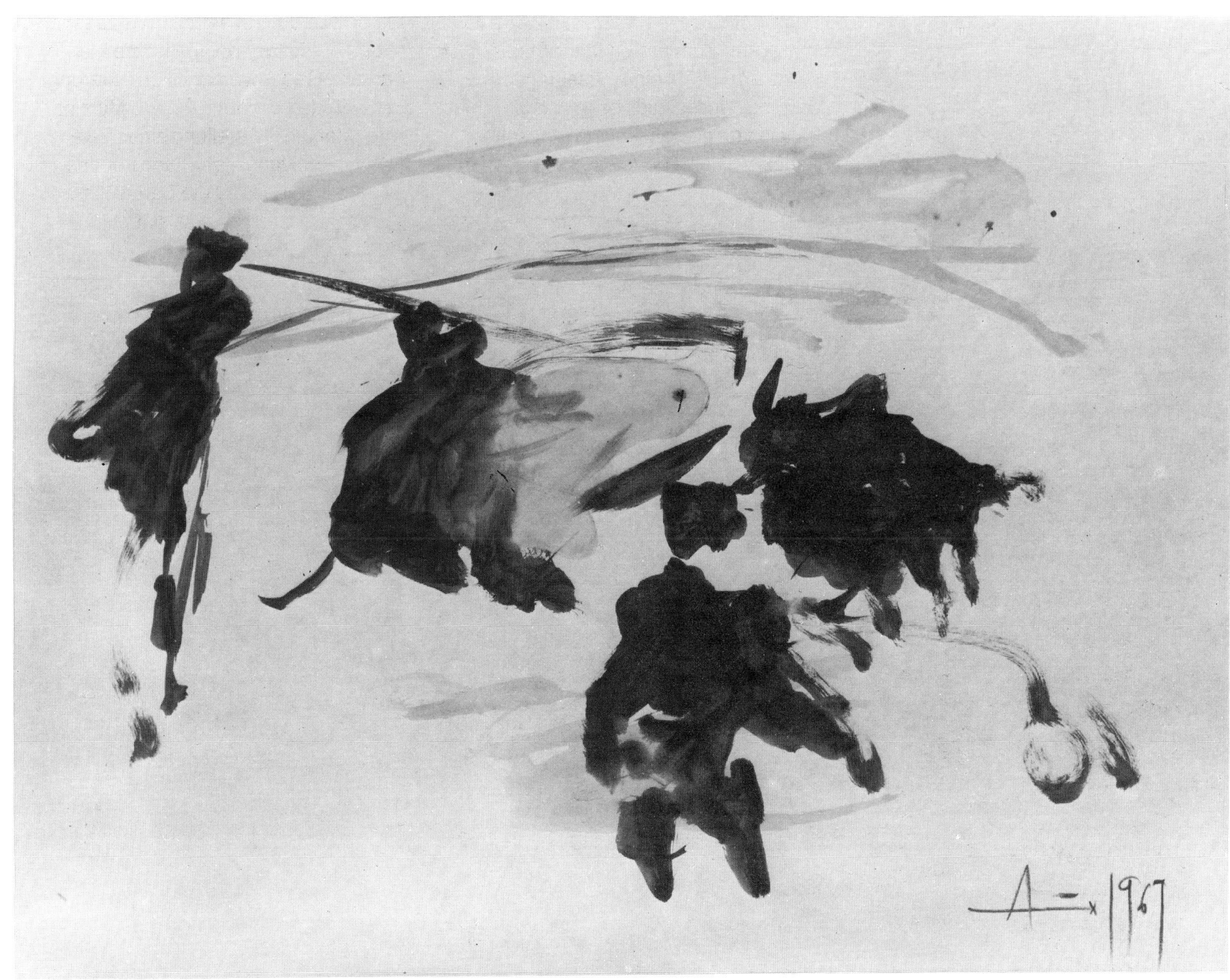

noch nicht in der Lage, sie adäquat zu beantworten. Weder sein subjektivistischer, erlebnisgeprägter Malansatz noch die Stilmittel der Fauves bringen hier eine Lösung.

Ein weiterer, wesentlicher Aspekt ist, daß die Bilder dieser Phase alle bereits 1965 angelegt sind und lediglich zu einem Teil 1966 fertiggestellt werden. Außer einer zweiten Provencereise, die die Eindrücke der ersten bestätigt und vertieft, bleibt dieses Jahr ansonsten ein unfruchtbares. Zu stark lastet der immer unerträglicher werdende Druck des Ingenieurberufs auf dem Künstler. Es ist deshalb weniger ein Akt besonderen Mutes als vielmehr künstlerischen Selbsterhaltungstriebs, wenn Lichtner-Aix im Mai 1967 sein

Arbeitsverhältnis kündigt und sich für ein freies Leben als Künstler entscheidet. Sofort bereist er wieder die Provence und noch einmal bekräftigt er in einem Zyklus Picasso-beeinflußter Stierkampfzeichnungen seine Gegenwelt: der Mensch im Kontakt mit dem Natur verkörpernden Stier, dessen Wildheit und Kraft Lichtner-Aix zuvor in den riesigen Herden der Camargue beobachtet hat (Abb. 5). Wieder ist der Tuschpinsel sein Handwerkszeug, der seiner damals ungestümen Malweise am meisten entgegenkommt. An diesen Zeichnungen fällt auf, daß sie zwar die früher erarbeitete Konturlinientechnik mit all ihren Möglichkeiten beibehalten, andererseits aber durch konturausfüllende Hell-Dunkel-Schattie-

Abb. 5 STIERKAMPF
Tuschpinselzeichnung/braunes Packpapier 1967
Blattgröße 50/60 cm

rungen ein zusätzlich dynamisierendes und dramatisierendes Element enthalten. Dieses zusätzliche zeichnerische Element taucht in beruhigterer Form später vor allem in der Druckgraphik wieder auf.

Lichtner-Aix' Frühphase ist damit abgeschlossen.

ERGEBNIS

In den Jahren von 1958-1967 hat sich Lichtner-Aix, wenn auch nicht in allen Einzelheiten, so doch im wesentlichen den Grundstock für sein weiteres oeuvre erarbeitet. Thematisch kristallisieren sich Landschafts- und Genrebilder heraus. Die Zeichnung ist sicher, konturbetont, mit einem Sinn für die kraftfeldartige Wirkung des Hell-Dunkel-Kontrasts. Das Gefühl für Farbe und Komposition scheint zumindest geschärft. Sogar die geistige Problemstellung der Lichtnerschen Malerei – später in aller Deutlichkeit sichtbar – klingt schon an, allerdings noch verstellt durch einen allzu subjektivistischen Malansatz und – damit verbunden – durch einen nicht immer angemessenen Einsatz der malerischen Mittel. Sicherlich fehlt den Arbeiten der damaligen Zeit noch die große Linie, doch darf man nicht vergessen, was sie eigentlich sind: Lehrstücke eines jungen Malers.

Immerhin aber erkennt die bekannte Kunsthändlerin Änne Abels schon 1967 die Begabung und die Entwicklungsmöglichkeiten, die aus diesen Arbeiten sprechen, und beschließt, Lichtner-Aix zu vertreten.

Auseinandersetzung mit der Tradition

COLLAGEN (1968)

1968 ist für den Künstler ein ereignisreiches Jahr. Durch die Heirat mit Monique Ostrop erhält sein Leben ein stabilisierendes Element und eine Ausstellung bei Änne Abels eröffnet erstmals etwas günstigere ökonomische Perspektiven. Zeichnen sich also im persönlichen und finanziellen Bereich tragfähige Lösungen ab, so gilt dies nicht für die Malerei. Lichtner-Aix ergeht es wie jedem, der

beginnt, in die Tradition der Malerei einzudringen. Er wird von der Fülle der geistigen Konzepte überwältigt. So hat er, als er sich 1968 für einige Wochen in einer Dachwohnung in Aix-en-Provence einmietet, zwar sein Handwerk gelernt, kennt zumindest instinktiv seine Problemstellung, ist aber von der Fähigkeit, dieser gültigen Ausdruck zu verleihen, weiter entfernt denn je. Da geschieht etwas sehr Merkwürdiges. Auf einer seiner Wanderungen in der Ouvèze findet der Künstler eine alte Wurzel, die durch Lehm und angebackenes Schwemmgut die Form eines Vogels angenommen hat. Er nimmt sie mit und tauft diesen Vogel – rein aus Freude am Wortklang, nicht mit irgendeinem Hintergedanken – Archimedes (Abb. 6). Zu Hause greift er spontan nach den Fetzen einiger zerrissener, da mißglückter Zeichnungen und formt aus ihnen im Collageverfahren das Bild dieses Wurzelvogels: Die Welt und ihre Deutung, verkörpert in diesem Wurzelvogel – ein Mosaik des Zufalls, dem er jetzt in seiner Kunst Raum geben will. So spontan die Collage ins Werk von Lichtner-Aix auch eindringt, sie kommt nicht von ungefähr. Daß Gleiches nie Gleiches ist, sondern auch etwas völlig Anderes bedeuten kann, und, daß dies auf „das Gesamte… verfügbare Inventar der Welt als gleichrangiges Material" (Werner Spies) zutrifft, ist ein Gedanke, der schon 1919 zu den ersten Collagen Max Ernsts geführt hat. Und auch bei Max Ernst spielt die Gestalt des Vogels von „Hornebom" bis „Loplop" eine große Rolle.

Thematisch beschränken sich Lichtners Collagen fast ausschließlich auf die Darstellung des Vogels „Archimedes" und eine Wiederaufnahme der Stierkampfszenen (Abb. 7). Neben Lithokreide, Kohle und Gouache verwendet er an Materialien alles, was ihm in die Hände kommt, vom Papierfetzen über Mallappen bis hin zum Zigarettenstummel. Als Sinnbilder des Zufalls bringen diese Materialien jene Größe ins Bild ein, die der Künstler damals als Hauptwesenszug der Natur erkennt. Über ihre Verbindung mit der eigenen zeichnerischen Handschrift soll der ersehnte Naturbezug hergestellt

werden. Dies ist der eigentliche ikono-
graphische Sinn seiner Collagen.
Diese Überlegungen enthalten jedoch
insofern einen Denkfehler, als die
genannten Materialien in dem Augenblick
ihren Zufallscharakter verlieren, da sie
vom Künstler kompositionell in ein kalkuliertes Bezugssystem gesetzt werden.
So führen auch die Collagen in eine Sack-
gasse, selbst wenn man konzedieren
muß, daß einige dieser Blätter in ihrer
lebendigen Frische nicht ohne Reiz sind.
Lichtner-Aix bricht dieses Experiment
denn auch sehr schnell ab.

DIE „HELLEN BILDER" (1968/69)
Teilweise parallel, im wesentlichen aber
doch nach den Collagen, entsteht eine
Reihe von Ölbildern vorwiegend folklo-
ristischen Inhalts, die sich im Gegensatz
zu jenen von 1965/66 durch eine überraschend lichte Gestimmtheit auszeich-
nen. Auf hellem Grund sind meist insel-
artige Farbfelder angeordnet, die in der
Gesamtschau als kompositorische Kraft-
felder fungieren. Diese werden in sich so
differenziert, daß die verschiedenen Farb-
töne häufig die Funktion der Zeichenlinien
einer auf den Umriß reduzierten Darstellung übernehmen. Ein weiteres
Novum ist die wesentlich kultiviertere
Malweise, die sich ebenso im Pinselstrich
wie auch in der Benutzung gedeckter
Farben ausdrückt. Dadurch gewinnen die
reinen Töne an Intensität, wie auch die
Farbe insgesamt viel bewußter wahr-
genommen wird (Abb. 8).
Obwohl Lichtner-Aix in diesen Bildern
wieder eine malerische Lösung seines
Problems anstrebt, darf nicht übersehen
werden, daß die Beweggründe für die
Entstehung der „hellen Bilder" jenen für
die der Collagen ähnlich sind. So sind
sicherlich die als übermächtig empfun-
dene Tradition und der dadurch ausgelöste
Denkprozeß hauptverantwortlich für das
Abrücken des Künstlers von der stark
bekenntnisgeprägten Farbigkeit der
früheren Jahre. Ebensowenig wie die
Fauves ihre Protestmalerei kann Lichtner-
Aix seinen jugendlich ungestüm vorgetragenen Anspruch auf eine umfassende
malerische Weltinterpretation über einen

längeren Zeitraum hinweg durchhalten.
Es ist in diesem Zusammenhang interes-
sant, daß auch einige der Fauves – z.B.
Albert Marquet – sich zu einer helleren
Palette hin entwickelten, die sich offenbar
besonders gut zur Beruhigung und Diszi-
plinierung des revolutionären Elans
eignet. Nochmals sei darauf hingewiesen,
daß dies keineswegs zur Eindämmung
der Farbe führt, sondern im Gegenteil zu
einer bewußteren Aufnahme ihrer inneren
Struktur und damit im Endeffekt sogar zu
einer intensiveren Wirkkraft. Hand in
Hand damit lassen Lichtner-Aix' Bilder
erstmals – auch hier den Collagen ähnlich –
ein in Reduktion und Komposition ganz

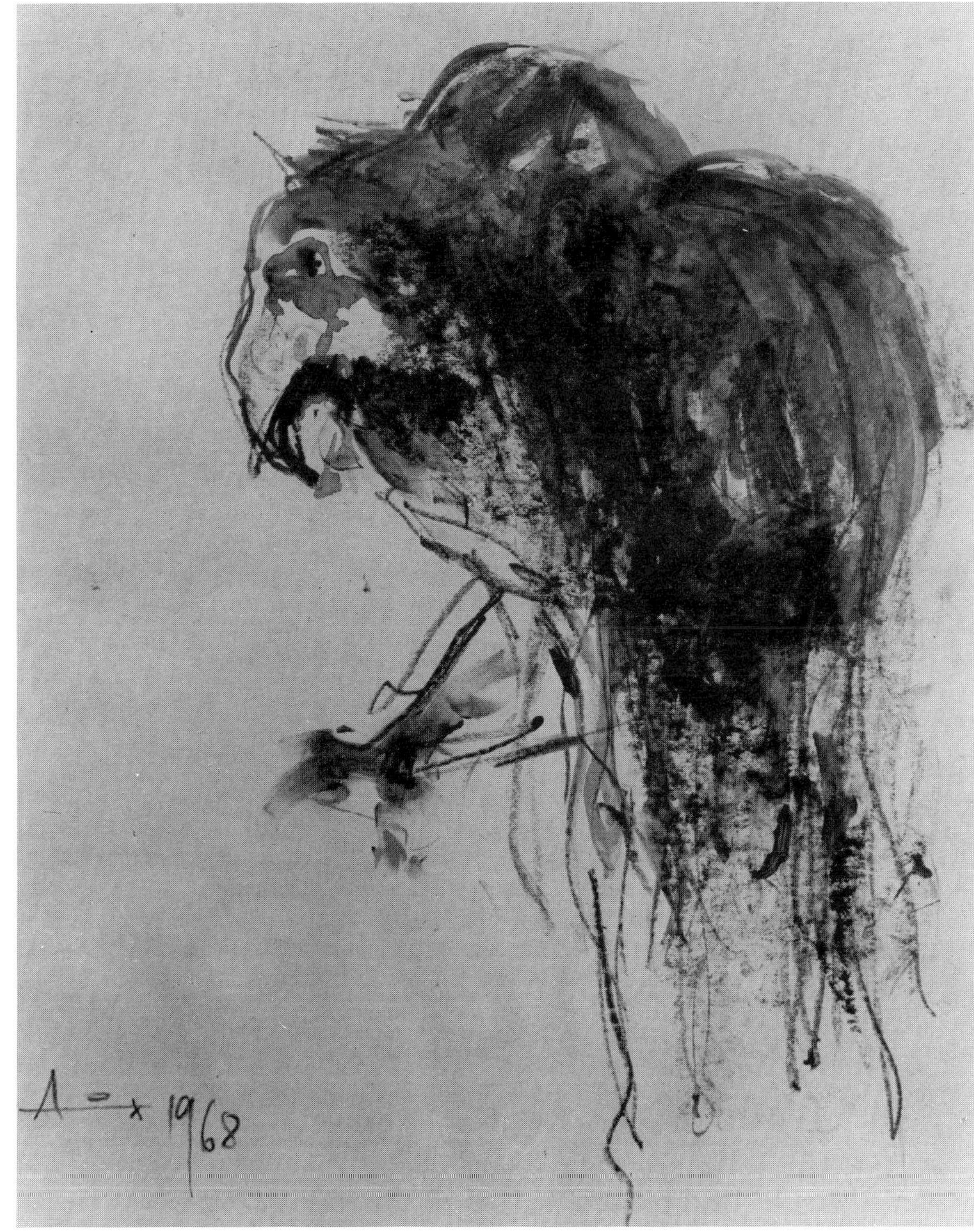

Abb. 6 ARCHIMEDES
Lithokreide mit Tusche laviert/braunes Packpapier
1968, Blattgröße 48,5/39,5 cm

Abb. 7   STIERKAMPF
Collage, Gouache und Kohle/Karton 1968
Blattgröße 32/39 cm

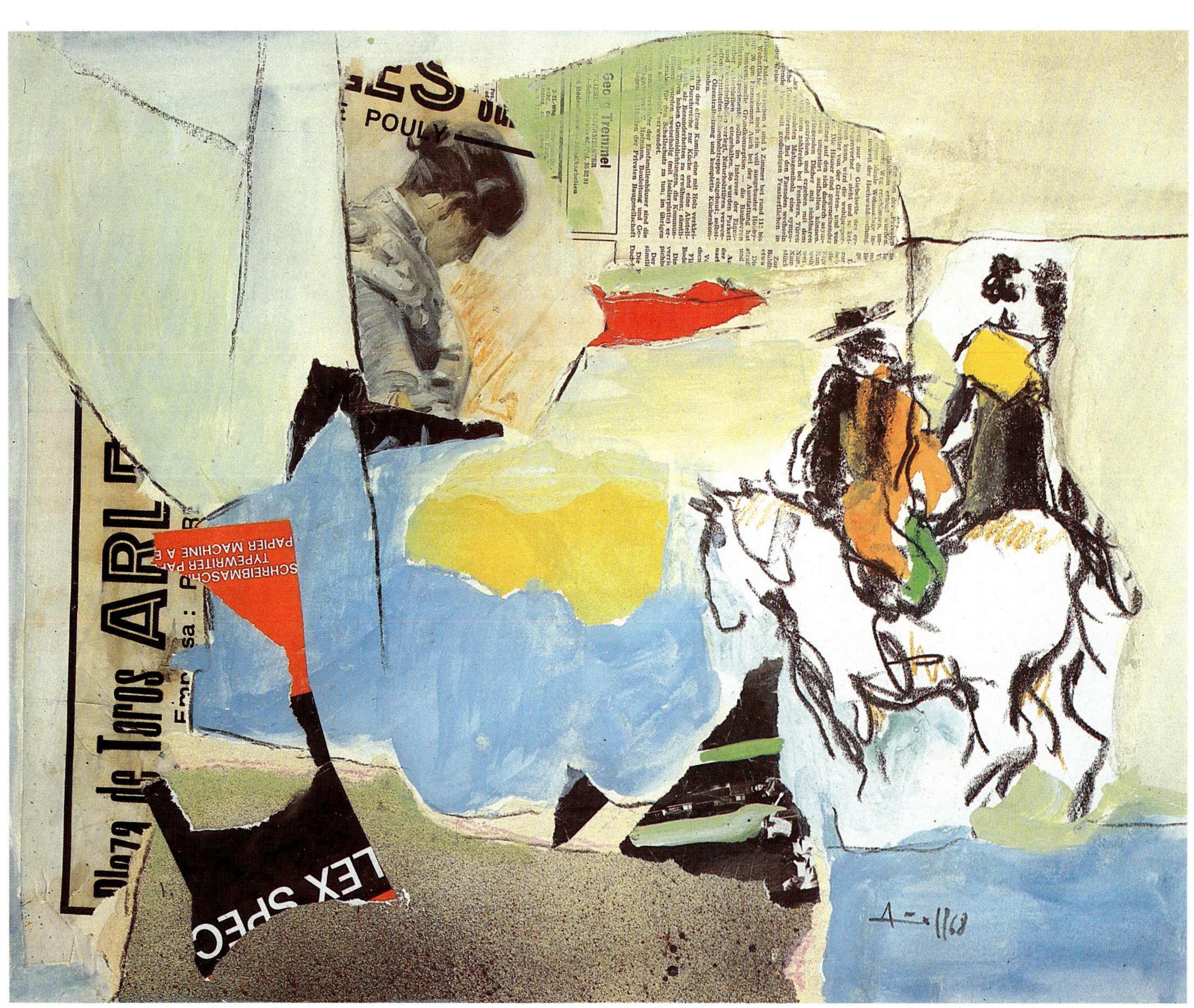

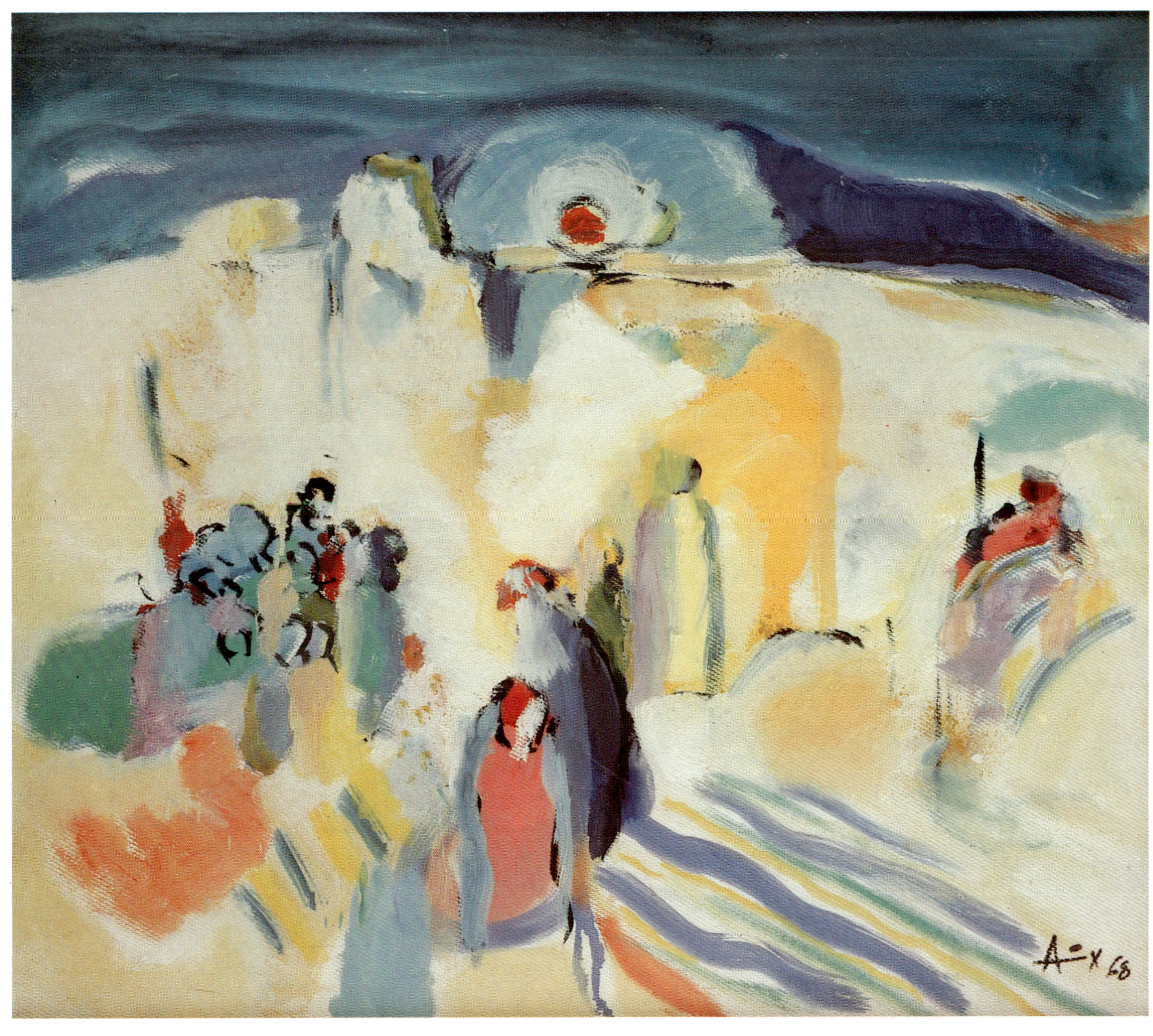

auf die Wirkung der Farbe abgestimmtes, kalkuliertes Bauprinzip erkennen, sodaß jetzt zu Recht von Abstraktion gesprochen werden kann. Die erwähnten Farbinseln übernehmen hierbei die in der Collage noch besonders wirksame Mosaikidee.

Trotzdem vermitteln die „hellen Bilder" nicht das Naturverständnis der Collagen, sondern gehen einen entscheidenden Schritt weiter. Natur wird nicht mehr als Summe von Zufällen, sondern als eine in ihrer Vielfalt auf eine gemeinsame materiale Basis rückführbare Größe begriffen. Und diese Basis verkörpert der trotz Helligkeit gedämpfte Malgrund in seiner Funktion als kompositorische Klammer. Er ist als Sinnbild der Materie ganz allgemein zu deuten. Aus ihm spricht ein Schuß Melancholie und der desillusionierte Rückzug von der spekulativen Naturinterpretation auf die sinnliche Wahrnehmung. Ganz nahe ist damals Lichtner-Aix der heute gefundenen Lösung, wie eine als Vorgriff auf die Zeit nach 1972 zu wertende Meerlandschaft aus dem Jahr 1968 (Abb. 9) belegt. Aber gerade aus den in ihr vorhandenen Fehlern, die die hier vorgenommene Gegenüberstellung mit einem thematisch identischen Blatt aus dem Jahre 1978 (Abb. 10) deutlich macht, wird klar, wie sehr Lichtner-Aix sich selbst noch im Wege steht. Noch ist er nämlich nicht bereit, den Versuch einer Erklärung der Natur aufzugeben und sie als etwas Unerklärlich-Geheimnisvolles zu akzeptieren. Seine damals materialistische Einstellung verleitet ihn, selbst bei elementarster Landschaftsdarstellung (Meer, Sand und Himmel) seine Arbeiten ganz auf die Symbolfunktion des Malgrundes hin zu konstruieren. Der Malgrund selbst nimmt hier in seiner Symbolfunktion materialer Überbetonung den Charakter der reinen, ungegenständlich gesetzten Farbe an und erzeugt einen akademisch kühlen, fast steifen Eindruck, der sich auf das ganze Bild überträgt. Die Farbe verliert dadurch gerade jene Fähigkeit, die Lichtners Bilder heute besonders auszeichnet: sich vollkommen in den natürlichen Gegenstand zu verwandeln

und dennoch die spezifische Eigenart voll zu entfalten. Ein merkwürdiger Zwiespalt prägt diese „hellen Bilder". Einerseits ganz auf die Farbe hin angelegt, beschneiden sie dennoch deren Wirkung durch die Art ihrer Anlage. Wieder ist es also eine vom persönlichen Intellekt bestimmte Naturdeutung, die den Künstler am Fortkommen hindert.

SOZIALKRITISCHES INTERMEZZO
(1969)
Als vermeintlich unfruchtbaren Ansatz bricht Lichtner-Aix Mitte 1969 sein Experimentieren mit der Farbe ab und wendet sich wieder der Zeichnung zu. Mehr denn je mit sich selbst beschäftigt, ohne Orientierung und wohl ziemlich verzweifelt trifft er auf einer neuerlichen Provencereise an der Côte d'Azur ein. Umso mehr muß ihn das dortige selbstzufrieden fette Touristen-Bürgertum abstoßen. Aus dieser Abneigung heraus entstehen eine ganze Reihe von Arbeiten, die die morbide Atmosphäre der vornehmen Côte-d'Azur-Halbwelt aufs Korn nehmen. Stark an den Duktus Raoul Dufys angelehnt, zeichnet Lichtner-Aix Bilder, in denen die Farbe lediglich noch die Rolle des unterstreichenden Füllkolorits für eine breit schwarze Umrißlinie oder von atmosphäreschaffenden Hintergrundfeldern übernimmt. Ähnliches gilt für die farbige Druckgraphik, allerdings mit dem Unterschied, daß hier für die zeichnerisch wesentlich feiner nuancierte Darstellung thematisch wie stilistisch Einflüsse der realistisch vorgetragenen Sozialkritik eines George Grosz der frühen 20er Jahre bestimmend sind. In ihrer epigonalen Anlage und starken Skizzenhaftigkeit sind diese Arbeiten im Gesamtwerk von Lichtner-Aix die wohl am wenigsten geglückten. Am ehesten gelingt es dem Künstler noch, in der ausschließlich schwarz-weiß gehaltenen Lithofolge „Côte d'Azur" seine am Tuschpinsel geschulte Handschrift zu wahren (Abb. 11). Offenbar liegt ihm der in seiner Wirkung dem Tuschpinsel sehr ähnliche breite satte Strich der Lithokreide. Auf diese Folge trifft deshalb das vorstehende Urteil nur bedingt zu.

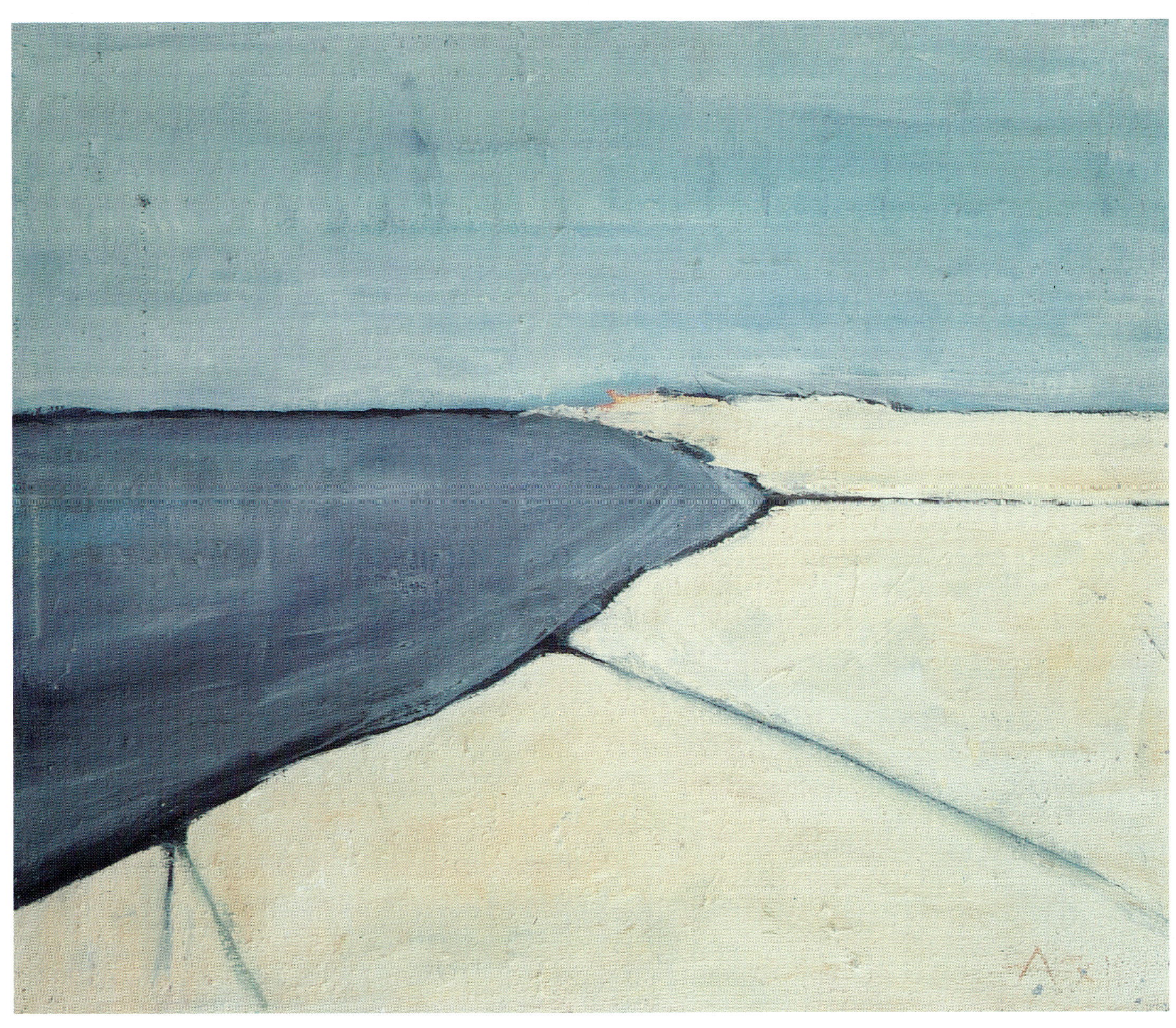

Abb. 10   LA PLAGE
Kaltnadelradierung mit offener Ätzung 1978
Blattgröße 73,5/53 cm, Bildgröße 35,5/39,5 cm
KR 138

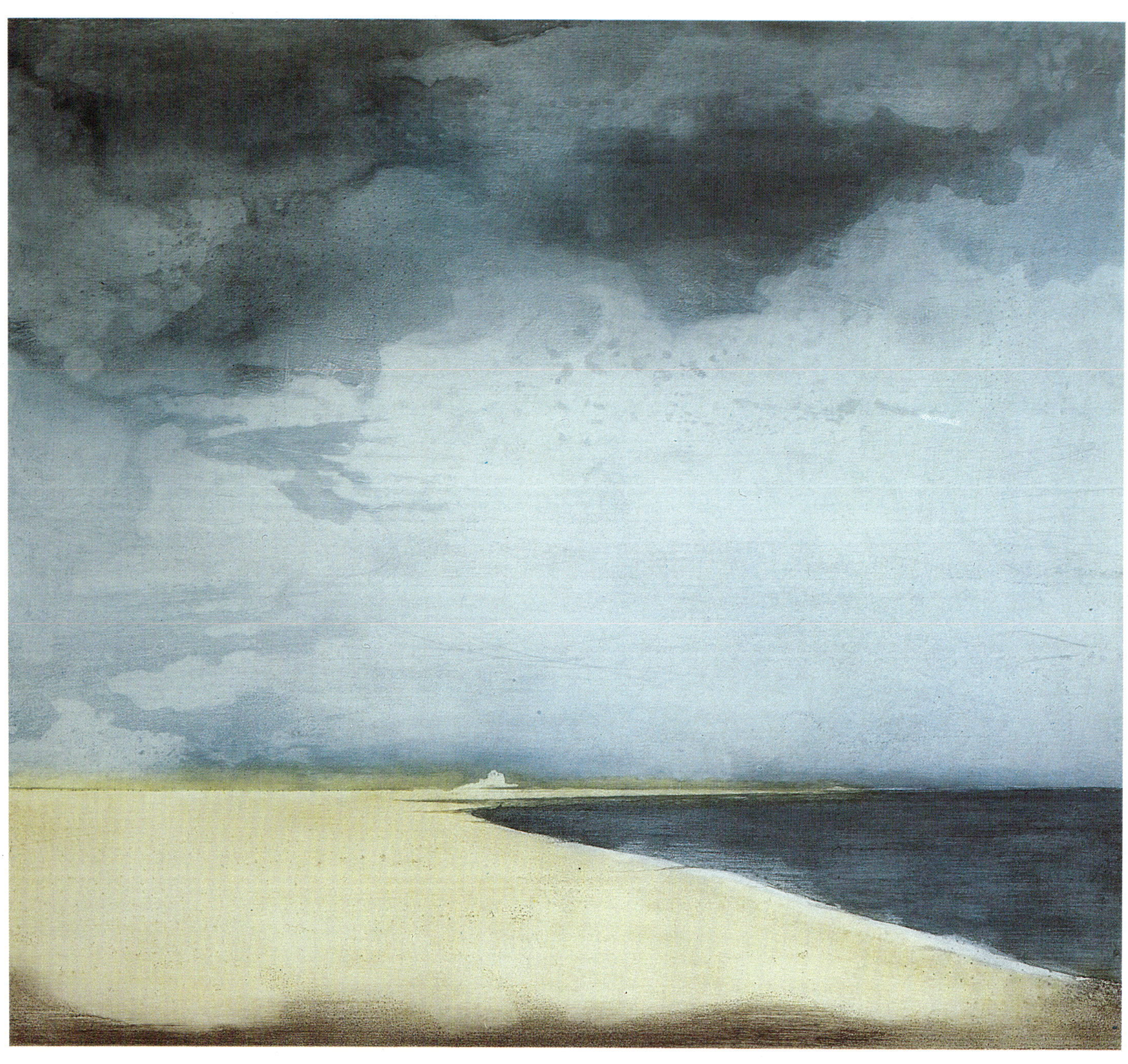

Vordergründig scheint es, als ob Lichtner-
Aix mit dieser sozialkritischen Phase
seine thematische Geradlinigkeit ver-
lassen hat. In Wirklichkeit aber ist seine
verstärkt einsetzende Beschäftigung mit
dem Menschen eine folgerichtige Konse-
quenz aus der vorangegangenen Entwicklung bzw. deren Fehlschlägen und
beinhaltet in verwandelter Form die bisherige Fragestellung. Was jedenfalls liegt
näher, als sich mit dem Menschen bzw.
mit der eigenen Person als derjenigen
Größe zu befassen, die, nicht hinterfragt,
als autoritativer Ausgangspunkt der bisherigen subjektivistischen Interpretation
von Natur gedient hat? Dabei schlägt die
Empfindung der eigenen Unzulänglichkeit
um in die Beschäftigung mit dem Perso-
nenkreis, der durch sein zur Schau
getragenes Selbstbewußtsein vorspie-
gelt, von solchen Unzulänglichkeiten frei
zu sein. Das Ergebnis dieser Unter-
suchungen ist Desillusion und in ihrer
Folge die zunehmende Selbstbescheidung des Künstlers, d.h. die zunehmende
Abkehr von einer ich-zentrierten Malweise. Bringt das sozialkritische Intermezzo von 1969 auch künstlerisch eher
Rück- als Fortschritte, so ist es doch der
erste Schritt zur Umpolung des geistigen
Ausgangspunkts und insofern eine wichtige Etappe im Gesamtoeuvre. Erste
wesentliche Auswirkungen für den künstlerischen Fortgang zeigen sich darin, daß
in den nächsten Monaten der Mensch aus
den Bildern völlig verschwindet und ausschließlich „leere" Landschaften entstehen.

DIE FARBMOSAIKEN (1970-72)
Nochmals – ein letztes Mal – versucht
Lichtner-Aix, sich durch eine subjektivi-
stische Deutung der Natur – gleichsam in
einer Art Münchhausen-Attacke am
eigenen Zopf aus dem Sumpf der über-
mächtigen Fülle traditioneller Denkan-
sätze herauszuziehen. Dabei greift er
durch die Verbindung neuerlicher Mosaik-
strukturen mit der reinen Wirkung der
Farbe auf die Phasen der Collage und
„hellen Bilder" zurück. Otto Conzelmann
beschreibt diese Arbeiten exakt als „ein
geordnetes, expressiv übersteigertes

Farbmosaik oder … einen Rhythmus –
von der Realität völlig emanzipierter –
tanzender Farbflächen". Innerhalb dieser
Mosaikphase erkennt man eine Entwicklung, die von einer anfänglich stark geometrischen Formung der einzelnen
Mosaikteile zu einer gefühlsbetont freien
wechselt. Formal unterscheidet sich diese
Phase von den genannten früheren durch
ihren wesentlich strengeren Bildaufbau
und eine zunehmend verfeinerte Farbbehandlung, die nicht mehr auf eine
bestimmte Wertigkeit des Bildgrundes hin
abgestimmt ist, sondern innerhalb eines
strengen Kompositionsrahmens durch
den Wechsel gedeckter und reiner Grün-,

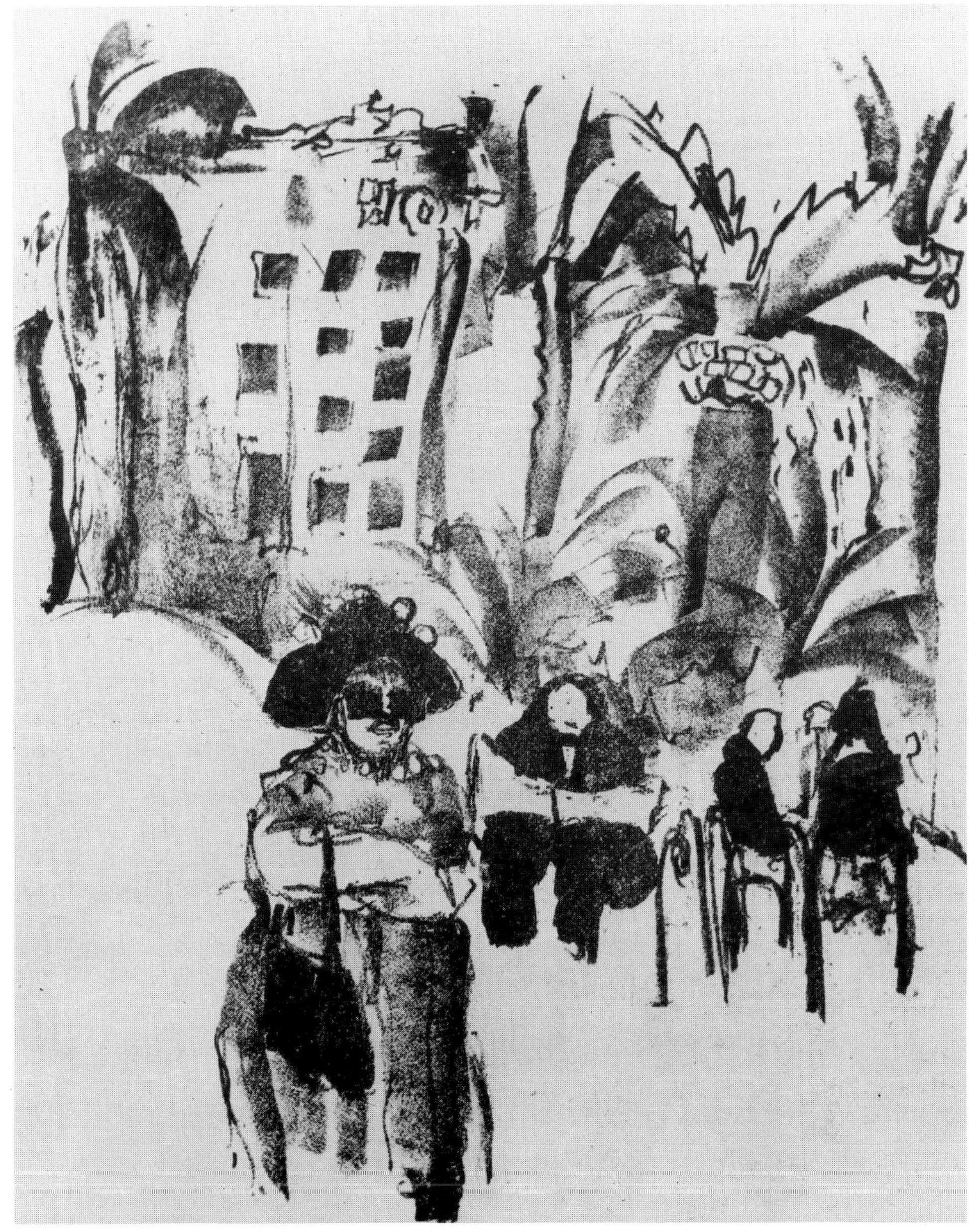

Abb. 11   ST. TROPEZ
Litho vom Stein aus der Mappe „Côte d'Azur" 1968
Blattgröße 65/50 cm, Bildgröße 39/32 cm KL 11

Gelb- Rot- und Blautöne eine geordnete Fülle eigenständiger Tonwerte hervorbringt.

Die formale Fortentwicklung entspricht der geistigen. Lichtner-Aix versucht nicht mehr im mosaikartigen Bildaufbau den Zufall als weltbestimmende Größe dingfest zu machen, sondern er beginnt, diese Summe von Zufällen aus eigener Kraft zu ordnen. Insofern vermitteln diese Bilder ein optimistisches Selbstbewußtsein. Andererseits geht jedoch der in ihnen betonte Eigenwert der Farbe über diesen subjektivistischen Ansatz hinaus. Mit ihm greift der Künstler erstmals bewußt auf eine außerpersönliche, bereits vorgefundene Größe zurück, die es nur noch voll zu entfalten gilt. Komposition und Farbwirkung werden demnach zu einer in sich dualistischen Einheit gefügt. Sie bilden einen Widerspruch, den man formelhaft verkürzt auf das Gegensatzpaar Subjektivismus der Komposition kontra Objektivität der Farbe reduzieren kann. In dem Maße nun, in dem es Lichtner-Aix gelingt, jene objektive Komponente in ein Gleichnis für die Natur umzuwandeln, und über diese Gleichnishaftigkeit die kompositorische Ordnung zu bestimmen, in diesem Maße vollzieht sich seine weitere Entwicklung. Sein Werk gewinnt hier die entscheidende Fragestellung: Wie kann Natur rein und unverfälscht, also in ihrem Kern und über das bloße Abbild hinaus dargestellt werden, ohne daß wiederum nur eine neue unhaltbar persönliche Spekulation über Natur entsteht, die zudem noch bis zur Unverständlichkeit hin abstrahiert ist.

Da Lichtner-Aix diese Frage von der Farbe her angeht, ist es kaum überraschend, daß er sich nochmals intensiv mit entsprechenden Erscheinungsformen der Tradition auseinandersetzt. Es erstaunt allerdings, daß am Anfang die Beschäftigung mit dem Pop-Zeitgenossen Richard Lindner steht, dessen intellektbetontes Gegeneinanderstellen gestalthaft geometrischer Farbflächen in die Landschaftsthematik übersetzt wird (Abb. 12). Eine weitere Station bildet das Studium des Blauen Reiters, insbesondere der Farbigkeit Kandinskys, dessen Bemühen um einen Gleichklang von innerer Notwendigkeit und äußerer Erscheinung den Künstler beeindruckt. Ist hier schon ein Abrücken von der geometrischen Form zu beobachten, so geschieht dies noch verstärkt bei der Auseinandersetzung mit Cézanne. Seine Auffassung des Lichts fasziniert ihn, denn bereits hier ist das Licht eine objektive, subjektiver Darstellung vorgesetzte Größe, ein Sachverhalt, der später besonders in den Genreszenen des Künstlers Bedeutung erlangt.

ERGEBNIS

Das zunehmende Bewußtsein, welche Fragestellung seinem Werk eigentlich zugrunde liegt, und damit verbunden eine größere Klarheit sind für Lichtner-Aix sicherlich das wichtigste Ergebnis der Jahre 1968-1972. Diese Klarheit entsteht in dem Maße, in dem der Künstler Natur als eine menschlicher Existenz vorgelagerte Größe anerkennt und es unterläßt, die Frage nach der Bestimmung der eigenen Existenz mit jener nach dem Wesen der Natur zu verknüpfen. In diesem Vorgang steckt das Bewußtwerden der eigenen Endlichkeit und die Hinwendung zu Themenstellungen, die menschliches Fassungsvermögen übersteigen. So gewinnt das Werk von Lichtner-Aix in seiner Auseinandersetzung mit traditionell-subjektivistischen Denkansätzen und durch die Erkenntnis von deren Unhaltbarkeit fast unmerklich eine transzendentale Dimension.

Ein anderer wesentlicher Punkt ist die erreichte Perfektion der handwerklichen Mittel. Komposition, Farbbehandlung und Zeichnung erscheinen jetzt sicher und fehlerlos. Im einzelnen behalten vor allem die Auffassung des Lichts und die Mosaikidee – allerdings stark aufgelöst und in jedem Fall Farbe und Licht untergeordnet – Bedeutung für die endgültige Ausformung der persönlichen Handschrift.

Selbstfindung

DURCHBRUCH (1972/73)

Ab Mitte 1972 vollzieht sich die bereits angedeutete Selbstfindung des Künstlers, die einem Akt der Selbstbescheidung

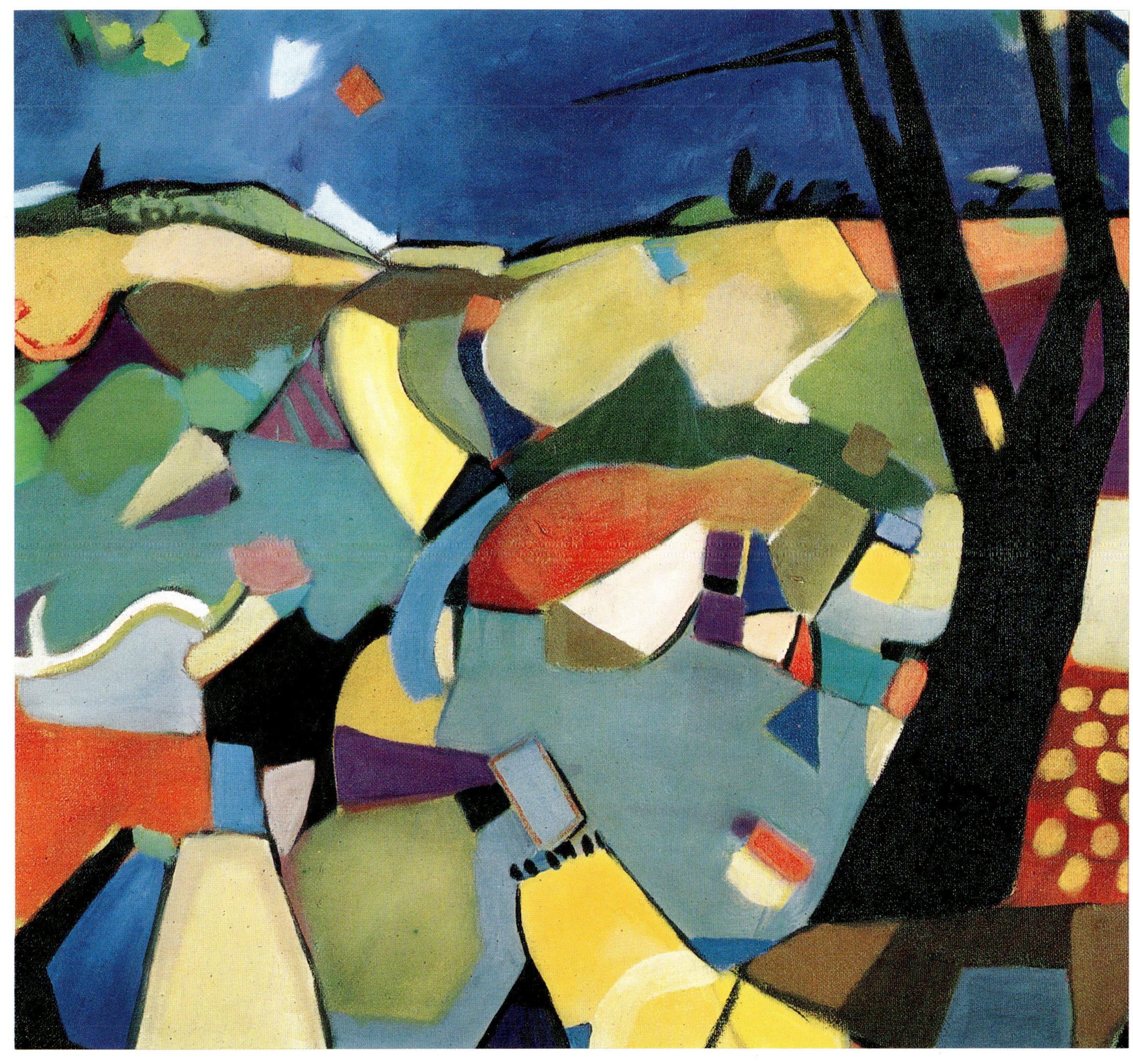

Abb. 12   L'AUTOMNE
Öl/Leinwand, OE 72002, 130/140 cm

zugunsten voraussetzungsloser Naturmeditation gleichkommt. Diese Entwicklung stellt sich nicht von selbst ein, sondern hat ihren konkreten Hintergrund: Bereits 1970 hat Lichtner-Aix zum symbolischen Preis von 1 Franc eine mittelalterliche Ruine im kleinen provencalischen Dorf Sérignan du Comtat erworben. Dieses Geschenk der Gemeinde Sérignan bewirkt den eigentlichen Einschnitt seiner Künstlerlaufbahn. Rein äußerlich hat sein Leben jetzt einen Mittelpunkt und das rastlose Herumreisen ein Ende. Wichtiger noch ist, daß er die stille, unprätentiöse Landschaft der Provence kennenlernt, fernab allen spektakulären Touristenrummels. Als das Wesentlichste jedoch erweist sich die Beschäftigung mit der Ruine selbst. Über ihrer eigenhändig durchgeführten Rekonstruktion kommt es zu einer bisher nie gekannt intensiven Berührung mit den Naturelementen. Gleichzeitig erfährt der Künstler die Vergänglichkeit menschlichen Wirkens im Verhältnis zur Übermacht der Natur hautnah, als er bei Grabungsarbeiten auf seinem Grundstück auf eine alte römische Wasserleitung stößt. Dies führt zu einer Änderung des geistigen Ansatzes: War Lichtner-Aix' Malerei bisher zu einem guten Teil künstlerische Selbstdarstellung, so wird sie nun zur einfühlsamen Suche nach dem Einssein mit der Natur. Diese Suche nach kosmischer Einbettung und Geborgenheit ist im Wandel seines Werks direkt ablesbar: Die Gestaltungsstrukturen der Kulturlandschaft als Symbol menschlichen Wirkens werden fast bis zur Unkenntlichkeit zurückgenommen und durch meist erdfarbene Schichtungen ersetzt. Gleichzeitig gewinnen Himmel, Licht und Wind als objektive, vom Menschen unbeeinflußbare Naturerscheinungen überdimensionale Bedeutung. Nicht selten nehmen sie bis zu vier Fünftel der Bildfläche ein.

Ebenso schlägt diese Wandlung auf die figürliche Darstellung durch. Der subjektiv-anekdotische Charakter seiner Genreszenen verliert sich und wird durch die Vorstellung von Idealstrukturen menschlicher Gemeinschaft ersetzt: Das Dorf als Oase der Geborgenheit im Bistro, die positive Erfahrung von Gemeinschaft im freundschaftlichen Gespräch, auf dem Markt oder beim Boule-Spiel, die besinnliche Stille im Schatten einer Platane oder eines Mauerwinkels – dies alles sind Erlebnisse einer als ideal empfundenen Lebenssituation in einem provençalischen Durchschnittsdorf; einer Situation, die jedoch nicht mehr nur persönlich als ideal empfunden, sondern eben auch als allgemeines, überindividuelles Ideal dargestellt wird. Und auch hier vollzieht sich etwas ganz Ähnliches wie zuvor bei der Landschaft: Es entsteht eine fast unwirklich entrückte, reine Poesie, in die die menschliche Gestalt als Mitbestandteil eingewoben ist (Abb. 13).
In ständig zunehmender Abstraktion dauert diese Umbruchsphase bis Ende 1973. Ihren Abschluß markiert eine Meerlandschaft (Abb. 14), die bereits in Perfektion alle Merkmale der heutigen Handschrift enthält. Die Entwicklung des Künstlers hat somit ihren vorläufigen Höhepunkt erreicht. Speziell seine seitdem entstehenden Landschaften reizen gewisse Kommentatoren ob ihrer Abstraktion und gleichzeitigen thematischen Beschränkung auf Himmel, Erde, Wasser, Wind und Licht zum Vergleich mit Emil Nolde und William Turner. Ein solcher Vergleich scheint jedoch problematisch, haben doch Nolde und Turner immer nur ein mehr oder weniger subjektiv-wirklichkeitsbezogenes Abbild der von ihnen geschauten Landschaft gefertigt, während Landschaft bei Lichtner-Aix nur Vorwand ist, eine meditativ erfüllte Idee von Natur auszudrücken. Insofern kann man seine Kunst als eine moderne Form idealistischer Malerei bezeichnen.

MALERISCHE MITTEL DER
LANDSCHAFTSDARSTELLUNGEN
UND GENRESZENEN
Dem Kundigen fällt an Lichtners Bildern sofort auf, daß er häufig wechselnde Malgründe verwendet. Je nach Sujet benutzt er grobe oder feine Leinwände, grundiert er einmal oder mehrmals mit unterschiedlich dick angerührter Farbe. Als Faustregel kann gelten: je elementarer das Thema,

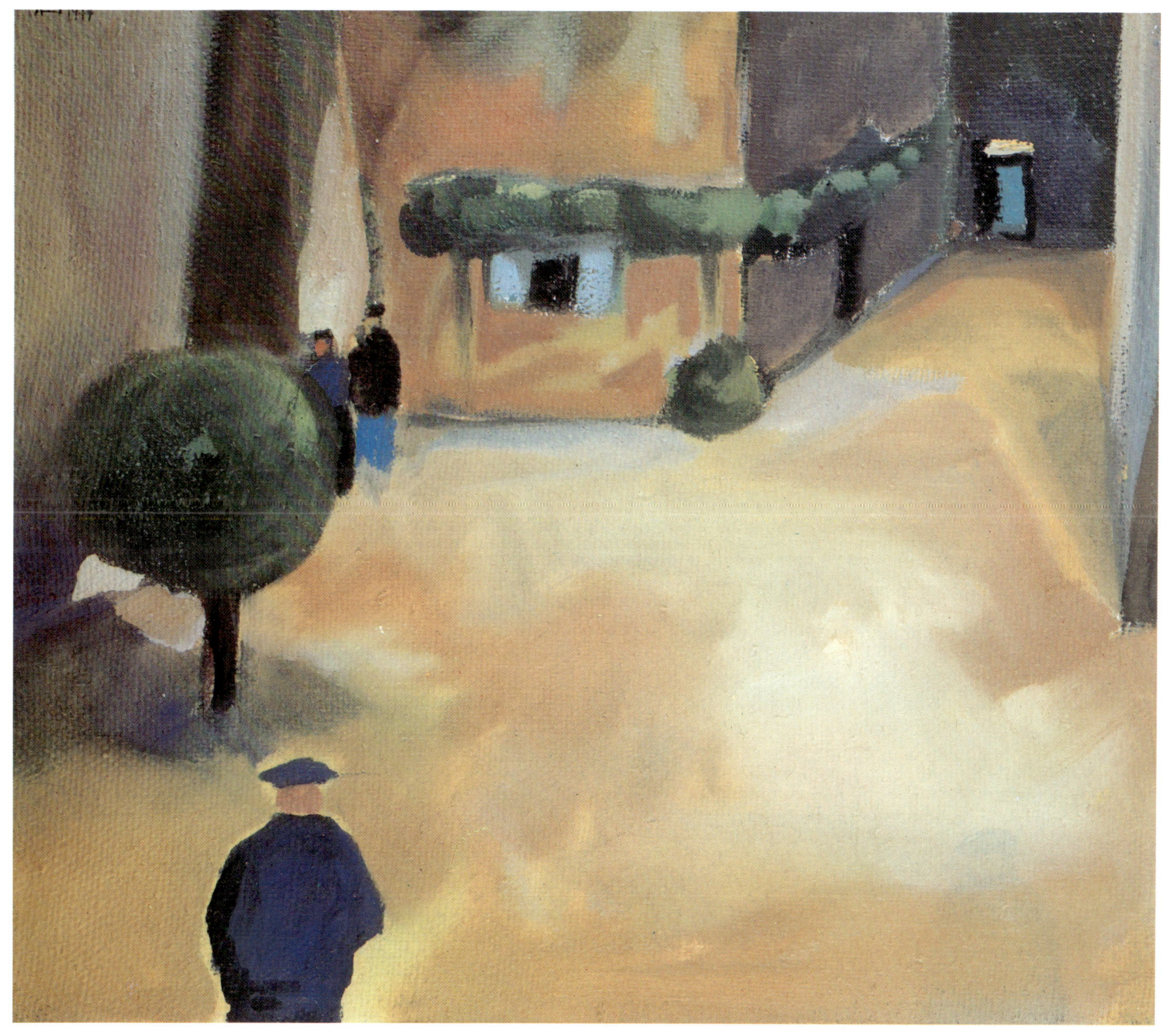

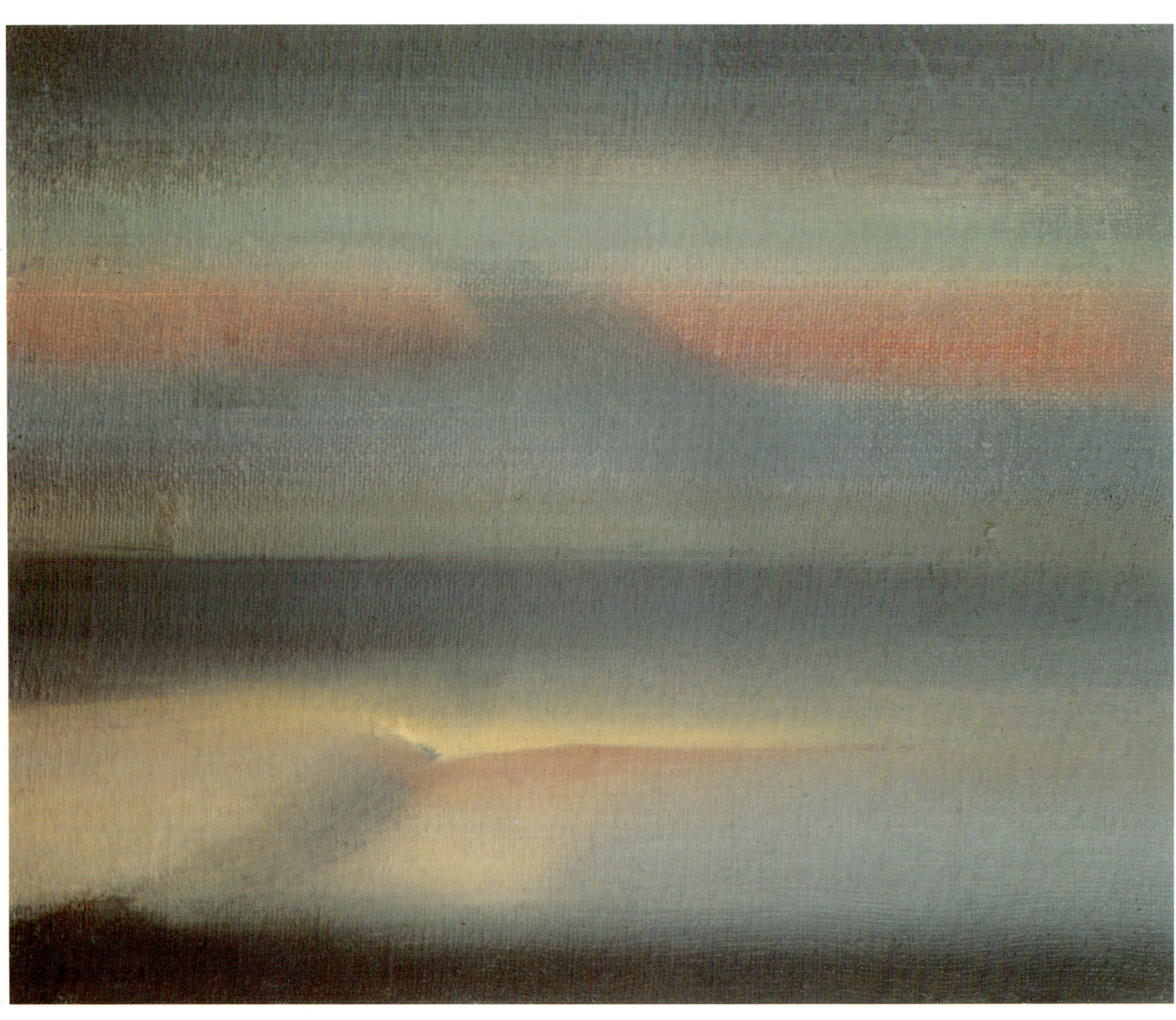

Abb. 15   VUE GENERALE LES FARJONS
Bleistift mit Gouache/Bütten 1979
Blattgröße 40/53 cm

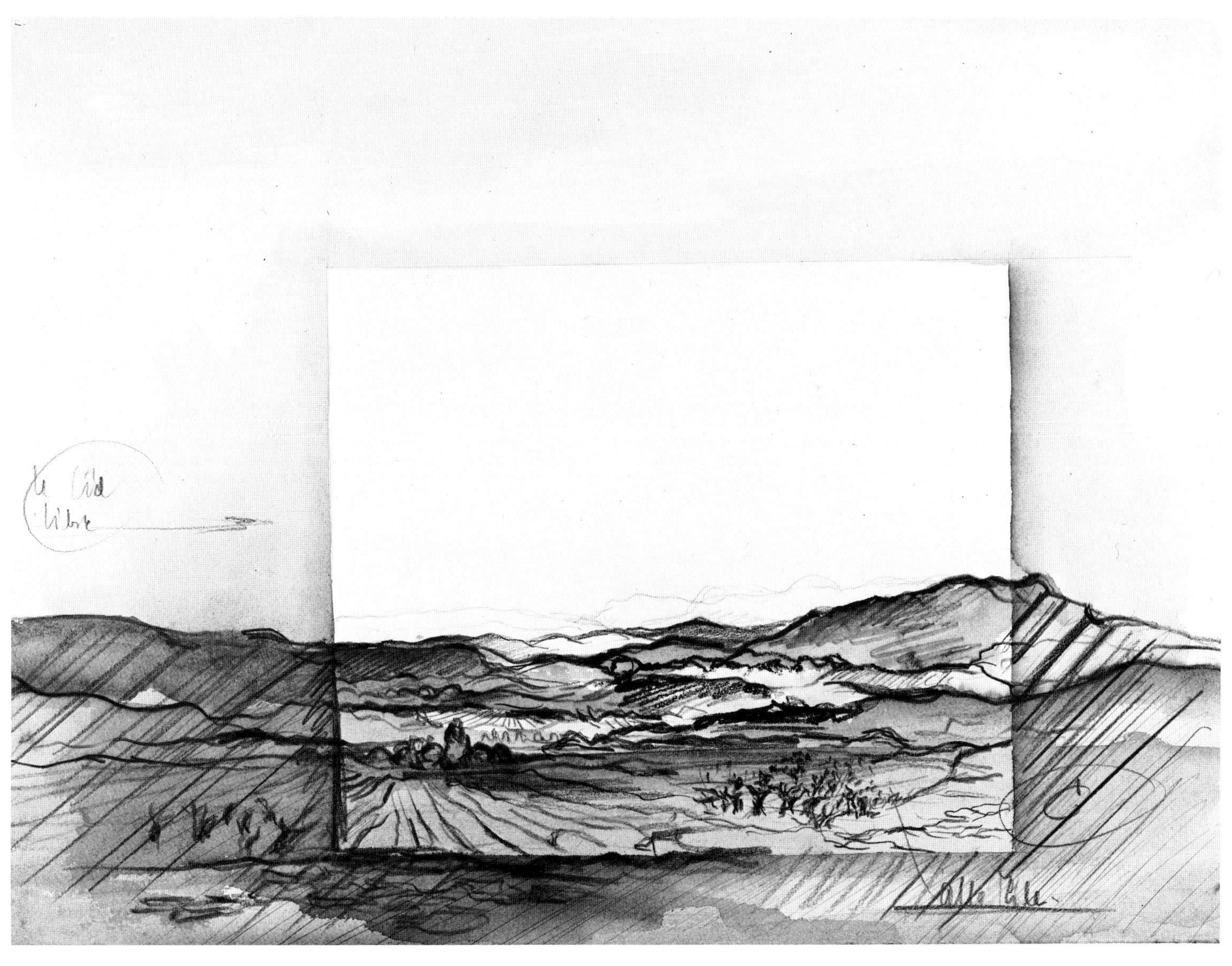

desto gröber der Malgrund.

Das Sujet selbst gewinnt der Künstler durch die Arbeit vor der Natur. Entweder fertigt er Zeichnungen, von denen fensterartige Ausschnitte ins Bild übertragen werden (Abb. 15) oder es entstehen kleine Ölskizzen, die als Gedankenstütze dienen (Abb. 16 und 17). In beiden Fällen werden die Eindrücke dieser Vorstudien im späteren Bild von eventuell vorhandenen realistischen Anklängen befreit, sodaß die für Lichtner-Aix' Bilder typische Ausstrahlung eigentlich erst im Atelier entsteht.

Ihren eigentlichen Reiz beziehen diese Werke durch die Art und Weise, wie in ihnen Himmel, Licht, Wind und Erde miteinander verbunden, oder besser, zusammengeführt werden. Dies geschieht einzig und allein über die Farbe. Und hier ist die Palette des Künstlers im Gegensatz zu früher wesentlich sparsamer geworden. Ausschließlich Variationen der Primärfarben Rot, Gelb und Blau bilden den Grundaufbau. Dabei stehen sich in der Regel „warme" Erdtöne und „kalte" Himmelstöne – beispielsweise ein ins Ocker spielendes Gelb und ein reines Ultramarin – gegenüber. Rot wird in Bewegung suggerierenden Kraftfeldern eingebracht. In diese bildnerische Grundstruktur der Primärfarben – gleichsam ein Sinnzeichen unverfälschter kosmischer Existenz – fügt Lichtner-Aix nun in transparenten Schleiern und Querschichtungen eine Reihe von Lokalfarben ein, die unter Ausnutzung ihrer Durchsichtigkeit immer wieder auf die Primärtöne zurückgeführt werden. Ihre Funktion ist die einer kompositorischen Klammer zwischen Himmel und Erde, die naturgemäß an der Schnittlinie des Horizonts ihre größte Bedeutung erlangt. In dieser Berührungszone vollzieht sich die eigentliche geistige Entscheidung. Denn von ihrer Gestaltung hängt es ab, ob es dem Künstler gelingt, die Unberührtheit des Himmels, die Reinheit des Lichts und des Windes auf die Landschaft zu übertragen, die trotz aller Betonung des rein Erdhaften eine durch den Menschen berührte ist. Lichtner-Aix benutzt hier im wesentlichen

fünf Stilmittel: Zum ersten die räumliche Wirkung der Farbe, wohl wissend, daß die „kalte" Farbe des Himmels immer zugleich auch als entfernt, unnahbar, entrückt, die der Erde hingegen als „warm", nah und vertraut empfunden wird. Er versichert sich dieser Wirkung durch eine raumandeutende Farbsetzung, ohne diese Andeutung aber tatsächlich einzulösen. Im Gegenteil: Bewußt wird die Farbe in ihren verschiedenen Perspektivwerten auf der gleichen Ebene der Fläche zusammengedrängt und somit durch den überdimensionalen Anteil des Himmels an der Gesamtdarstellung eine Überflutung der Erde durch die Himmelswerte erreicht.

Das zweite der von Lichtner-Aix hier bevorzugten Stilmittel ist der sog. Simultankontrast. D.h., der Künstler macht sich die Tatsache zunutze, daß durch eine jede Farbe, die auf einen andersartigen Grund aufgetragen wird, die Komplementärfarbe dieses ihres Grundes hindurchschimmert (Abb. 17). Wenn also beispielsweise ein Grauton – was übrigens gerade in der Berührungslinie des Horizonts relativ häufig vorkommt – über Gelb und Blau gelegt wird, so enthält dieser Grauton automatisch eine Modulation von Violett zu Orange. Dieses verdeckt schimmernde Farbpaar kann nun durch ein angepaßtes Rot, also den im Farbkreis zwischenliegenden Ton verbunden werden – ein Stück zusammenführender Architektur zwischen Himmel und Erde ist gesetzt.

Bereits das Ziel solcher Architektur, nämlich die Rückführung der berührten Kultur- zur unberührten Urlandschaft belegen eine oder mehrere hell strahlende Konturlinien, meist Gebirgssilhouetten, im unteren Bildteil (Abb. 1). In ihnen treten die lichten Unterlagenfarben der vom Simultankontrast bestimmten Horizontpartie offen zu Tage; die Entscheidung, die dort eingeleitet wurde, wird hier sichtbar. Weiter sind diese Silhouetten als Träger „kalter" Farbwerte innerhalb der Zone der „warmen" wichtige Bausteine der oben beschriebenen raumandeutenden Farbsetzung.

Abb. 16   ST. ESTEVE I
Öl/Leinwand, OE 79082, 35/40 cm

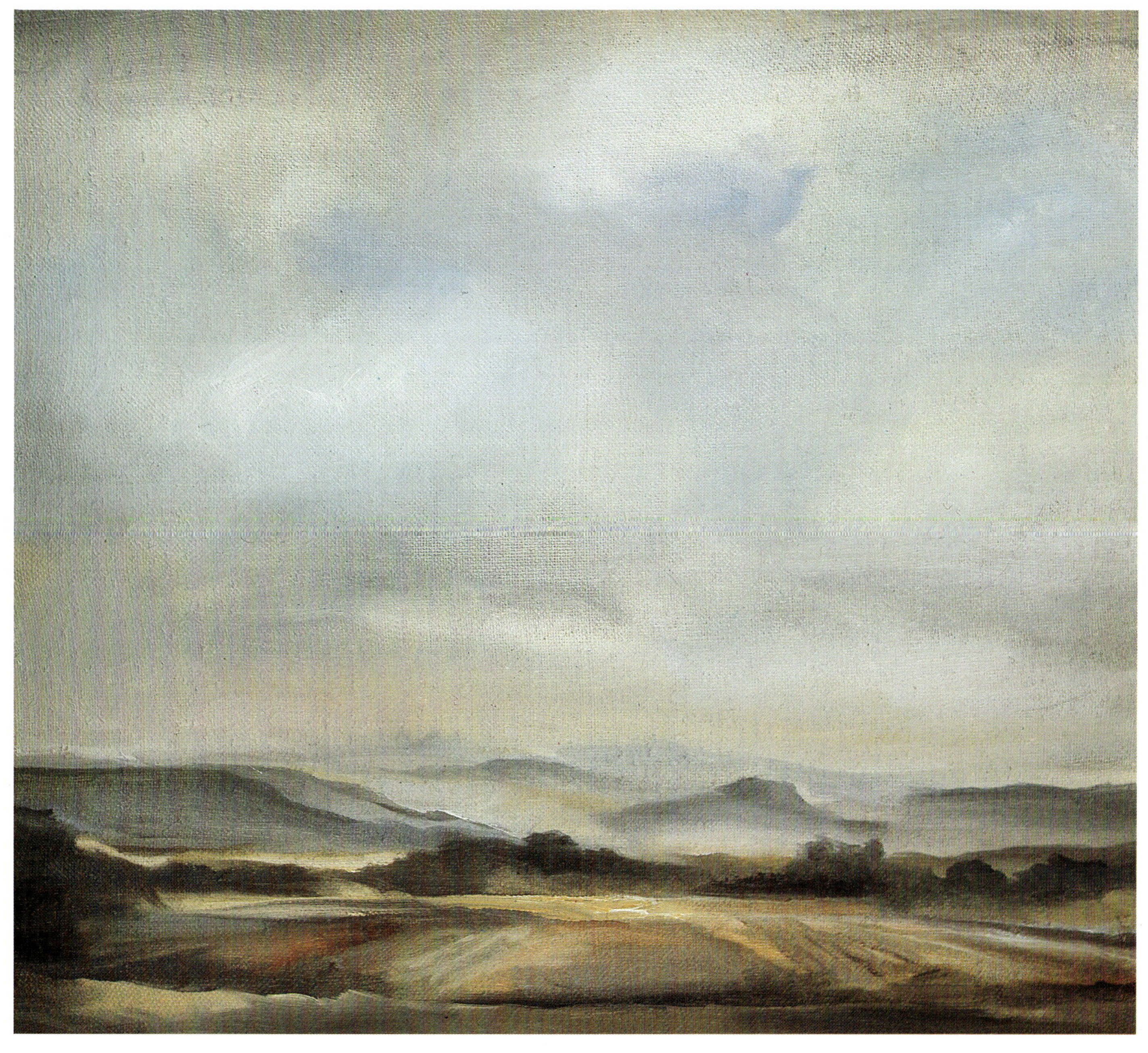

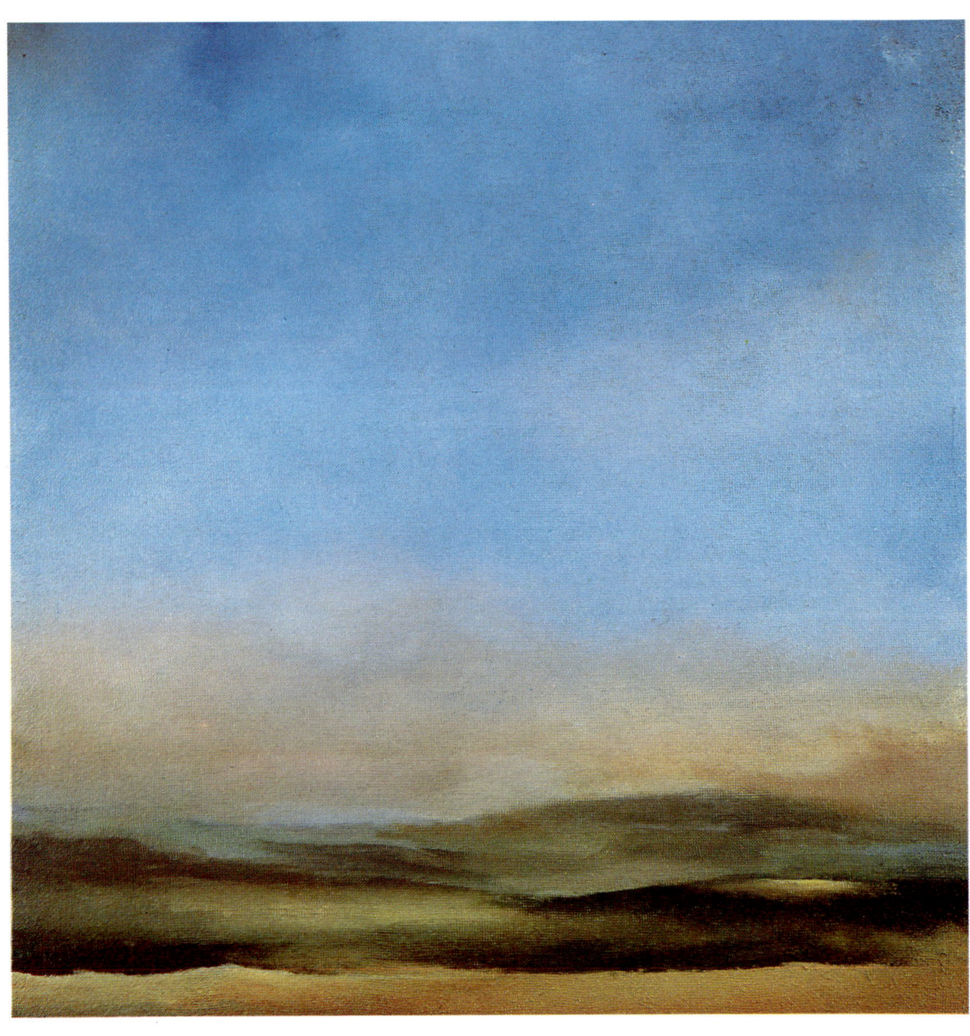

Nicht selten verzichtet auch der Künstler auf die Farbschichtungen im Bereich der Horizontlinie und unterlegt diese stattdessen mit einem einzigen breiten Farbstreifen. Meist bildet dann ein Teil dieses Streifens in voller Strahlkraft eine integrierte Partie des Himmels, während der andere durch transparent-schemenhafte Erdüberschichtungen hindurchschimmert (Abb. 19). Dadurch ergibt sich auch hier zwangsläufig eine Überflutung der Erd- durch die Himmelswerte mit dem zusätzlichen Eindruck einer magnetischen Sogwirkung des Himmels.

Als fünftes und letztes Stilmittel zur Verbindung von Himmel und Erde dient Lichtner-Aix die formale Auflösung der Erdformation zum Himmel hin, die sich dort in rauch- oder wolkenartigen Gebilden verliert (Abb. 20). Die Erde selbst erhält dadurch einen schwebenden Charakter, ein Eindruck, den der Künstler gerne dort anstrebt, wo die Darstellung des Erdhaften einen relativ hohen Anteil an der Gesamtdarstellung einnimmt. Die unbestreitbare Poesie der Lichtnerschen Genreszenen entwickelt sich aus denselben künstlerischen Mitteln wie vordem jene der Landschaft. Nur die Bezugspunkte sind andere: Statt des zu harmonisierenden Gegensatzes von Himmel und Kulturlandschaft finden wir nun den von objektiver Dorfstruktur (Architektur, Bäume etc.) und den Menschen in ihren unmittelbaren Tätigkeitsbereichen. Ansonsten wachsen der Farbe im Bildaufbau begriffsbezogen identische Aufgaben zu. Waren es beispielsweise bei der Landschaft die Zeichen menschlicher Tätigkeit, so sind es jetzt die Gesichter der Menschen selbst bzw. die Tätigkeitsmerkmale in ihrer unmittelbaren Umgebung, die zurückgenommen und in Farbe aufgelöst werden (Abb. 21).

Abb. 18   ABENDLANDSCHAFT
Farbradierung 1978
Blattgröße 57/72,5 cm, Bildgröße 46,5/57,7 cm
KR 141

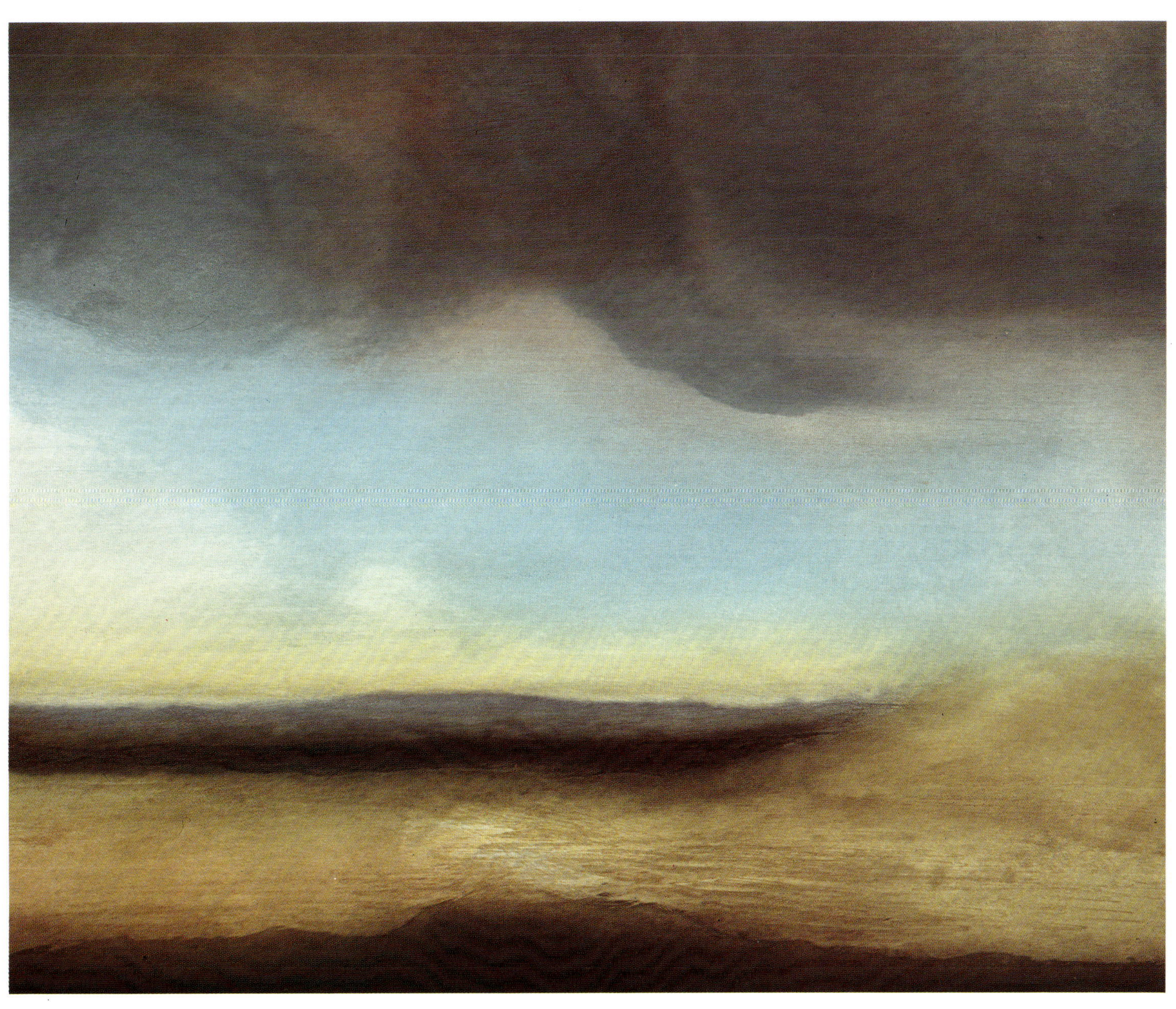

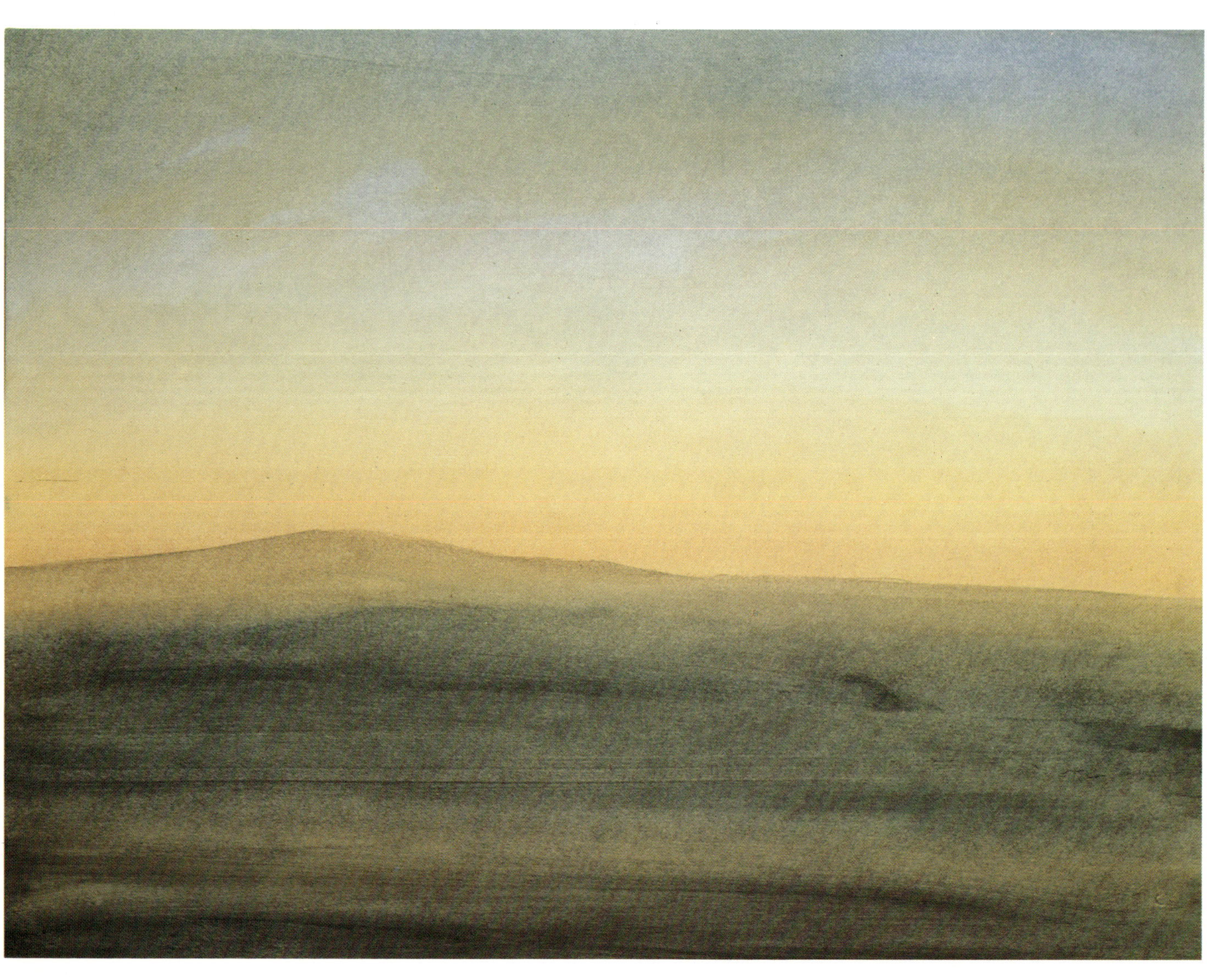

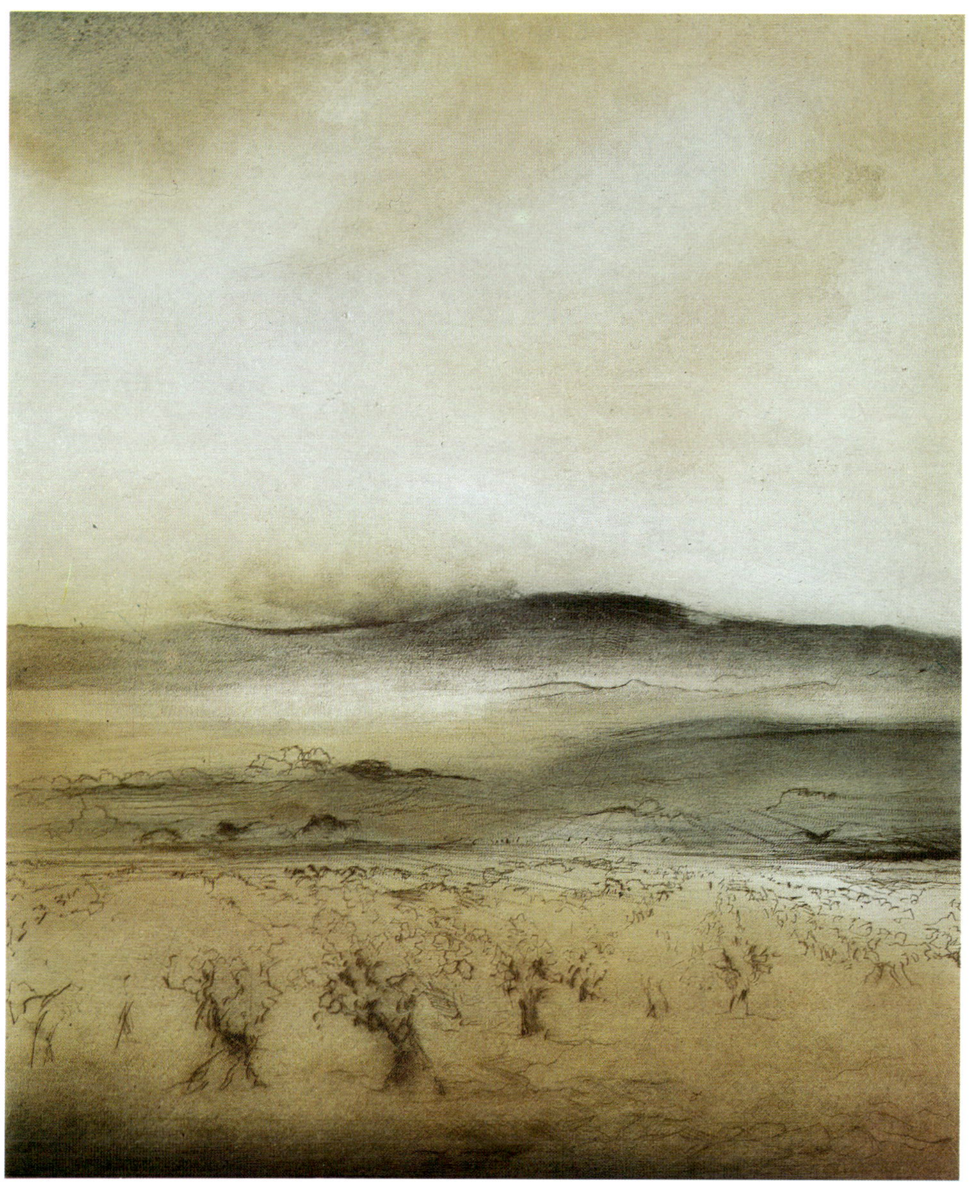

Anders aber als bei den Landschaften vollzieht sich diese Auflösung nicht in einer bestimmten Bildpartie sondern auf der ganzen Bildfläche. Katalysator ist das allgegenwärtige südliche Licht, „unter dessen Strahlung die Oberfläche der festen Körper selber zu strahlen scheint, sich auflöst in reflektierenden Lichtquellen" (Lichtner-Aix). Dieses Licht hat Gleichnischarakter, ist Sinnbild kosmischer Unberührtheit, wie sie im Himmel der Landschaft ja unmittelbar dargestellt wird. Es ist zugleich Mittler der reinen Himmelswerte und Mittel zur Einbindung des Menschen in uralte Dorfstrukturen. Seine transparenten Reflexe eignen sich vorzüglich zur Anwendung des Simultankontrasts sowie als verbindendes Element im Wechsel kalter und warmer Farben. Diese Stilmittel sind denn auch die häufigst angewandten der Lichtnerschen Idyllen.

ARBEITSMERKMALE DER DRUCK-GRAPHIK

Von besonderem Interesse, gerade auch in Bezug auf das Typische der Arbeitsmerkmale, ist die Druckgraphik. Im Zeitalter der Offset-Lithographien, die im Grunde nicht mehr sind als signierte Reproduktionen, muß hier eigens betont werden, daß es sich bei der Druckgraphik Lichtners um Handabzüge in kleinen Auflagen oder gar Unikate handelt. Sie spielt

Abb. 20   PLAN DIEU
Farbradierung 1979
Blattgröße 53/39 cm, Bildgröße 29,4/24,7 cm
KR 173

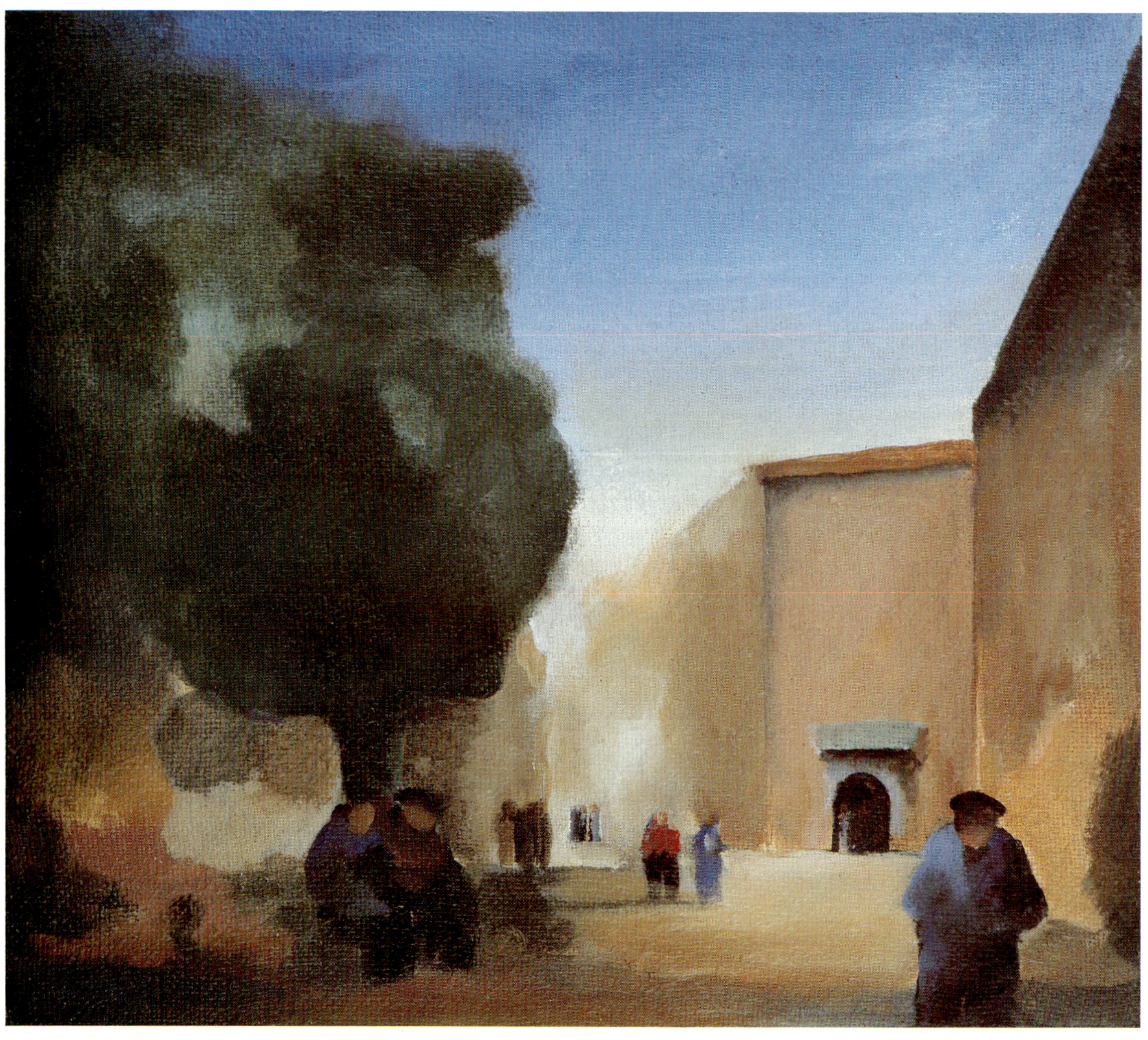

in seinem Oeuvre ab 1968 eine beacht-
liche Rolle. Die zu dieser Zeit aktuelle
Betonung des Zeichnerischen und
zusätzlich sein konturbetonter Zeichenstil
lassen ihn damals automatisch zur Lithokreide greifen (Abb. 11). Danach
beherrscht die Lithographie bis 1972 ausschließlich das druckgraphische Werk,
wobei das Jahr 1969 zweifellos einen
gewissen Höhepunkt darstellt. In dem
Maße jedoch, in dem das anekdotische
Element in seiner Kunst an Bedeutung
verliert und die Farbe in den Vordergrund
tritt, werden die lithographischen Ergeb-
nisse im Verhältnis zur Malerei immer
unbefriedigender. Für die malerische
Farbe, die Lichtner-Aix nun versucht in
die Graphik umzusetzen, erweist sich der
Steindruck als ungeeignet: Um eine
farbige Lithographie herzustellen, wird
zwangsläufig für jede Farbe ein separater
Stein benötigt. Durch Übereinanderdrucken dieser verschiedenfarbigen
Steine erreicht man zwar die gewünschte
Farbigkeit, kann aber ein Doublieren der
Farben nicht verhindern. Denn mit jedem
Druck wird das Papier gedehnt und zieht
sich anschließend nicht berechenbar
wieder zusammen, was im Endeffekt
bedeutet, daß die Paßungenauigkeiten
mit jeder zusätzlichen Farbe größer wer-
den. Eine weitere Schwierigkeit stellt für
Lichtner-Aix die Tatsache dar, daß mit der
Lithographie niemals eine räumliche
Wirkung erzielt werden kann, da es sich
hier um ein Flachdruckverfahren handelt.
Fazit: Die Litho-Technik erlaubt nicht jene
Farbschichtungen, die ab 1972/73 ein
zunehmend wesentliches Element der
Lichtnerschen Handschrift ausmachen.
So vollzieht sich zwangsläufig ab 1973 —
also bezeichnenderweise in der Durch-
bruchsphase — eine stetig fortschreitende
Hinwendung zum Tiefendruck der Radierung, die 1975 mit dem Blatt „La vigne"
ein erstes tragfähiges Ergebnis zeitigt
(Abb. 22).
Als Radierer wendet sich Lichtner-Aix
zunächst der Aquatinta zu, die sich jedoch
für seine Zwecke als zu technisch erweist
und seine Blätter in eine gewisse Starre
führt. Das ist natürlich genau das Gegenteil von dem, was er erreichen will. In

dieser Situation hat der Künstler das
Glück, einem geduldigen und experimen-
tierfreudigen Drucker zu begegnen, mit
dem es ihm gelingt, gemeinsam eine der
Malerei entsprechende Druckgraphik zu
entwickeln. Am Ende einer langwierigen
Reihe von Versuchen steht schließlich als
erstes voll befriedigendes Ergebnis die
„Camargue-Mappe" – sechs Variationen
einer Meerlandschaft (Abb. siehe Graphik-
verzeichnis KR 121-126 Seite 113).
Die Folge nimmt im graphischen Werk
Lichtners eine Art Schlüsselposition ein.
In ihr sind erstmals die wesentlichen Ent-

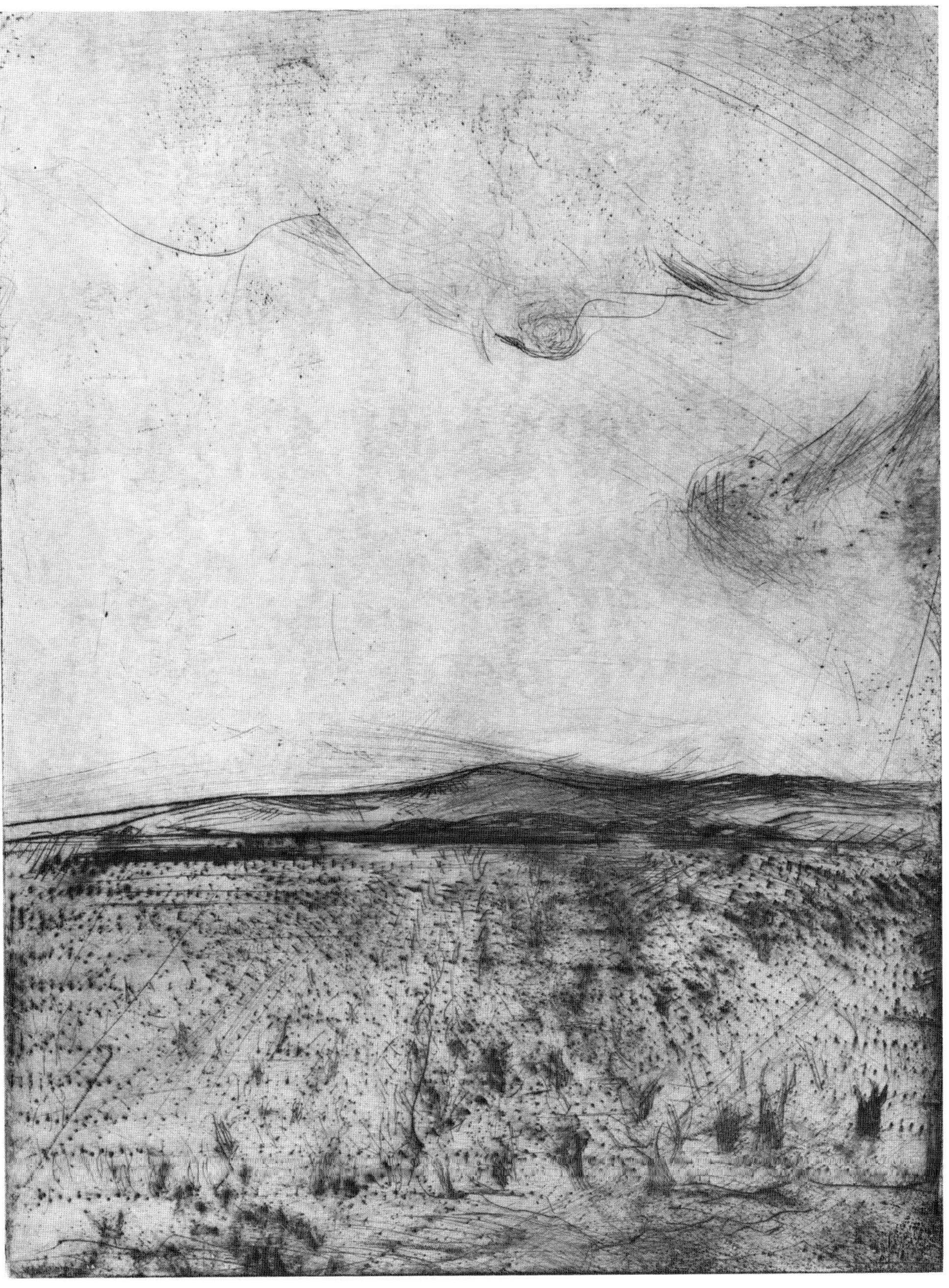

Abb. 22   LA VIGNE
Farbradierung 1975, Blattgröße 50/39 cm, Bildgröße
32,5/30,5 cm KR 118

wicklungsstufen einer Farbradierung in offener Ätzung festgehalten, ein Verfahren das der Künstler ab jetzt ausschließlich anwendet: In zwei Aluminiumplatten – ein Material, das auch für alle folgenden Radierungen gewählt wird – ritzt Lichtner-Aix mit der Kaltnadel das Motiv, im vorliegenden Fall eine Meerlandschaft, und ätzt es anschließend durch in Wasser gelöstes Eisenchlorid. Durch diese Ätzung wird ein malerischer Eindruck erreicht, der dem des Aquarells sehr nahe kommt. Um auch im Druck eine ähnliche Reinheit der Farben zu erzielen, werden die Platten zusätzlich noch eloxiert, sodaß ein Einwirken des bei Aluminium automatisch entstehenden Grautons auf die aufgetragene Farbe verhindert wird.

Wie Lichtner-Aix seine künstlerischen Überlegungen während des Druckvorgangs umsetzt, sei wiederum am Beispiel des Meerlandschaftsmotivs der „Camargue-Mappe" geschildert: Nach Fertigstellung beider Druckplatten wurden beide separat mit je einer Farbe, Braun und Umbra, gedruckt, danach mehrfarbig eingefärbt und nochmals gedruckt. Das künstlerische Hauptanliegen dieses Blattes war, durch den Bereich des Himmels den Eindruck von Räumlichkeit und einer verhaltenen Bewegung zu vermitteln. Dies wurde dadurch erreicht, daß auf der ersten Platte der Zug der Wolken sich nach rechts, auf der zweiten hingegen nach links orientierte. Beim Zusammendruck der beiden Platten nun erwies sich, daß die die Gegenbewegung erzeugende zweite Platte mit Violett im Bereich des Himmels trotz vorsichtiger Einfärbung durchschlug und die farbliche Grundbewegung der ersten vernichtete. So entschloß sich Lichtner-Aix in der sechsten Variante nach Einfärbung der ersten Platte, die ausgedruckte zweite – also ohne Neueinfärbung – zu drucken. Der Erfolg war der erwünschte – kein Durchschlagen einer Farbe und eine zurückhaltende Bewegung.

Die Erfahrungen dieses Druckvorgangs prägen bis heute Lichtners druckgraphisches Werk. Bereits in den folgenden Arbeiten „Bureau de tabac" (Abb. 23) und „Femme avec parasol" (Seite 8) wird

speziell diese letzte Erkenntnis eingesetzt und dort, wo das Licht am intensivsten ist, kaum Farbe gedruckt. Erst danach kommt die gefirnißte Platte mit Farbe in Berührung. Wie genau hier dann die Anweisungen des Künstlers an seinen Drucker sind, illustriert anschaulich die nebenstehende Anleitung für das Blatt „Venasque", die exakte handwerkliche Angaben und Farbtonbestimmungen enthält (Abb. 24 u. 25).

Generell konzentriert Lichtner-Aix seine Drucke auf zwei, höchstens drei Platten, sodaß Passerungenauigkeiten praktisch gänzlich ausgeschaltet sind. Ein weiteres, wesentliches Qualitätsmerkmal seiner Graphik ist die absolute Lichtechtheit der Blätter. Diese hängt gänzlich von den verwendeten Materialien, Papier und Farbe, ab. Bereits vom geistigen Ansatz her dem Material in besonderer Weise verbunden, kümmert sich Lichtner-Aix um die Qualität seiner Arbeitsmaterialien in besonderer Weise. Als Papier verwendet er ausschließlich Spitzenprodukte, meist Bütten oder Kupfertiefdruckpapier, beides kaum geleimte Papierarten, die aufgrund ihrer löschpapierartigen Konsistenz die Farbe optimal aufnehmen, ja, sich mit ihr geradezu vollsaugen. (Lediglich bei einigen frühen Lithographien wurde mit Papieren unzureichender Lichtechtheit gearbeitet, doch befinden sich diese Blätter nicht im Kunsthandel.) Die Farbe selbst wird meist in Eigenproduktion hergestellt, da die im Handel erhältliche häufig nicht lichtecht ist. Das liegt daran, daß die Industrie ihre Druckfarben für schnellstlaufende Maschinen konzipiert und dort, wo das natürliche Pigment zu grobkörnig ist, dieses durch ein chemisches ersetzt. Bevor jedoch Lichtner-Aix seine selbst hergestellten Farben benutzt, unterzieht er sie einem extremen Härtetest: Sie werden während der Monate März bis Mai auf einem Papier im Freien der vollen Sonne der Provence ausgesetzt und erst, wenn sich dann keine wesentlichen Veränderungen ergeben, verwendet.

Mit der offenen Ätzung hat der Künstler sich eine Radiertechnik erschlossen, die es ihm heute ermöglicht, die zeitweise

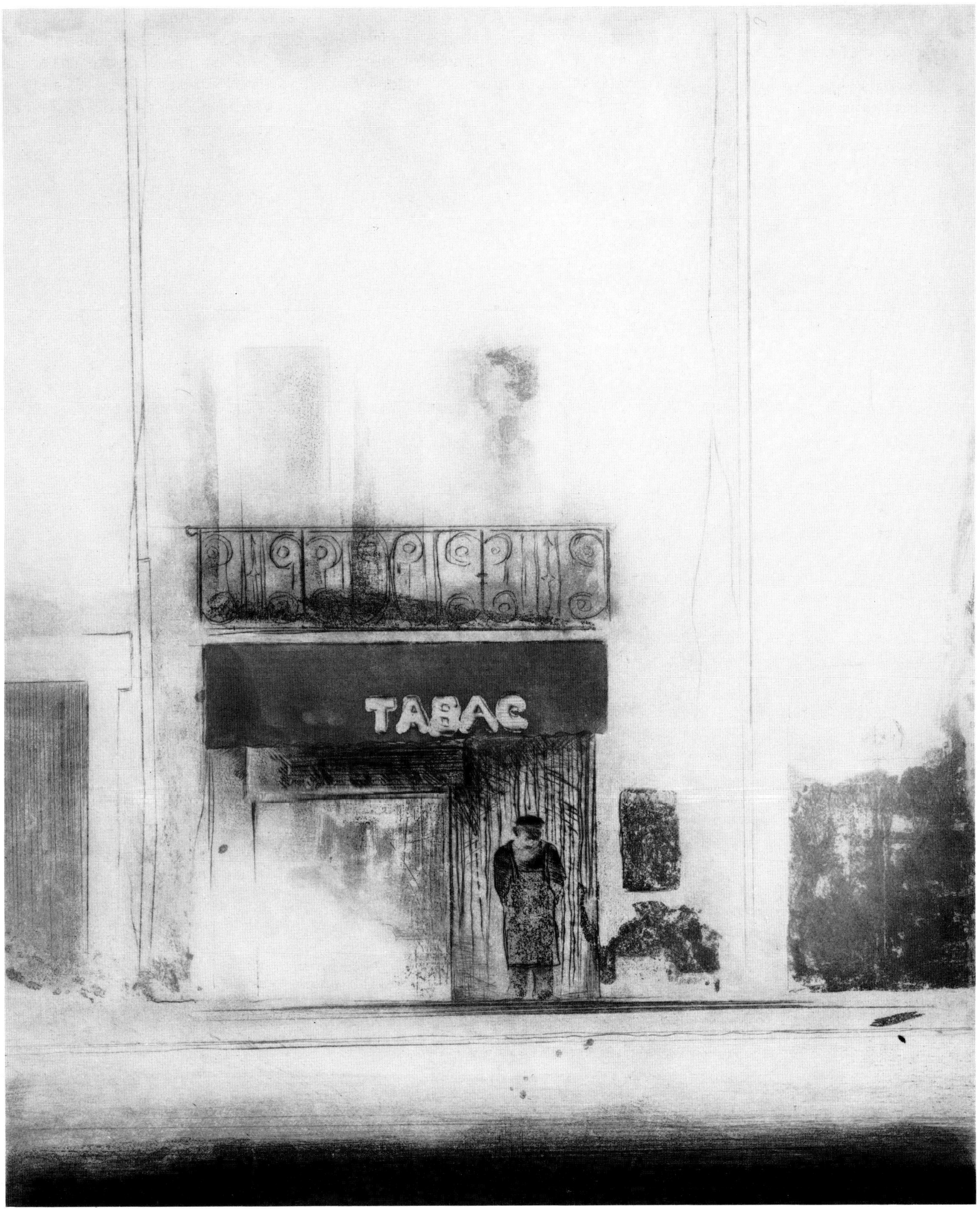
TABAC

für Rüdi

VENASQUE

① Himmel mit dunklem Leinöl einreiben,
schwarz mit 10% Kupplack — auf ganz
Platte verteilen (auch Himmel)
leicht mit Handballen
ins obere Drittel wischen
im Horizontbereich
Ocker leicht einwischen

Achtung!
Hut mit Ohrenringe
ausputzen!

② Platte
firnis   2/3 von oben mit
vorsichtig einreiten.
Blau und Ocker einwischen
und miteinander ver-
treiben.
Blau im oberen Bereich
mit schwarz (rötlich) brechen.
Rot verhalten mit Rot
einreiben,

viel Erfolg   Tschüß
                           (Constance)

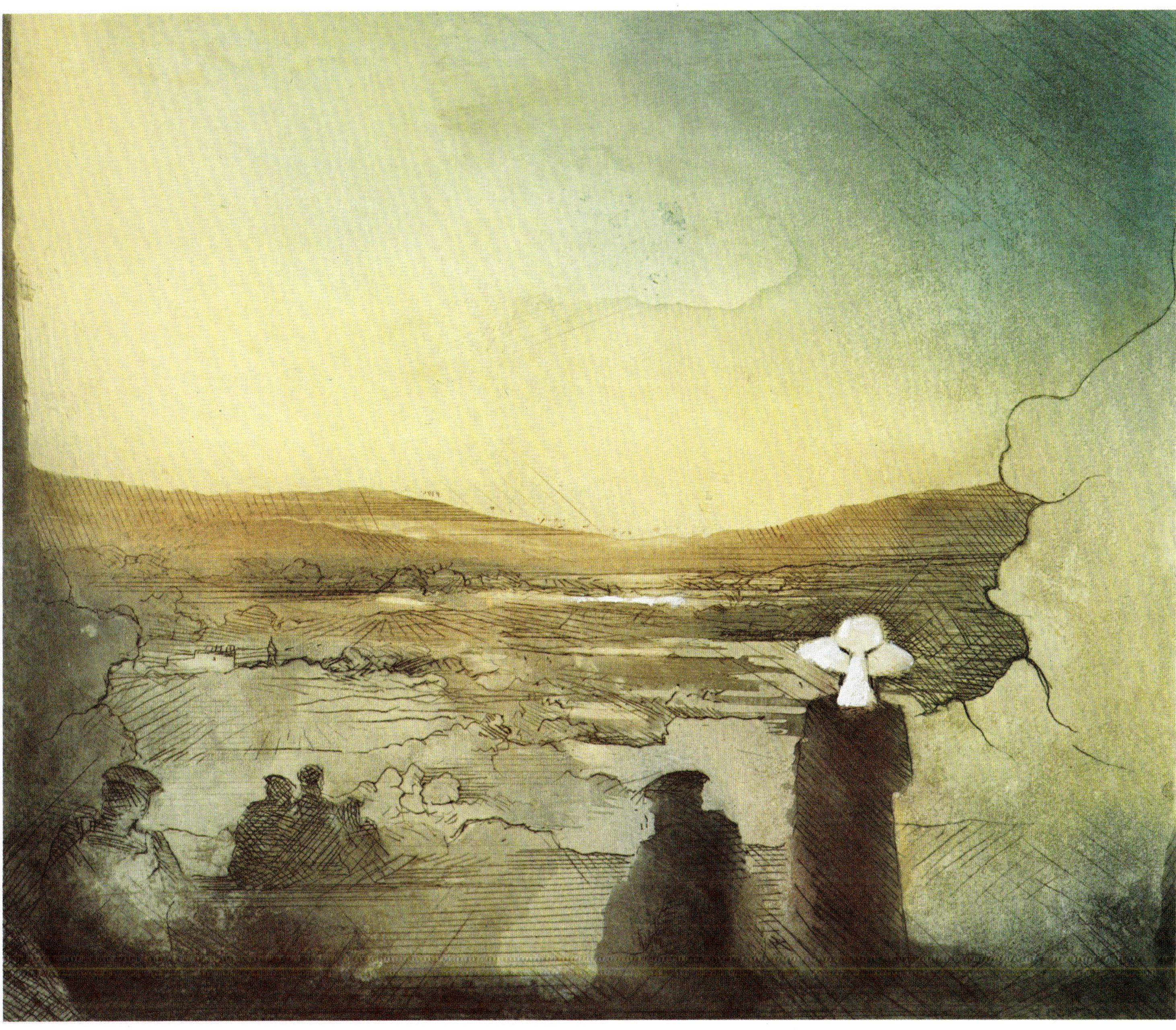

25

doch stark spürbare Diskrepanz zwischen malerischem und graphischem Werk zu schließen (Abb. 18). Die malerische Wirkung, die er mit ihr erzielt, ist außergewöhnlich und stellt ihn in die erste Reihe unserer zeitgenössischen Radierer.

FAZIT

Was Hermann Hesse in den „Asiatischen Märchen" als Sinn seiner Lyrik beschreibt, nämlich „...die Welt so vollkommen in Gedichten zu spiegeln, daß er in diesen Spiegelbildern die Welt selbst geläutert und verewigt besäße", trifft auch den Sinn der Lichtnerschen Malerei. In ihr wird uns

über die Verwandlungskünste der Farbe jene Erfahrung des Reinen und Unberührten wiedergegeben, wie wir sie angesichts einer geschlossenen Schneedecke empfinden. Sie ist in dem Augenblick zerstört, da der erste von uns seinen Fuß in sie gesetzt hat.

Rainer Beck

Abb. 24 Seite 38   Druckvorlage und Anleitung für den Drucker
Abb. 25   VENASQUE
Farbradierung 1982
Blattgröße 65/60 cm, Bildgröße 24,7/29,5 cm
KR 192

PIQUE-NIQUE IM HERBST, VENASQUE
Pique-nique mit Freunden auf dem Gipfel. Blick in die Ebene der Landschaft. November. Himmel in Coelin-Blau über Weinfelder in zyprischer Umbrau. Eine junge Frau trägt zum Schutz gegen die stechende Sonne einen weißen Hut, dazu einen langen Rock in Krapplackrot. Eine Demonstration der Farbe. Simultankontrast. Skizziere und spreche über Farben, die anderen über Venasque, Venustempel, der hier stand. Venasque, Venus, das Ganze elektrisiert mich (Lichtner-Aix).

Abb. 26   BEAUMONT
Farbradierung 1980
Blattgröße 70/50 cm, Bildgröße 42/39 cm KR 169

Abb. 27 Seite 41   LEVER DU SOLEIL
OE 78048, 110/90 cm, Öl/Leinwand

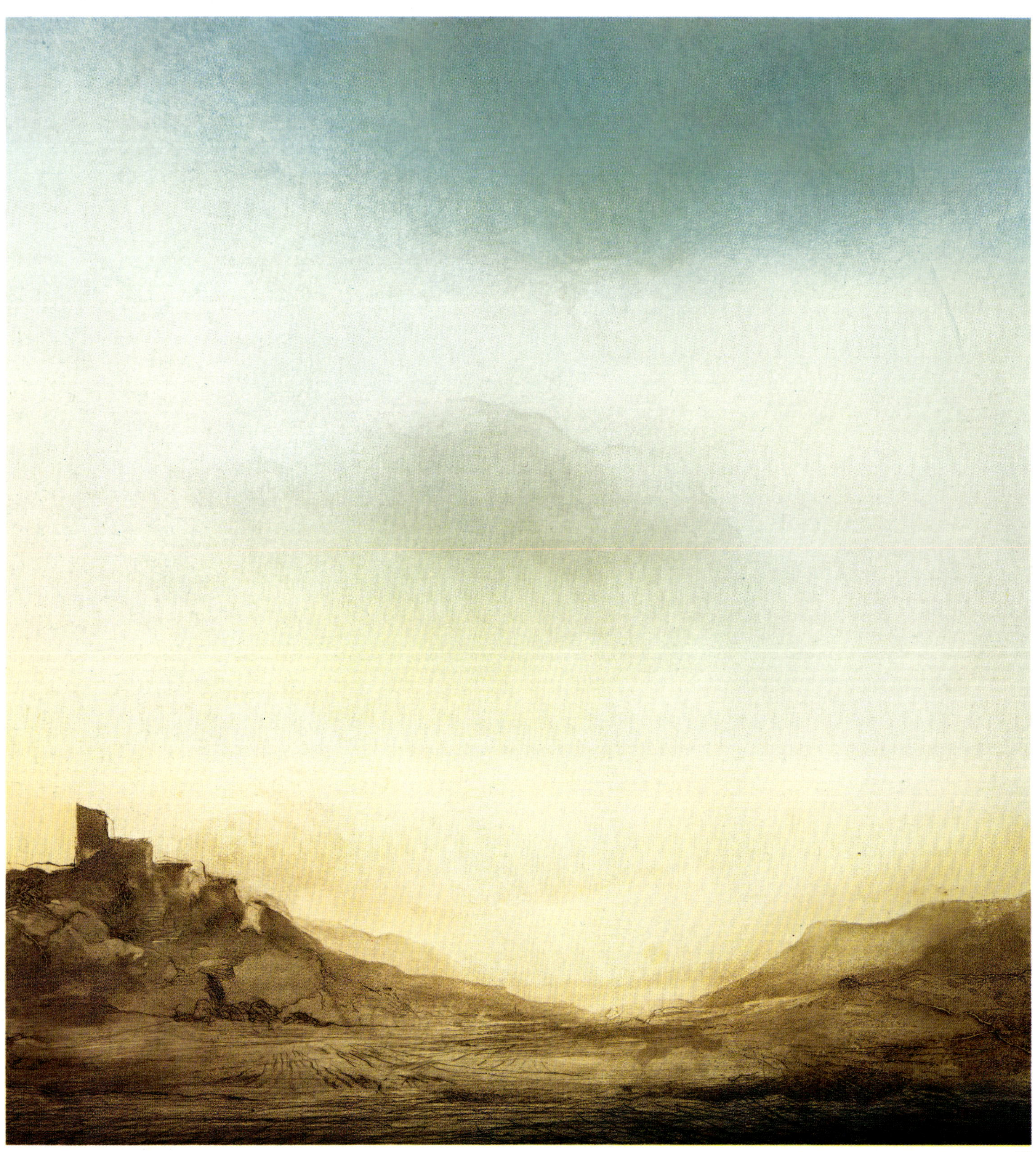

26

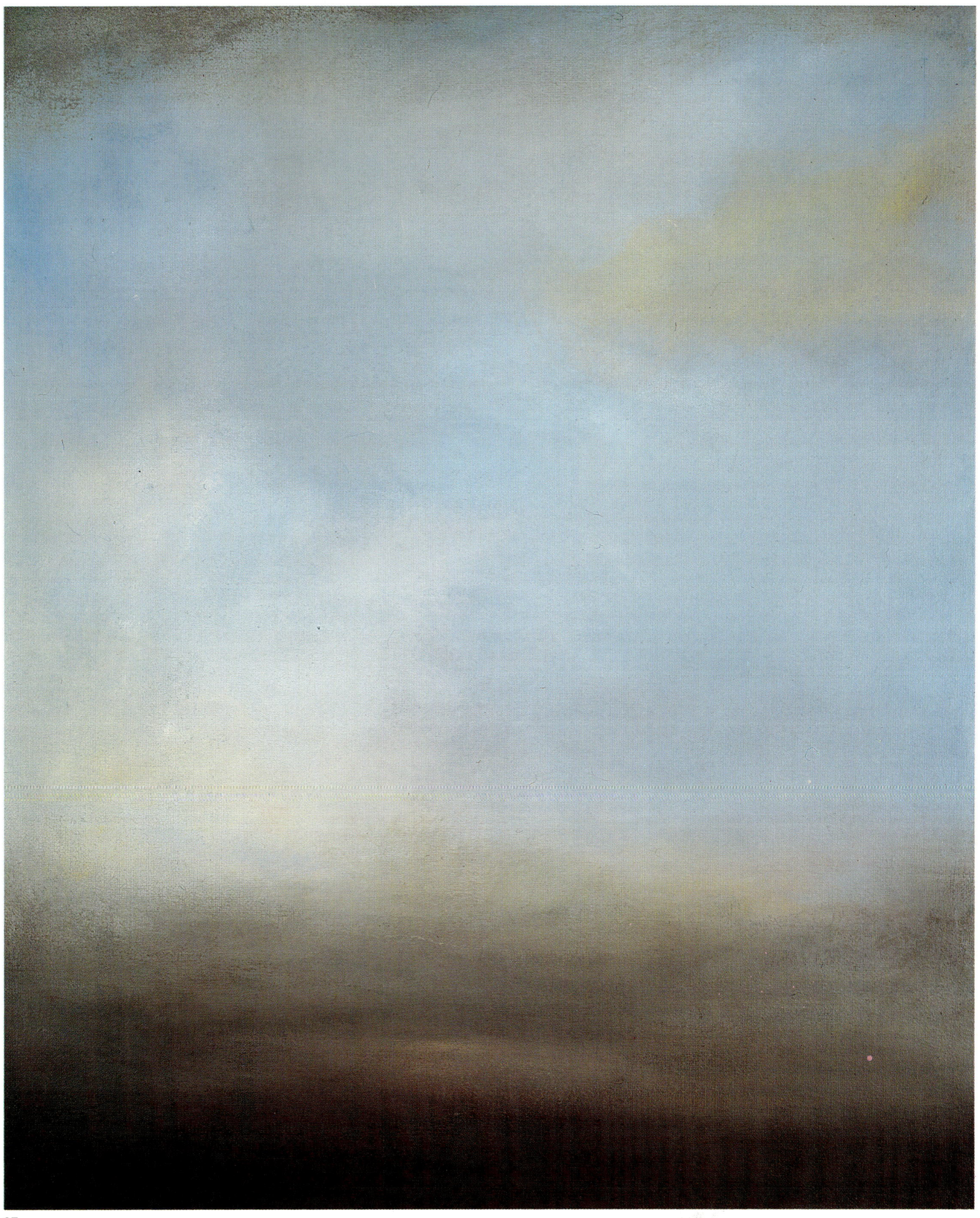

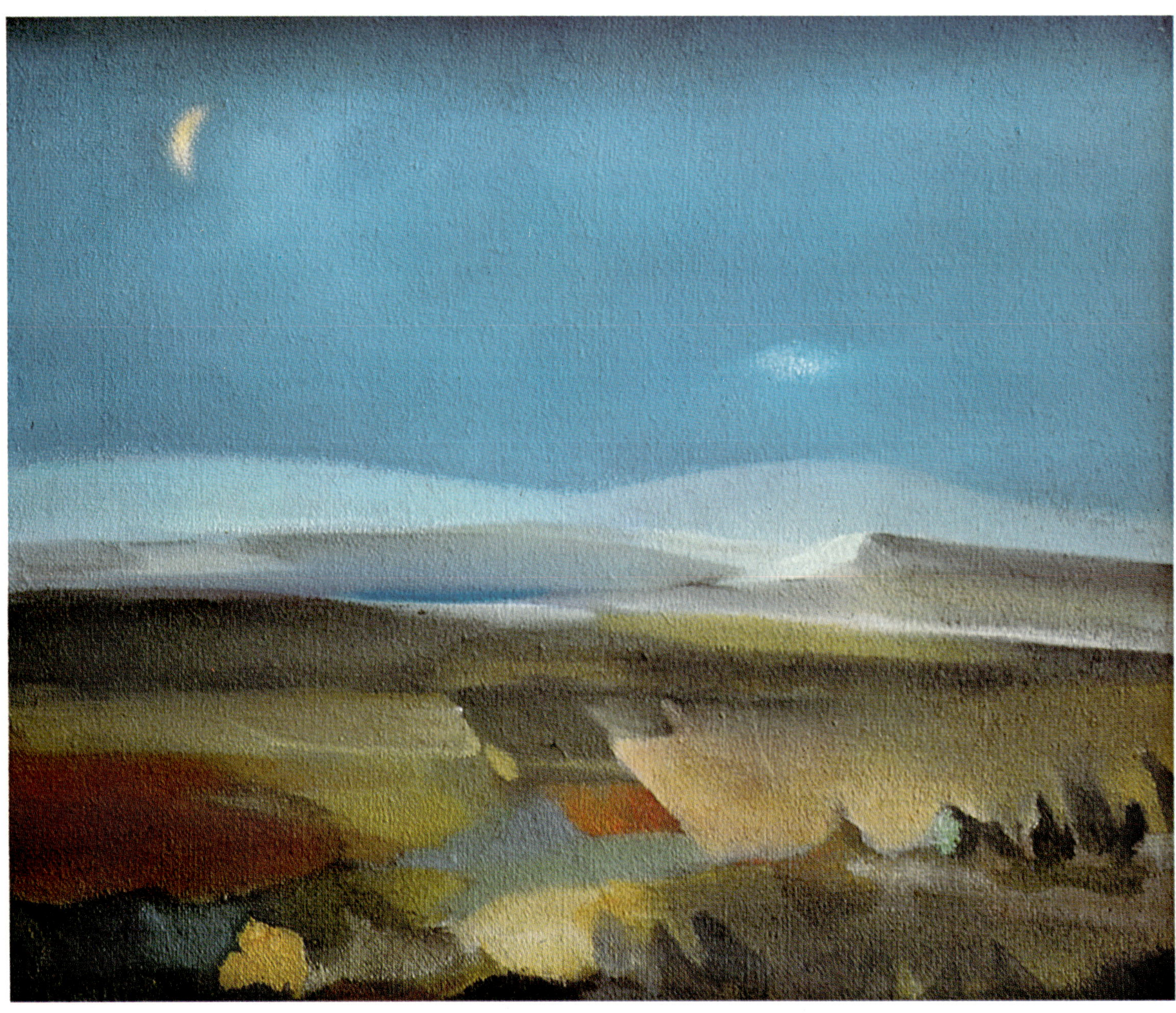

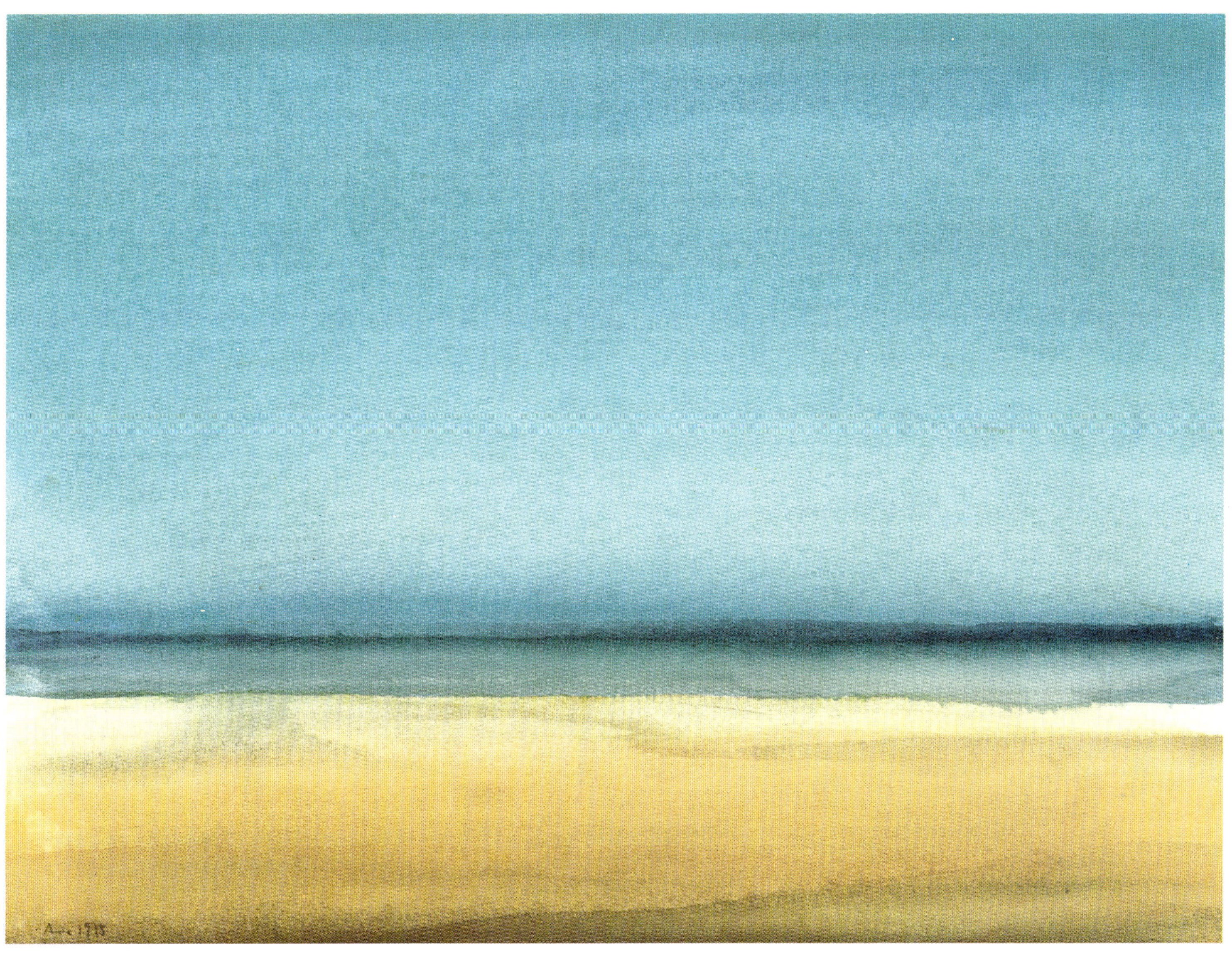

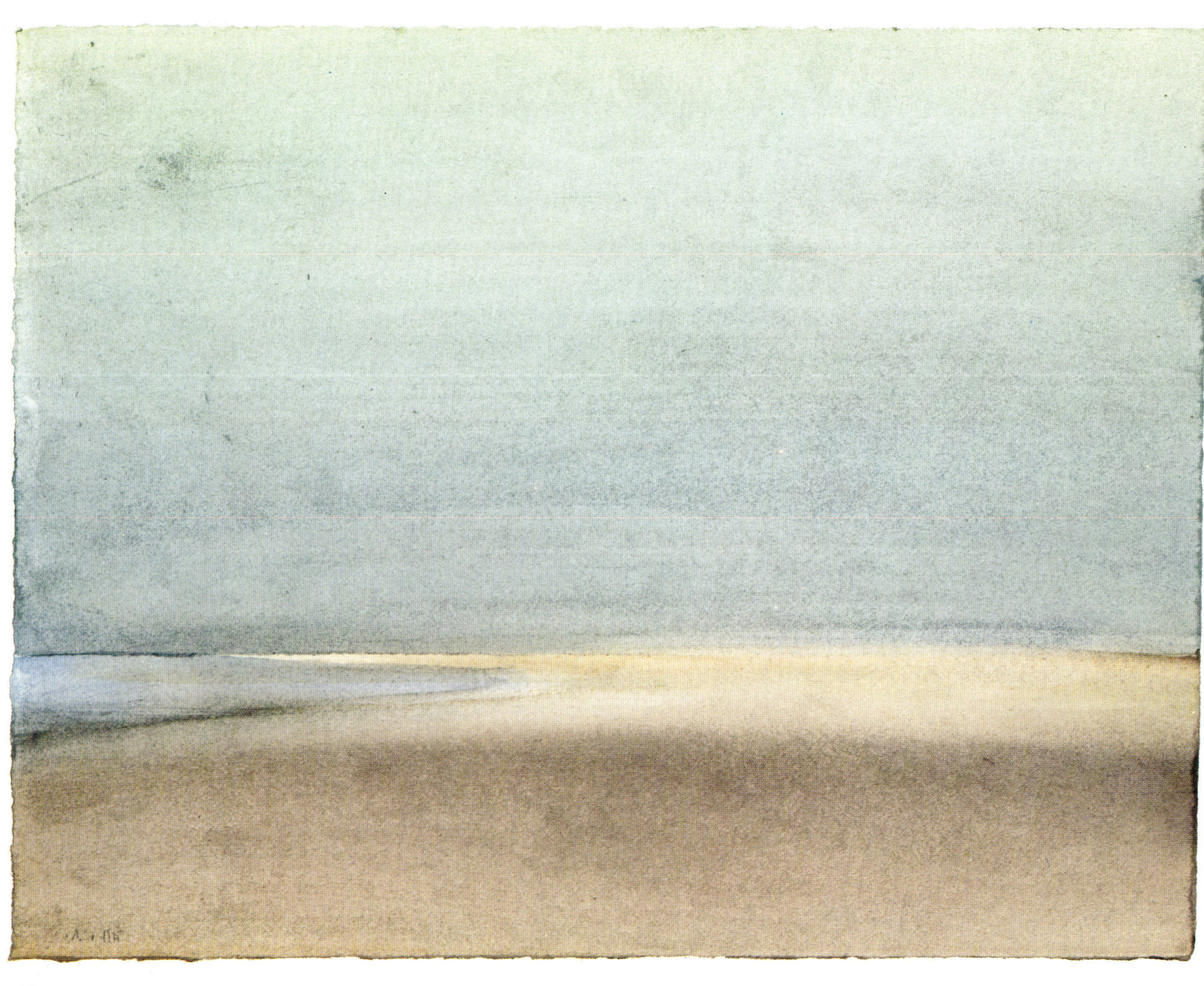

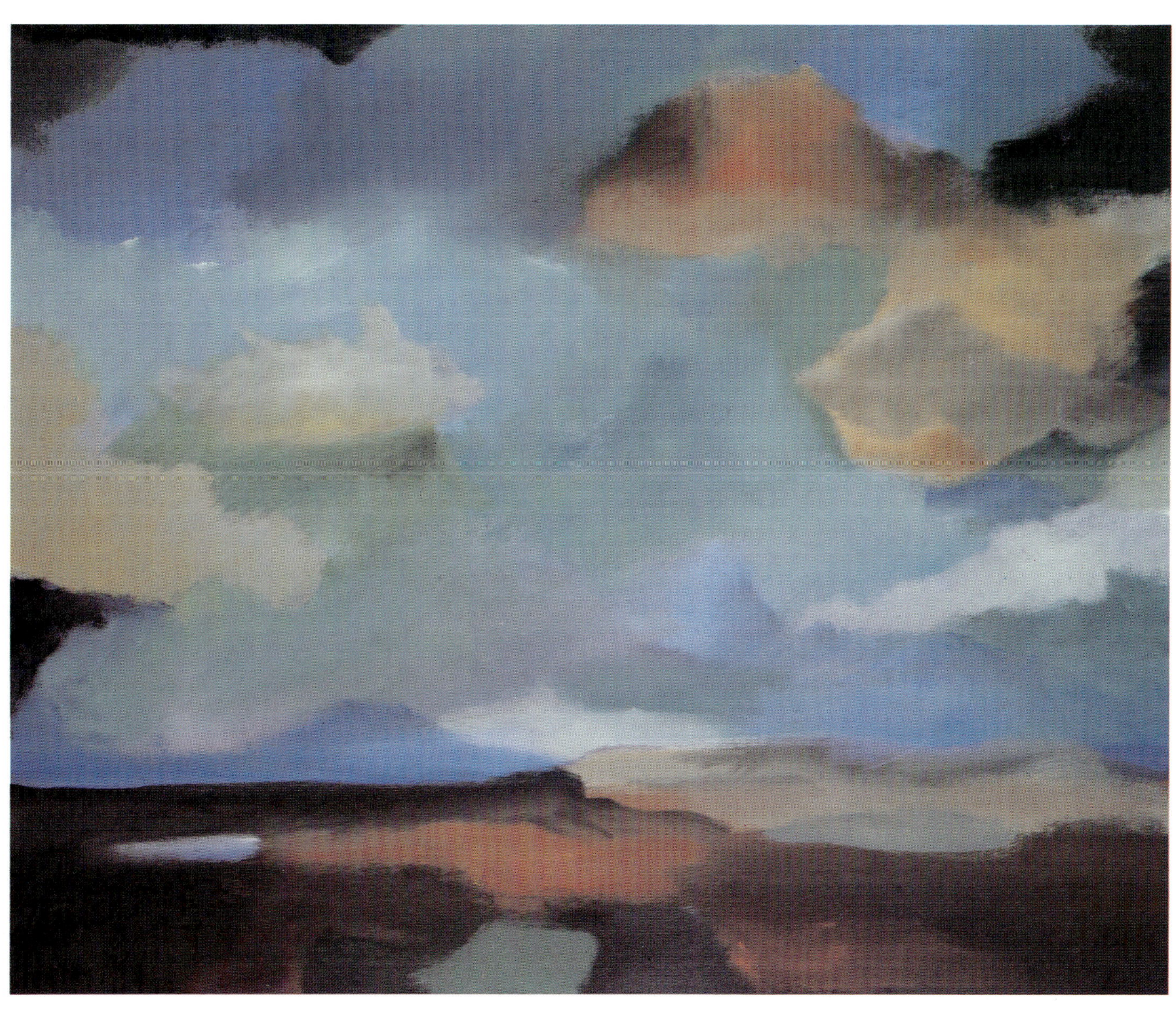

Abb. 32　MISTRAL II
OE 74104, 35/40 cm, 1982 überarbeitet,
Öl/Leinwand

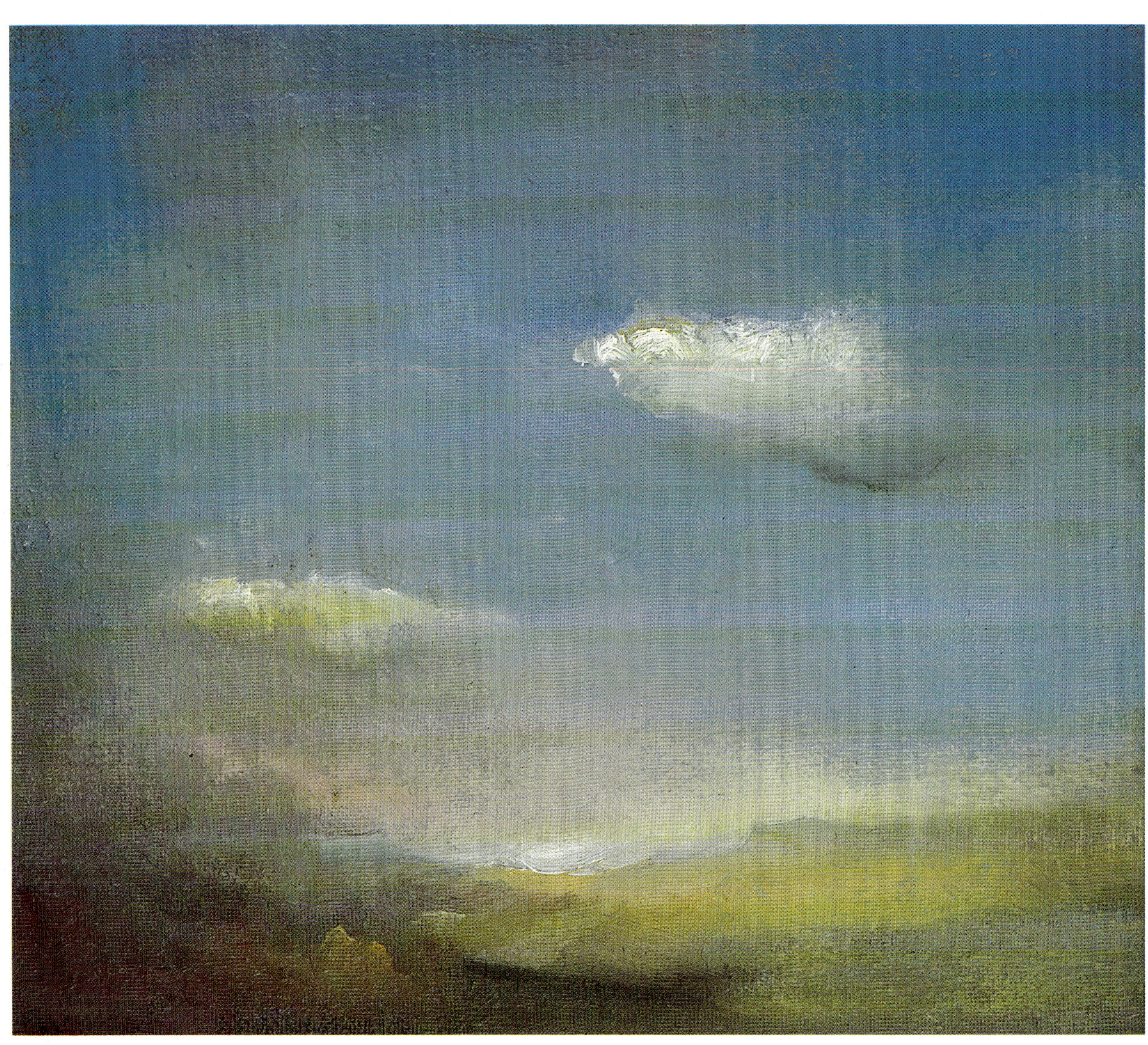

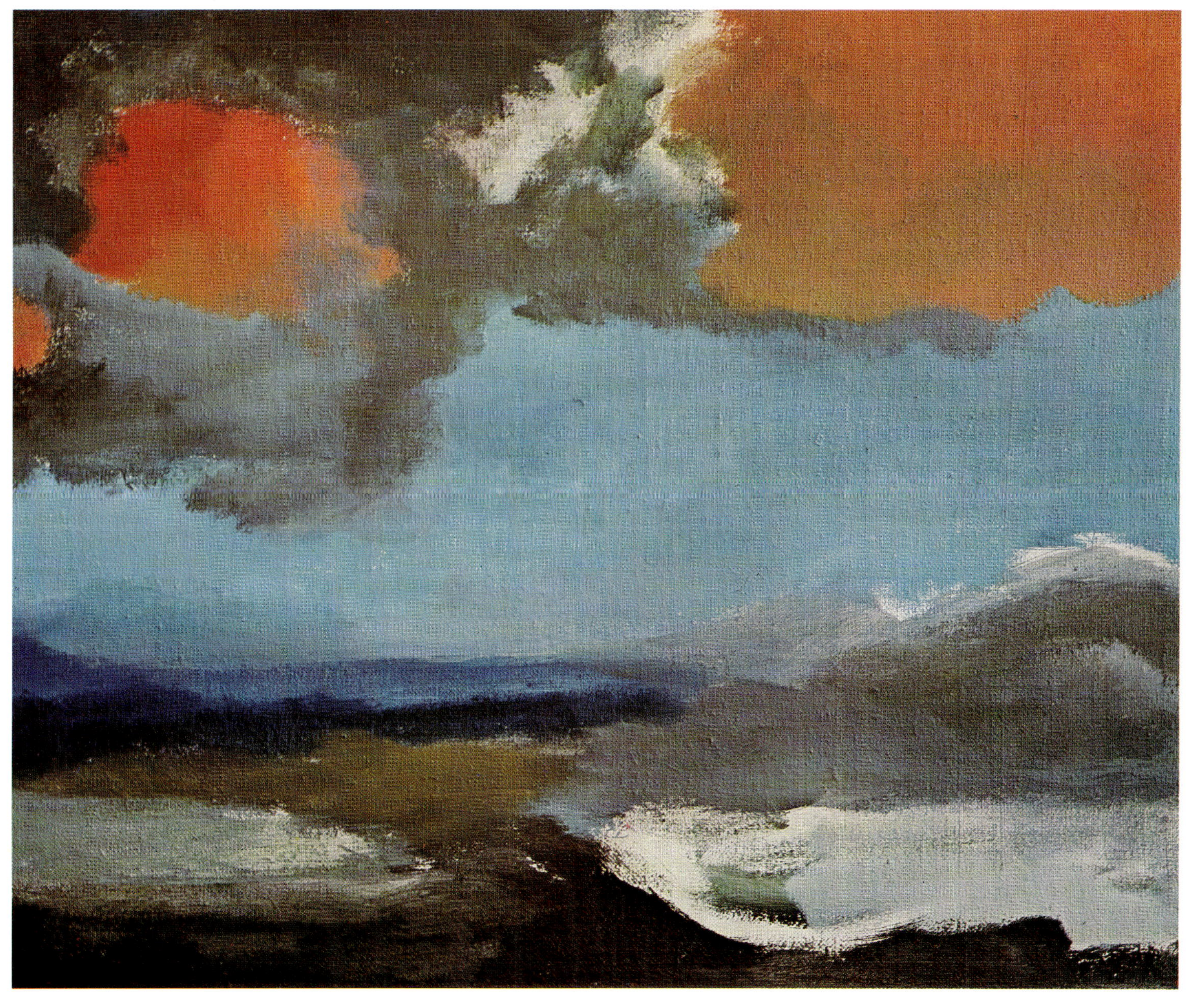

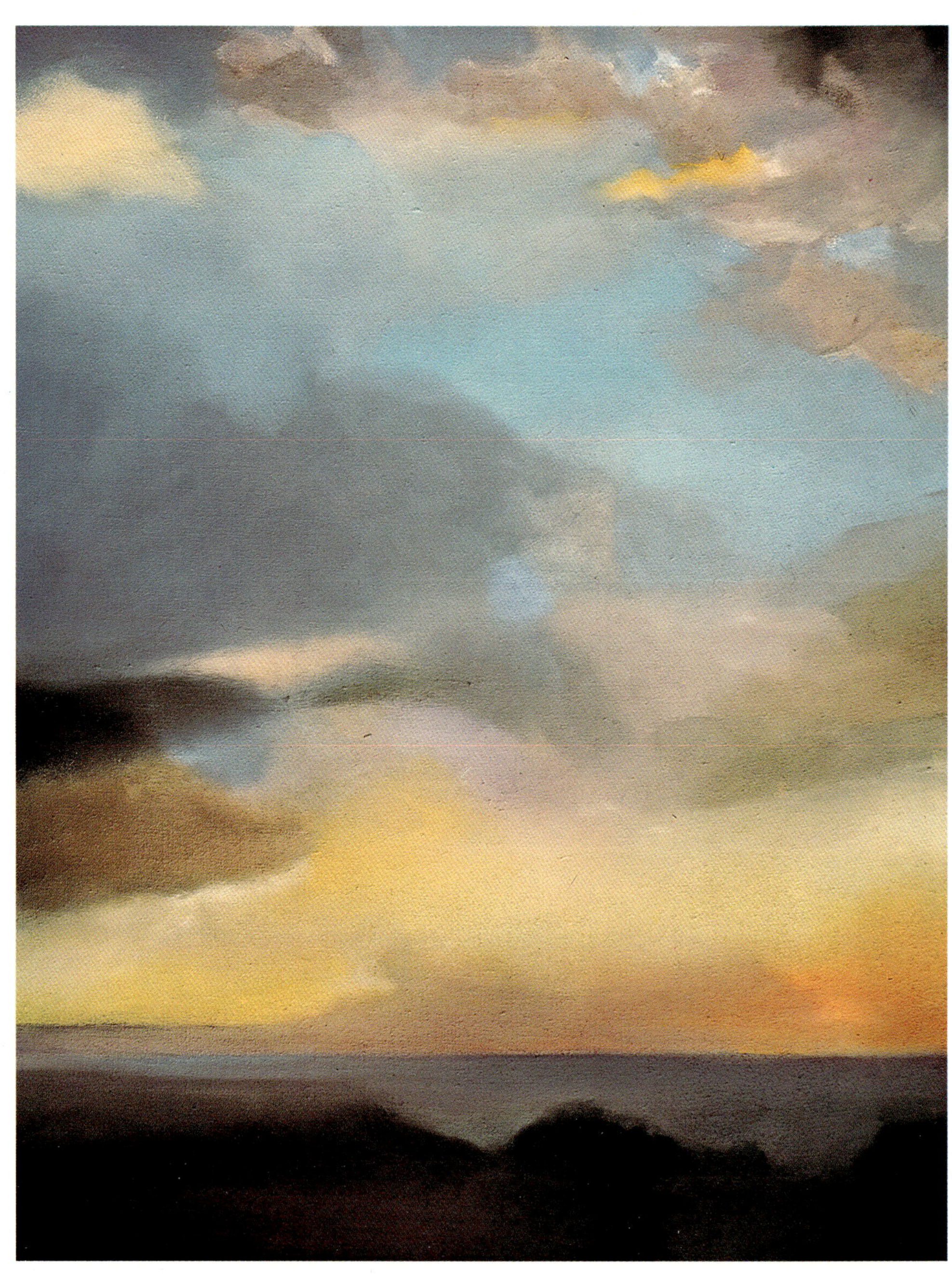

Abb. 34   ABENDLANDSCHAFT III
OE 75010, 150/120 cm, Öl/Leinwand

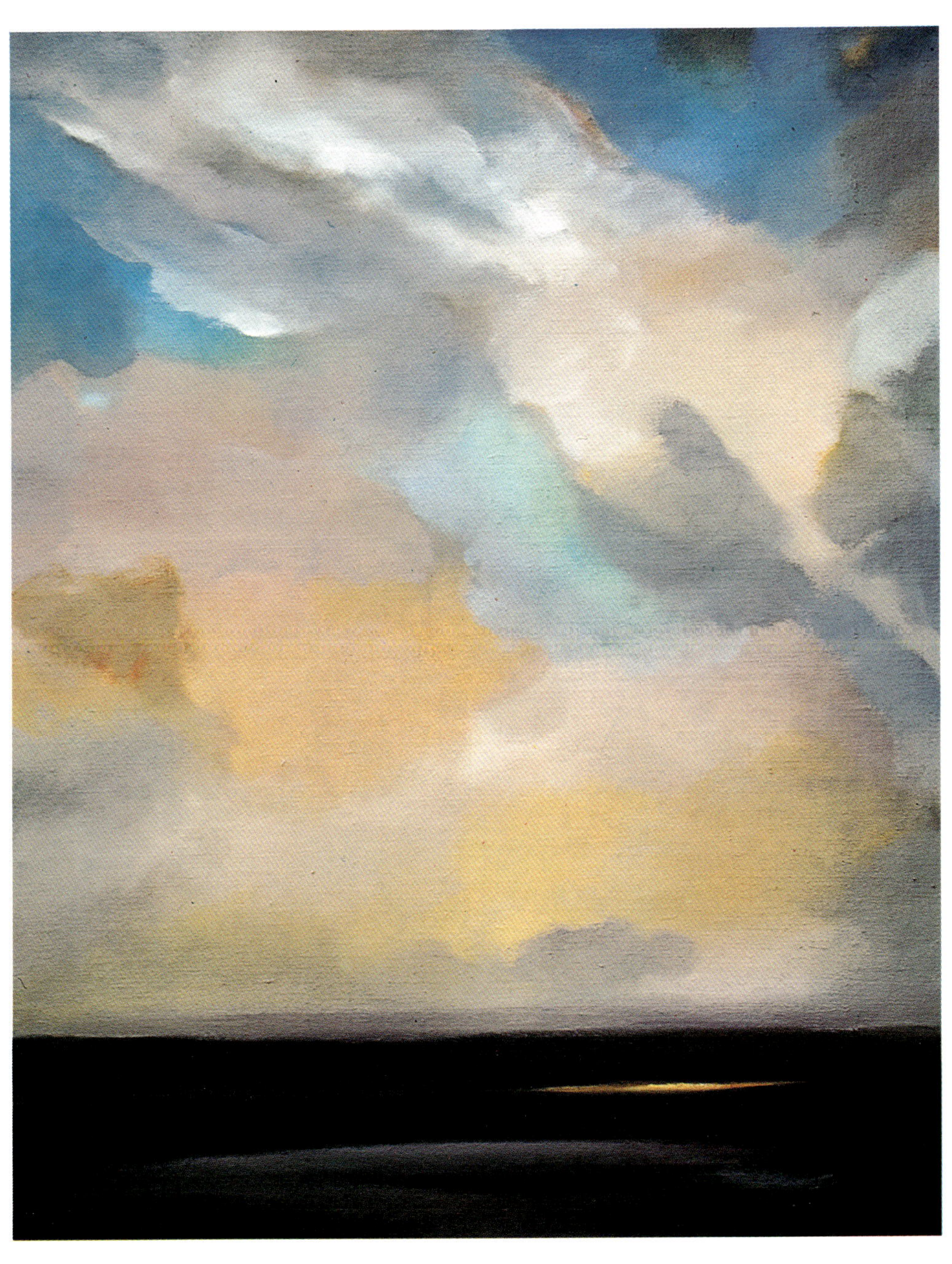

Abb. 35   ABENDLANDSCHAFT I
OE 75007, 150/120 cm, Öl/Leinwand

Abb. 36   LANDSCHAFT AUF KORSIKA
Reisezeichnung 1976, schwarzer Kugelschreiber/
Bütten, Blattgröße 27/35 cm

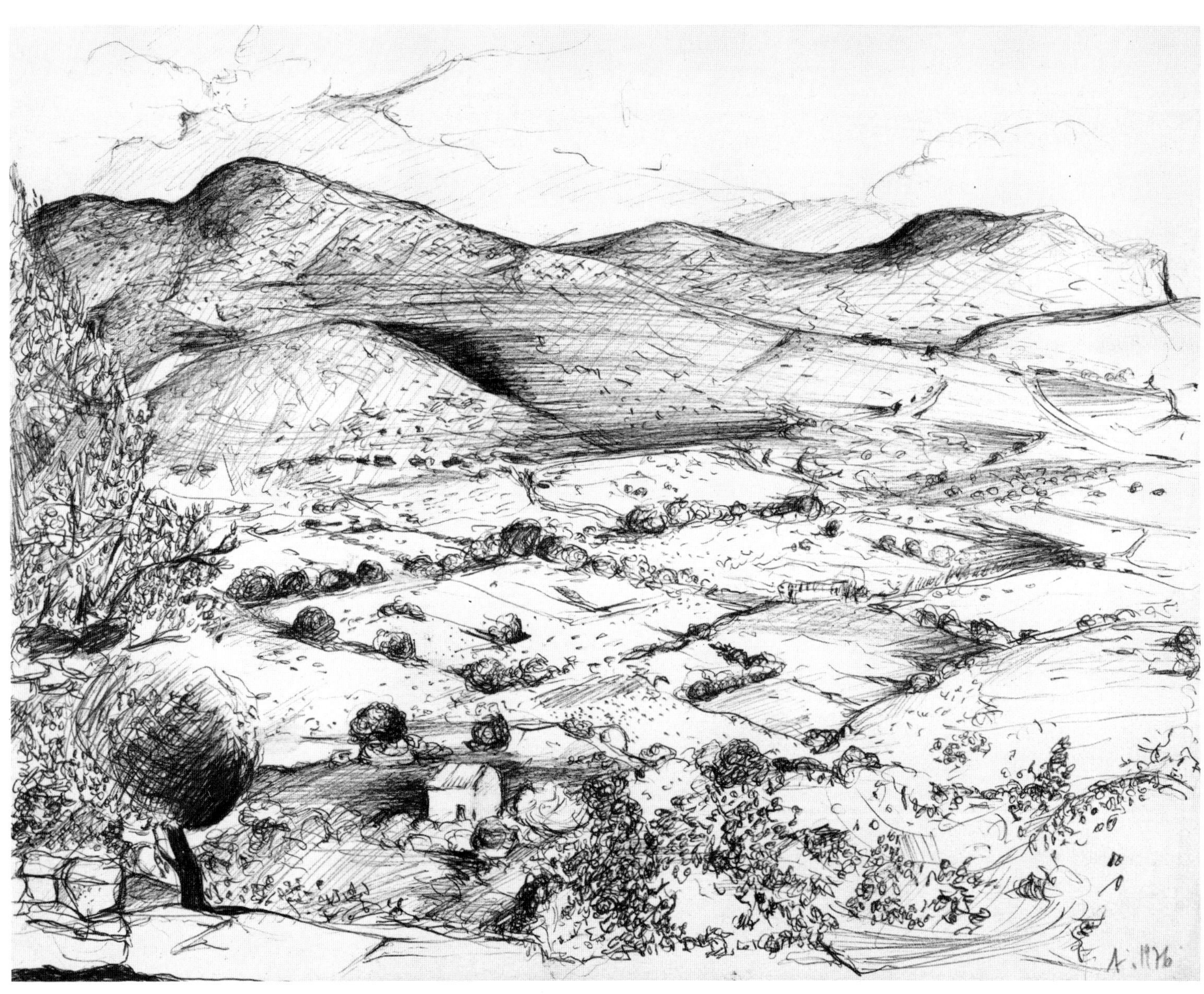

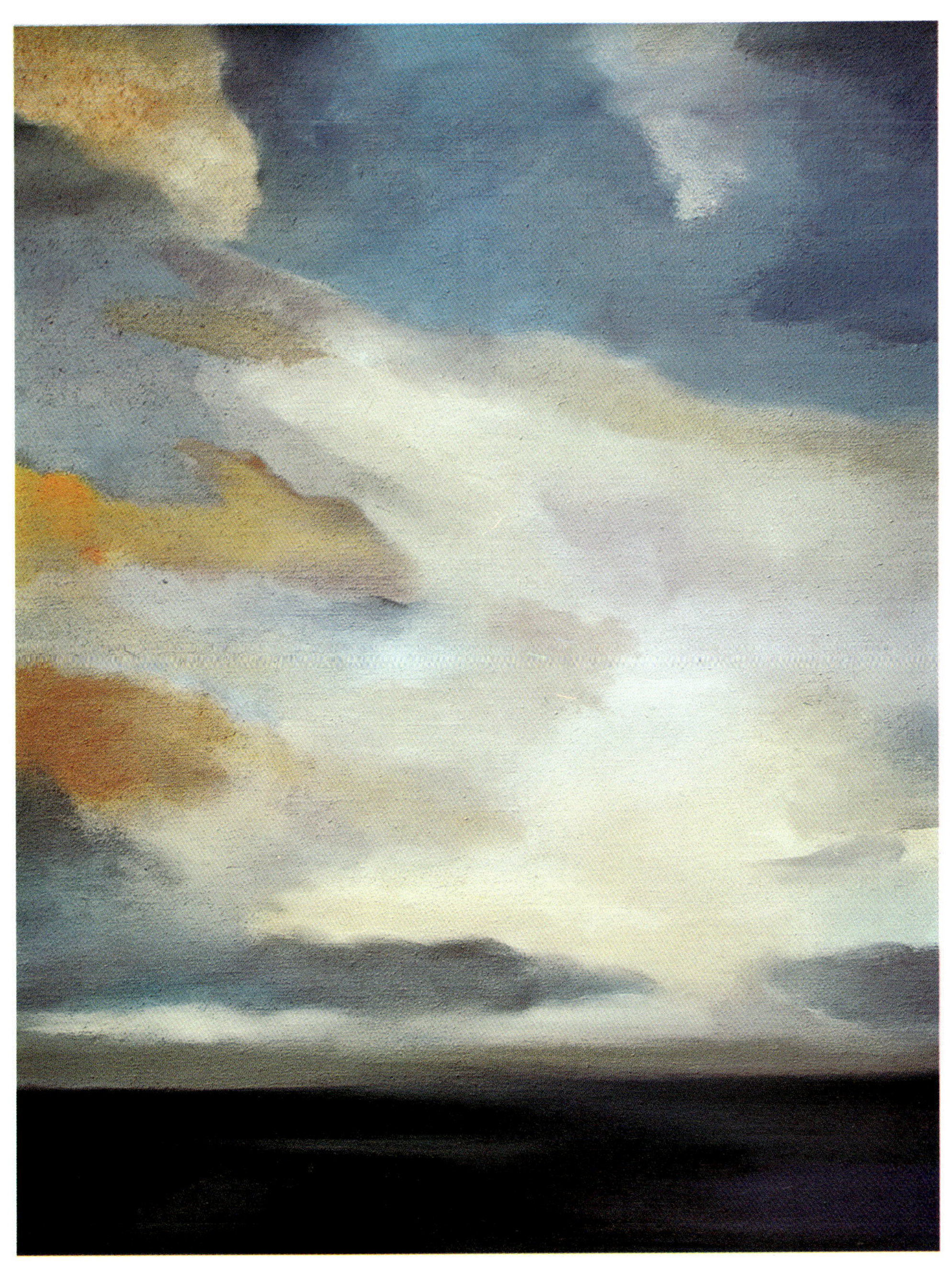

Abb. 37   ABENDLANDSCHAFT II
OE 75009, 150/120 cm, Öl/Leinwand

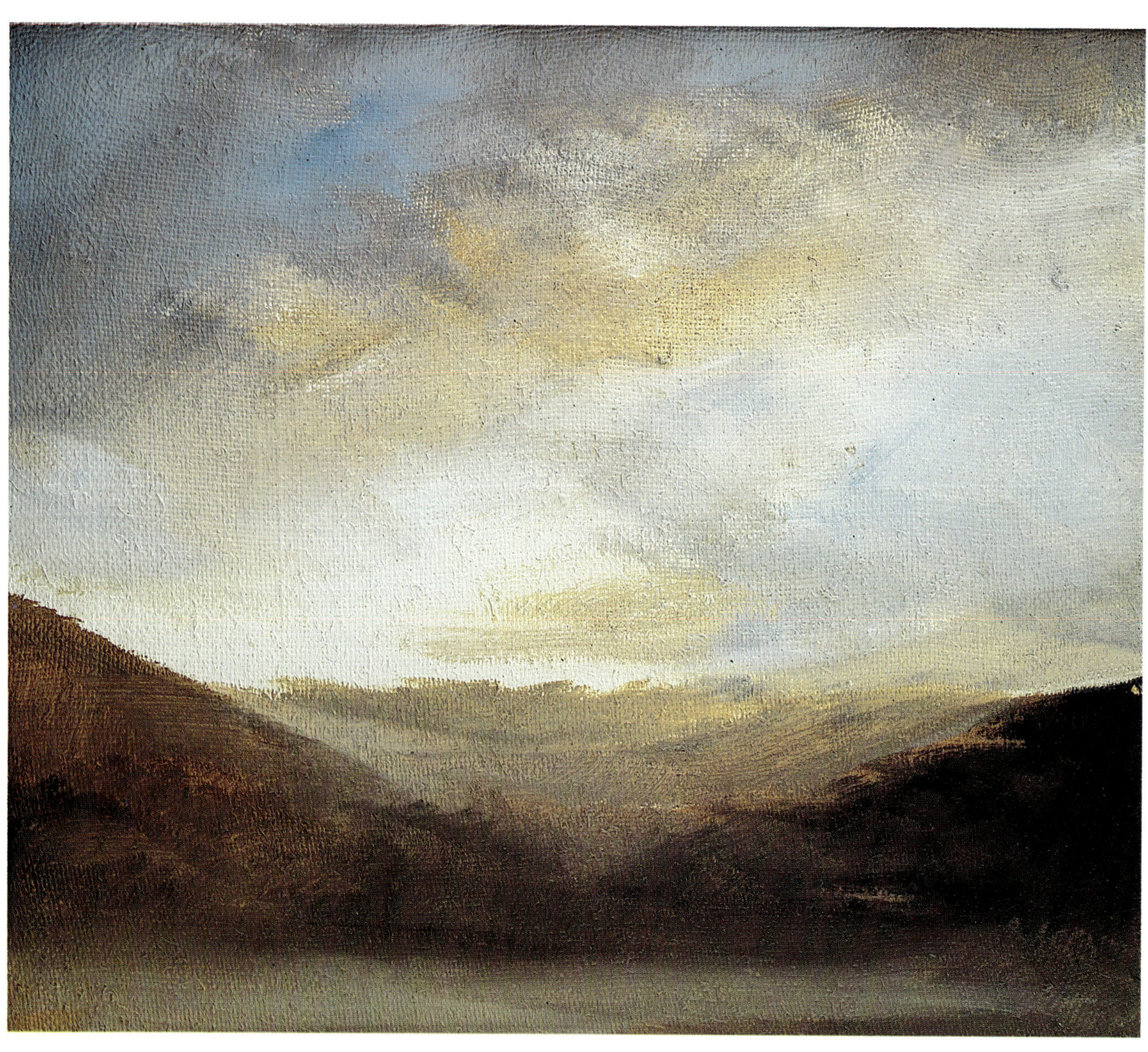

Abb. 39   NUAGES (Studie)
Bleistift mit Aquarell/Bütten, OE HZ 79029,
Blattgröße 26,5/31 cm

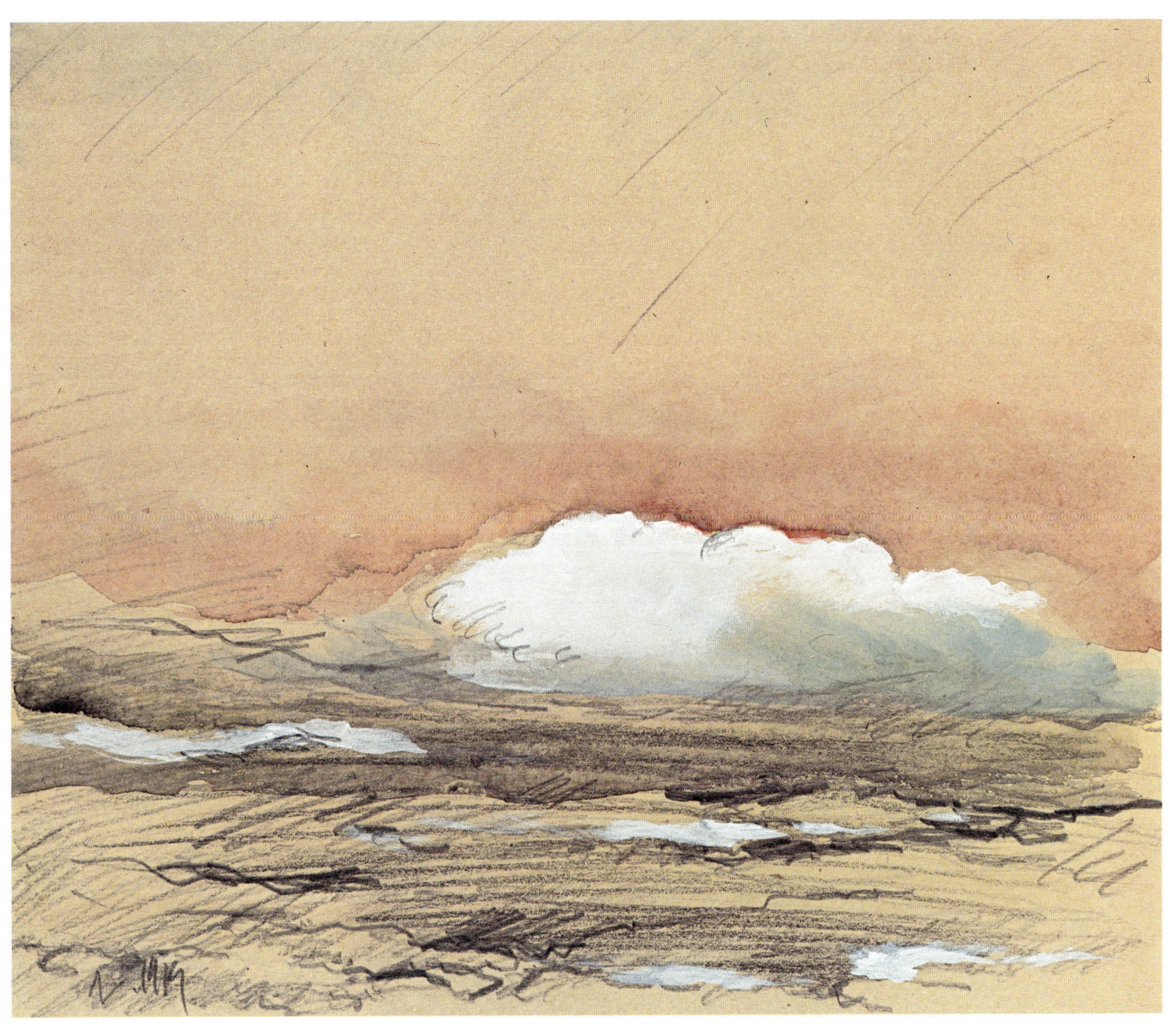

Abb. 40 HÄUSERGRUPPE (Studie)
Bleistift/Bütten 1979, Blattgröße 19,5/26,5 cm

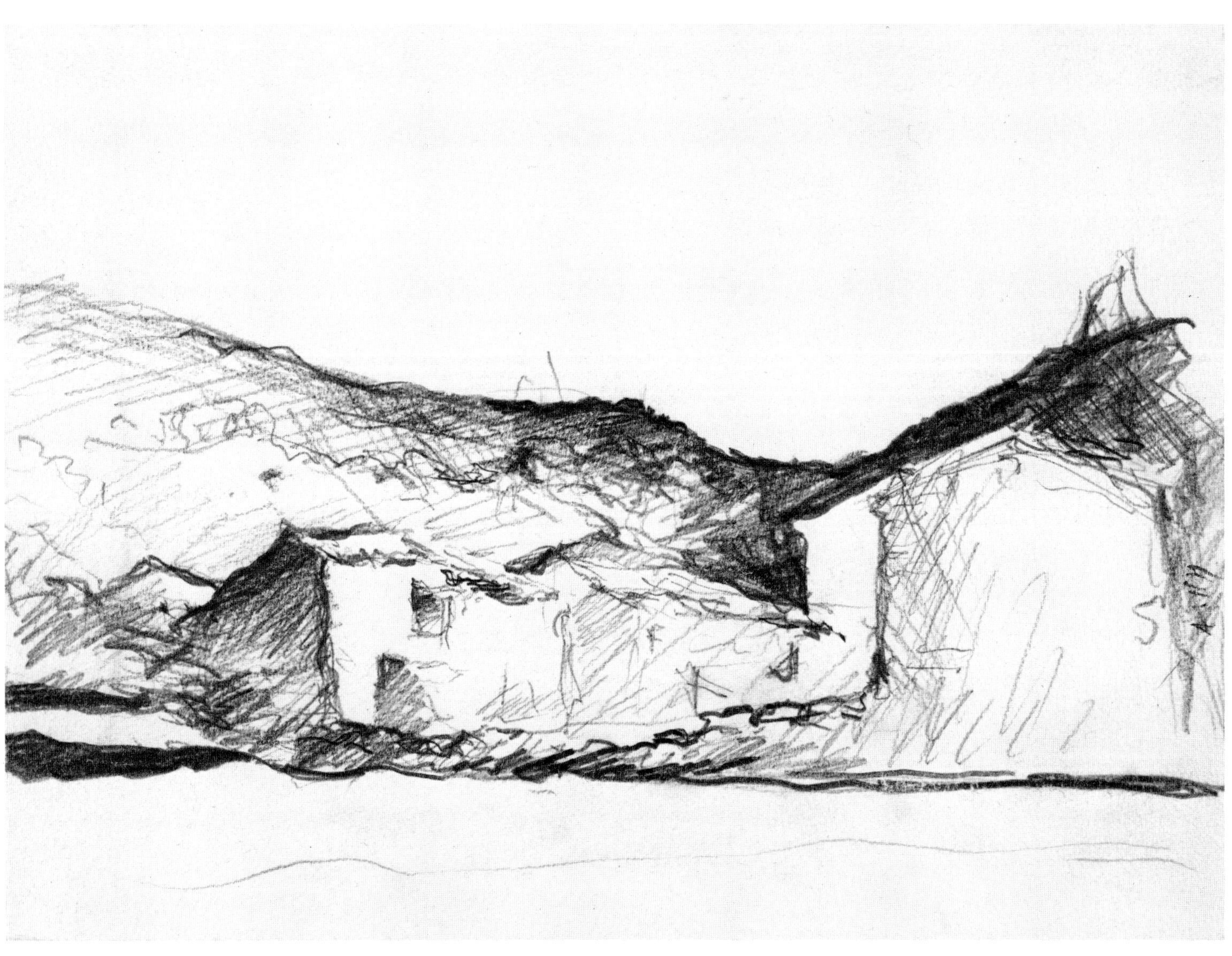

Abb. 41 LANDSCHAFT BEI AIX-EN-PROVENCE
OPPIDUM
Bleistift mit Aquarell/Bütten, OE HZ 79050,
Blattgröße 38/53,5 cm

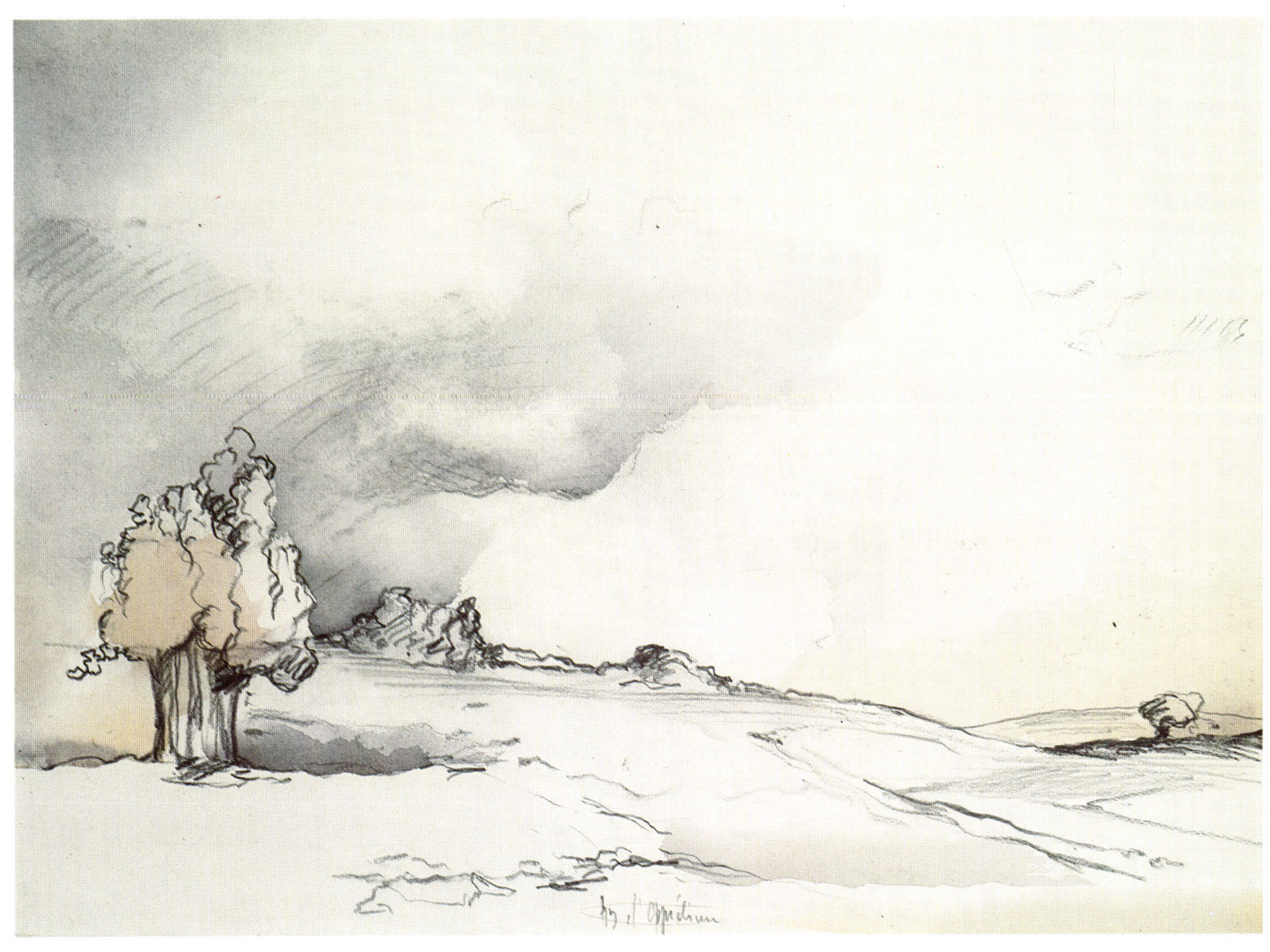

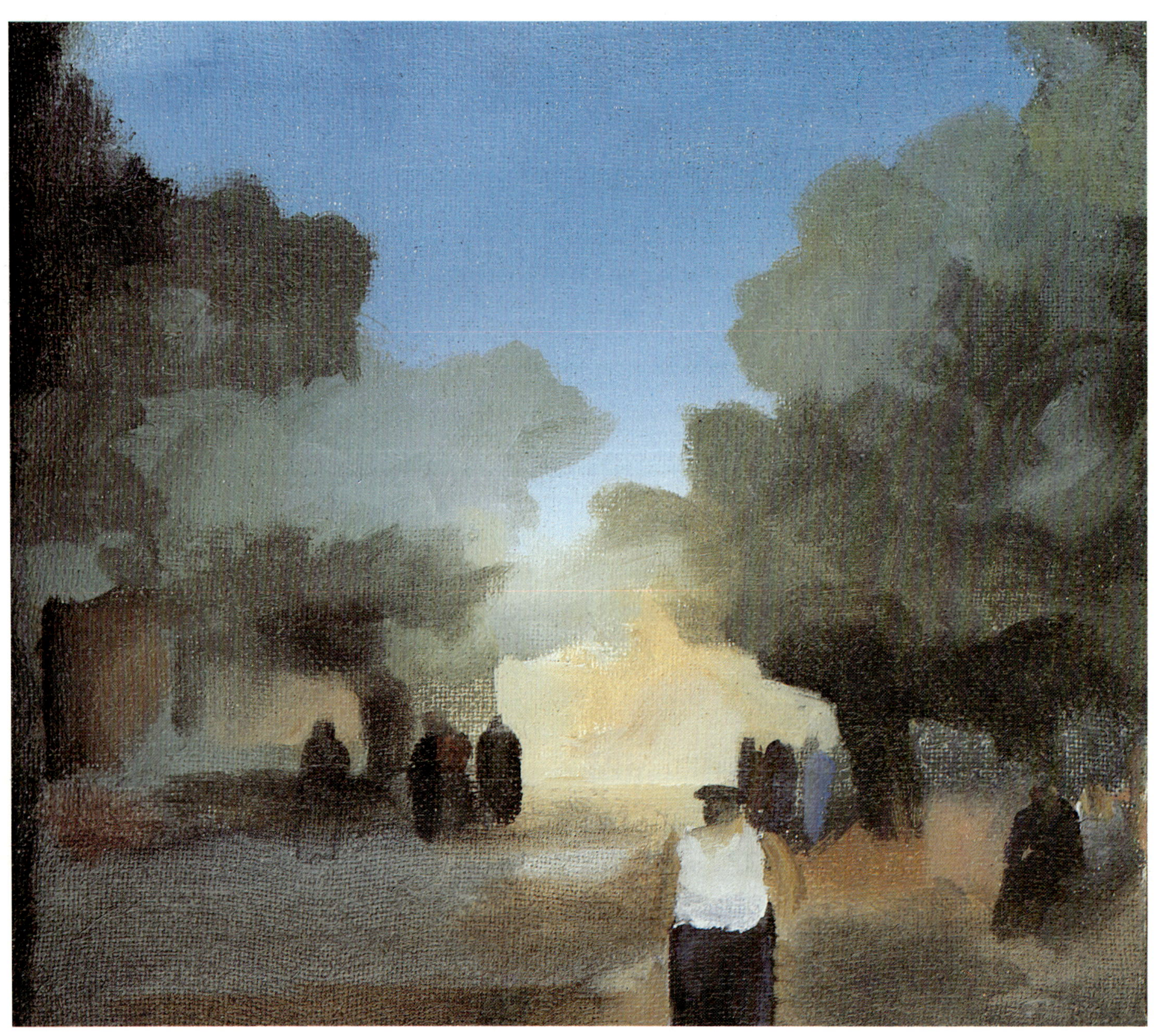

Abb. 43   BOULES
aus „La cuisine provençale", Bleistift mit Aquarell/
Bütten, OE HZ 79101, Blattgröße 23/24 cm

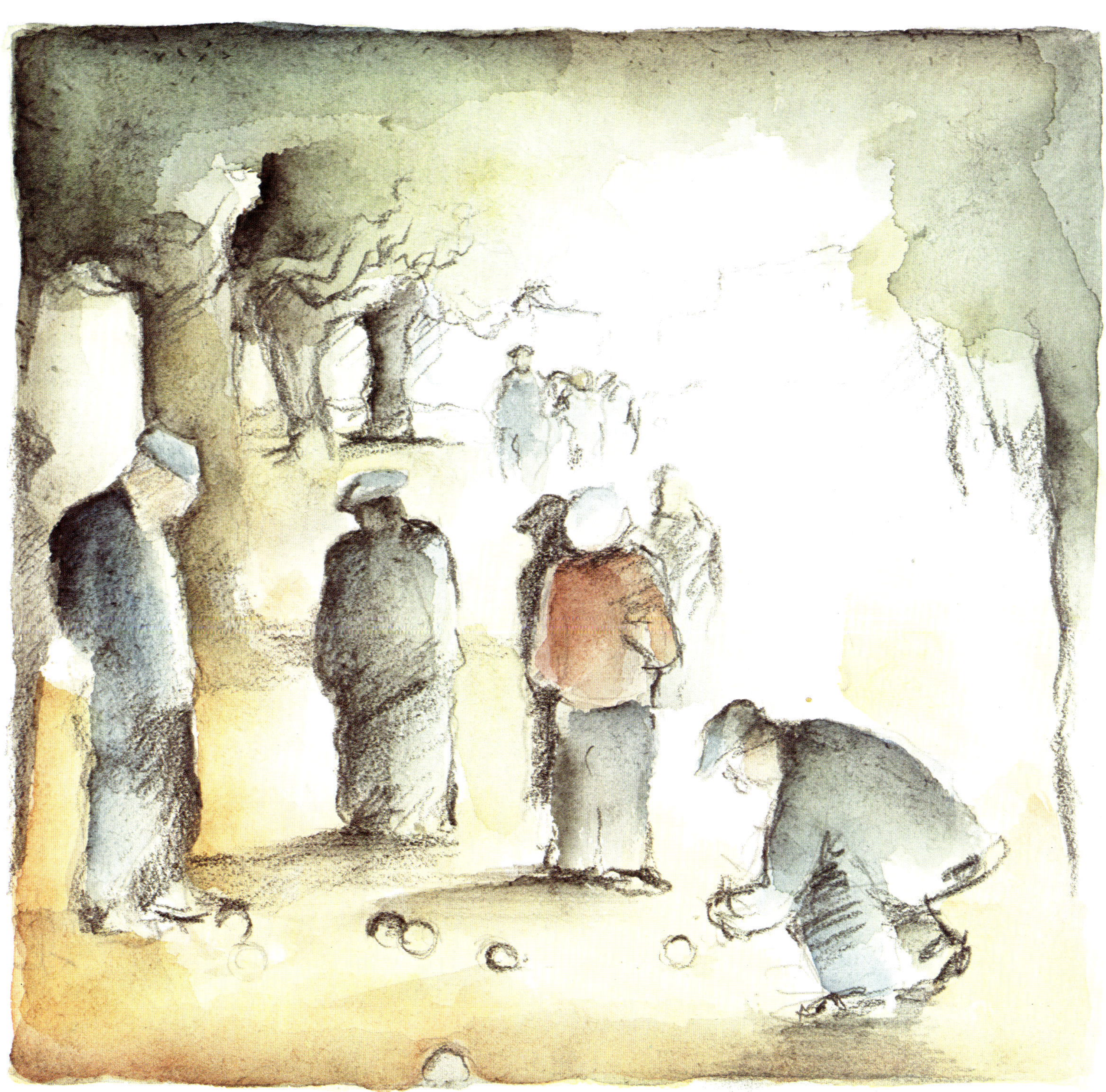

Abb. 44   L'AIOLI GEANT
aus „La cuisine provençale", Bleistift mit Aquarell/
Bütten, OE HZ 79075, Blattgröße 23/24 cm

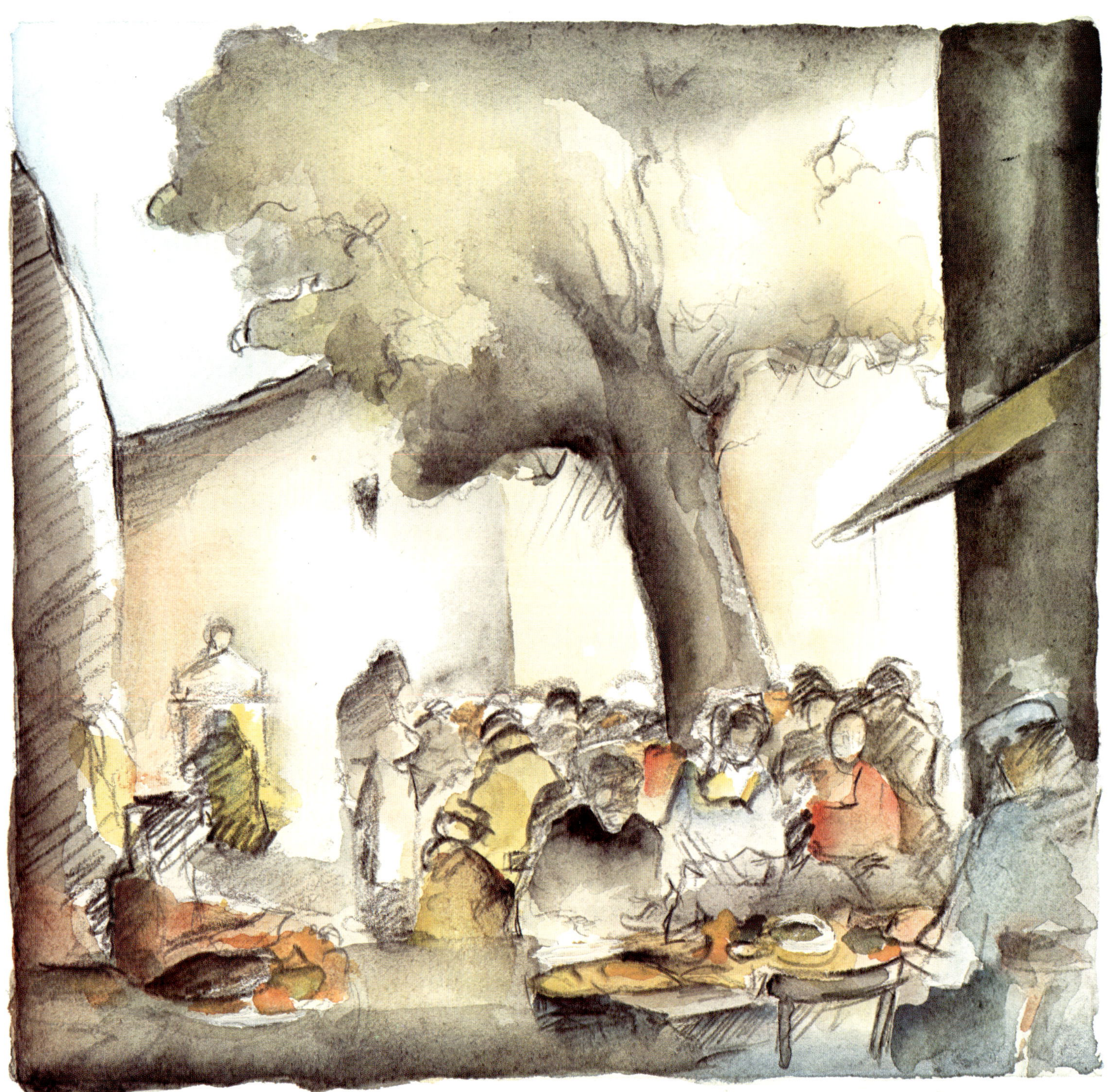

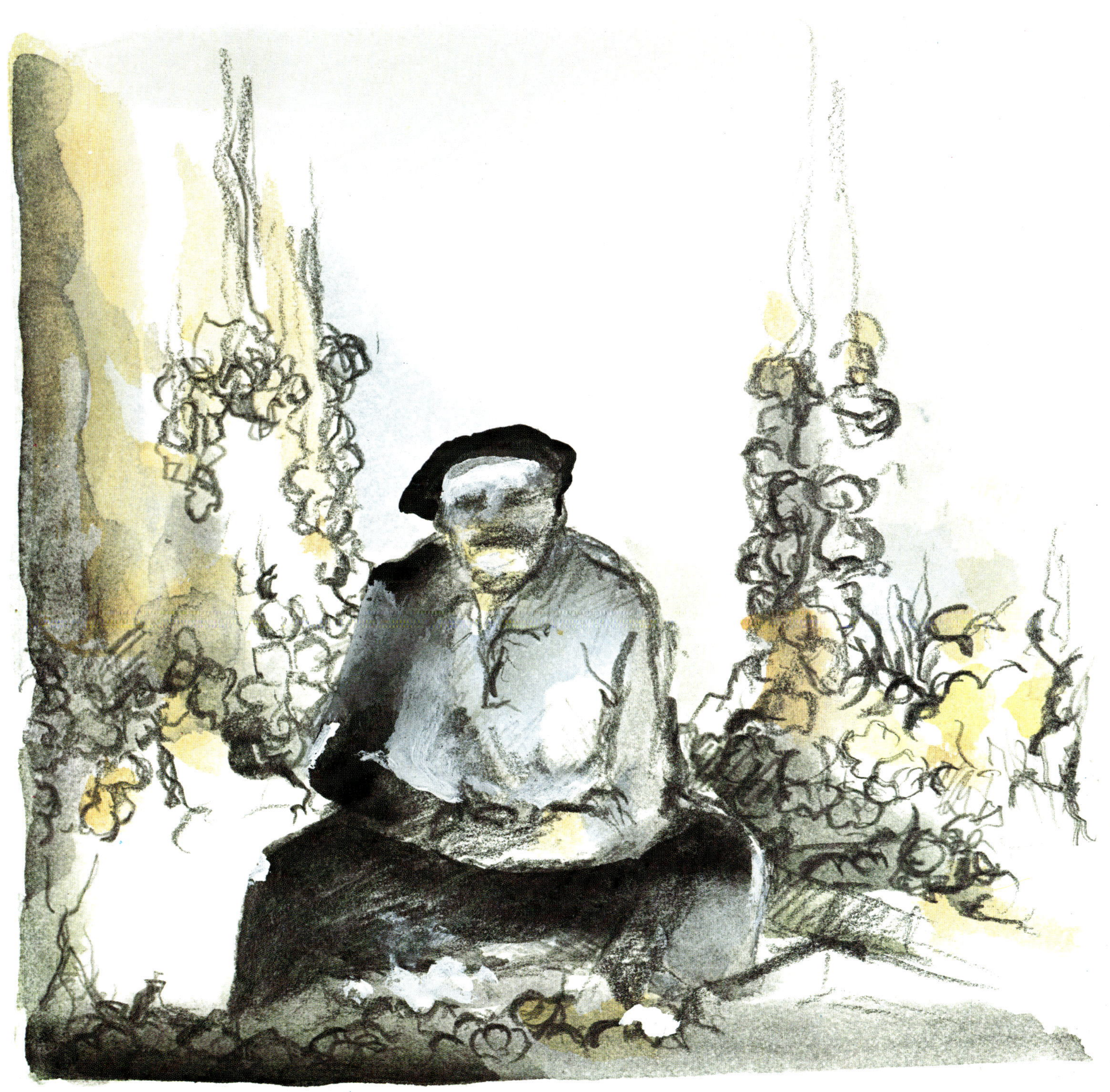

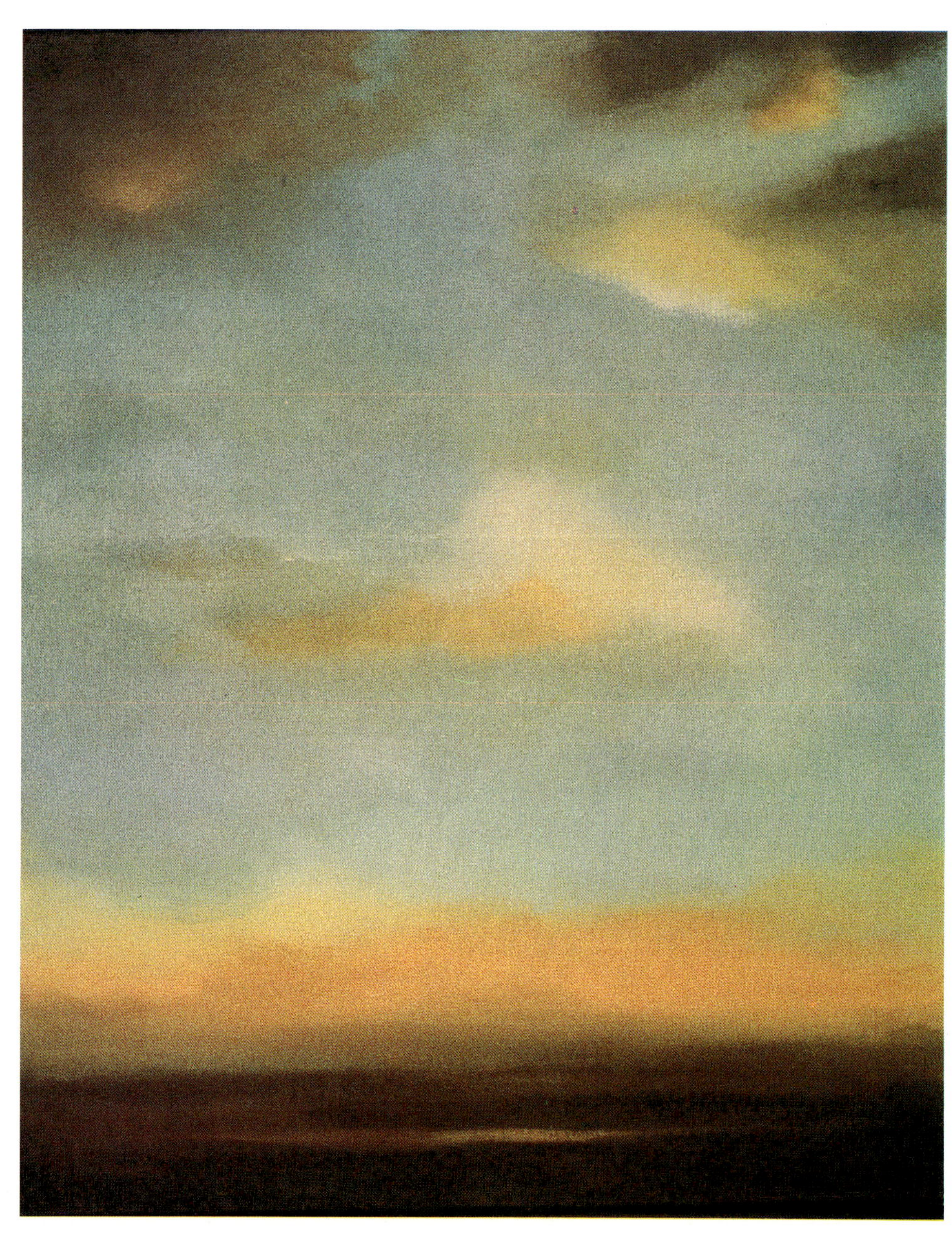

Abb. 46   ST. ETIENNE LES ORGUES
OE 78094, 110/90 cm, Öl/Leinwand

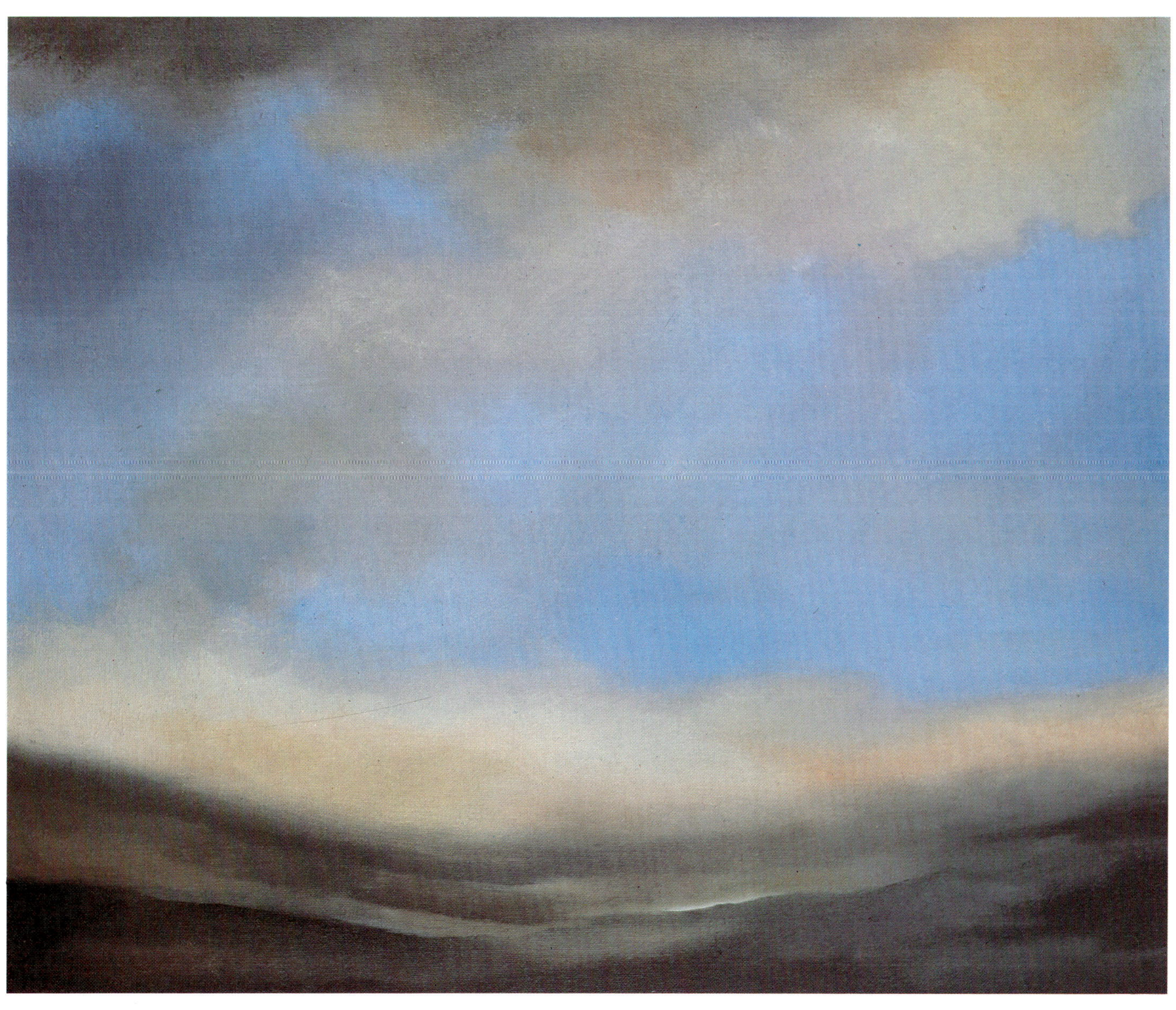

Abb. 48 PAYSAGE PRES DE BEAUMONT I
OE 79036, 90/110 cm, Öl/Leinwand

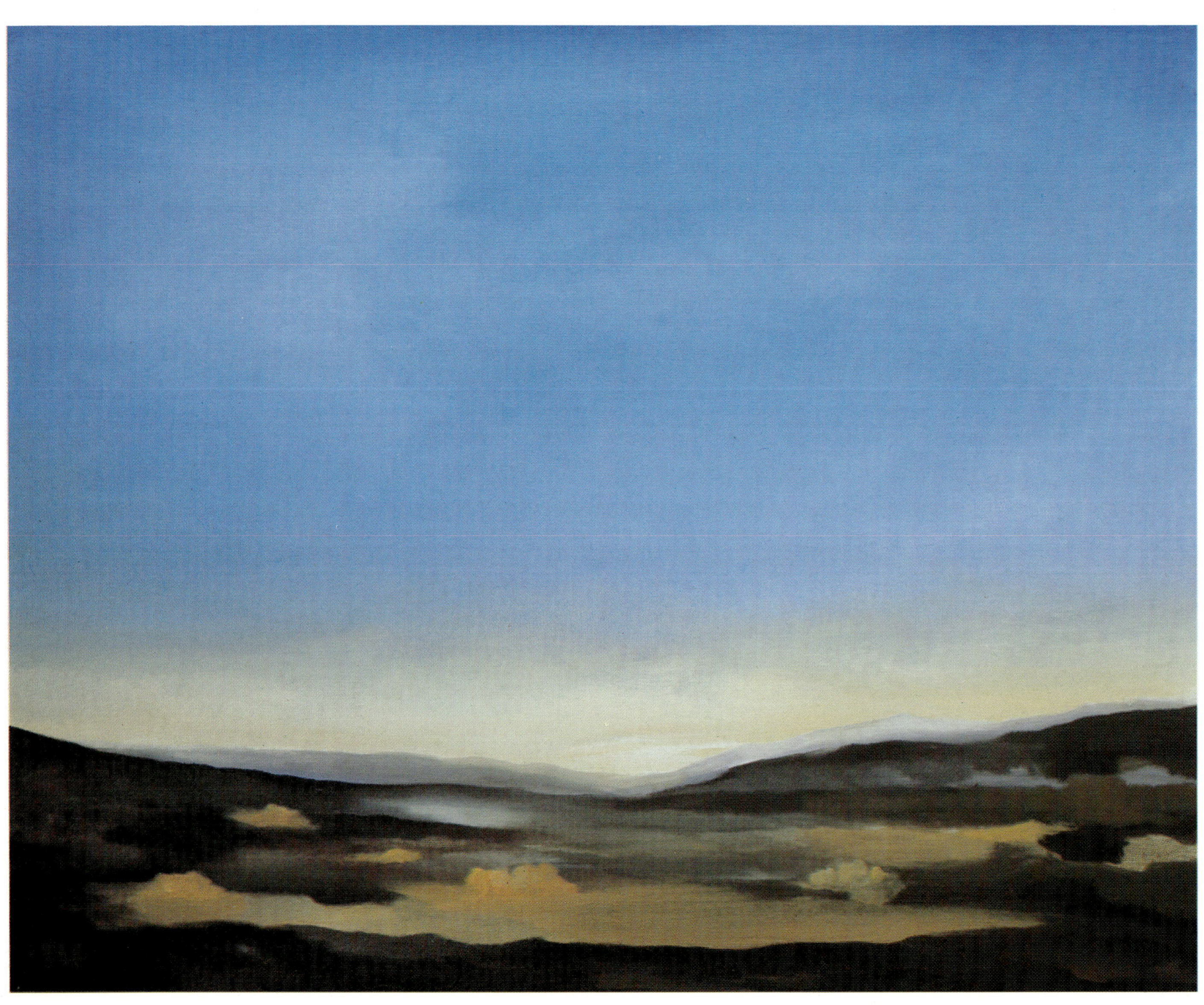

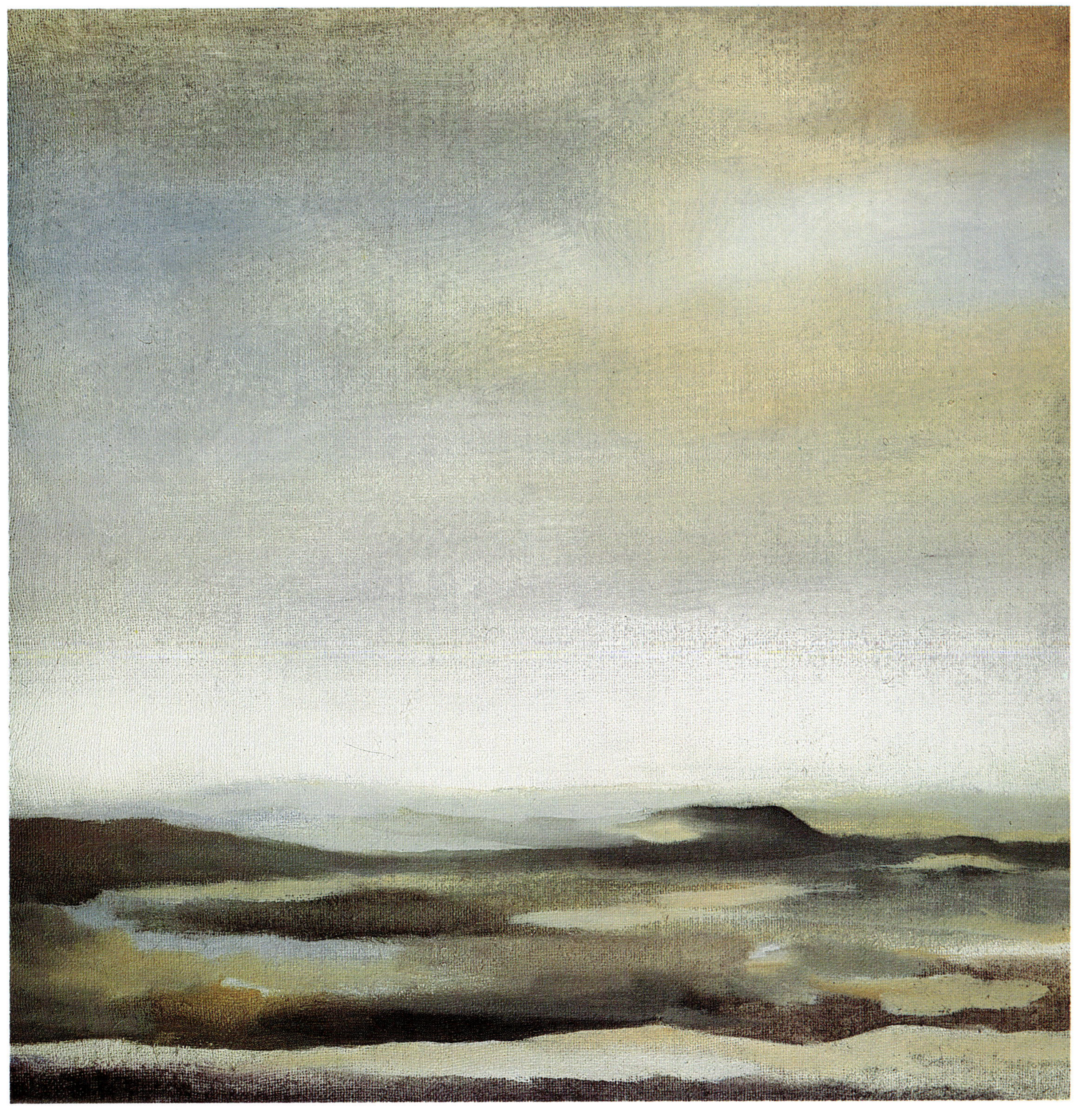

Abb. 50   RUINE (Studie)
Bleistift/Bütten 1981, Blattgröße 18/24 cm

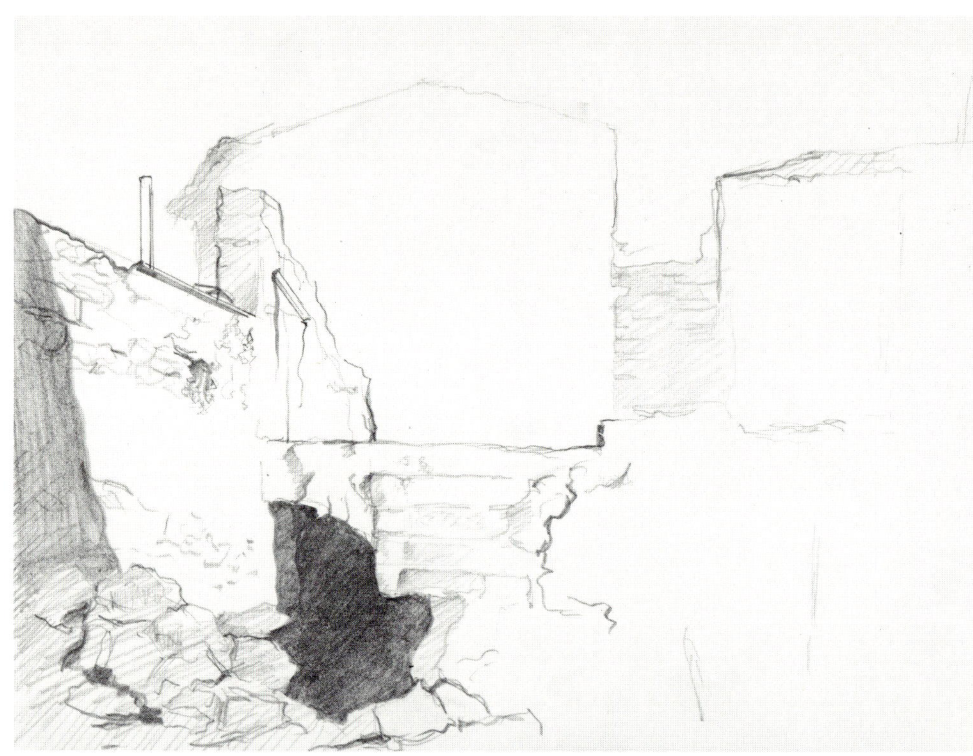

Abb. 51   LA CORNE BLANCHE (Studie)
Aquarell/braunes Packpapier, OE A 82005, Blattgröße 19,5/23 cm

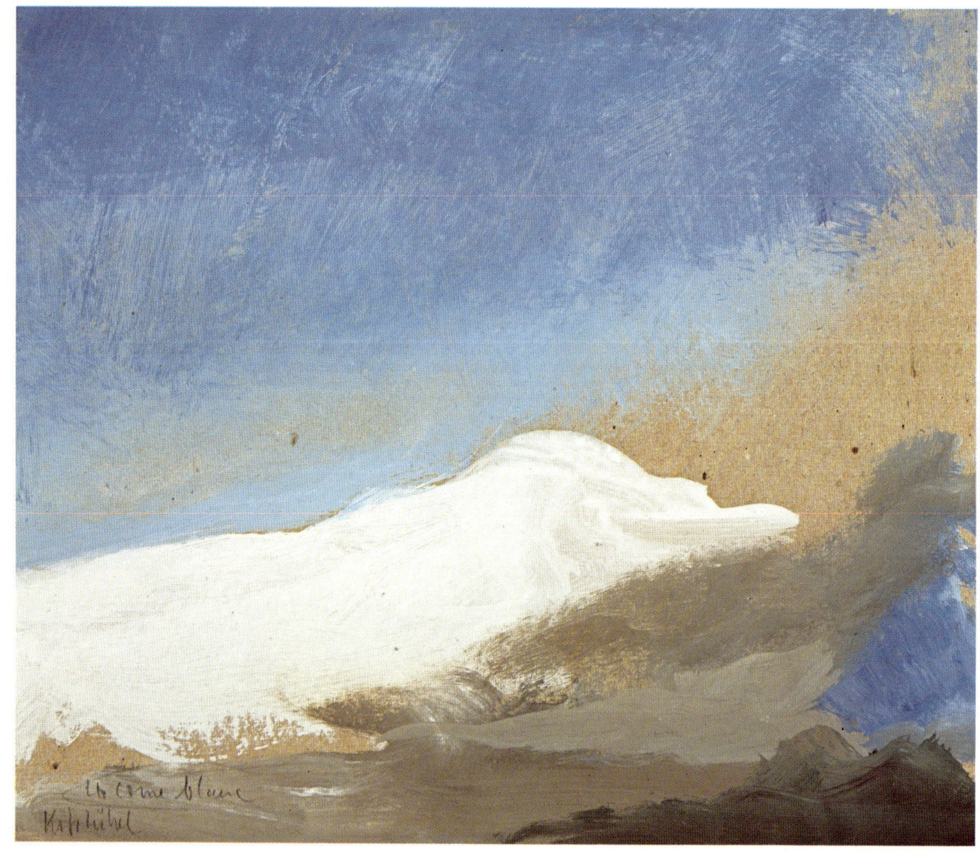

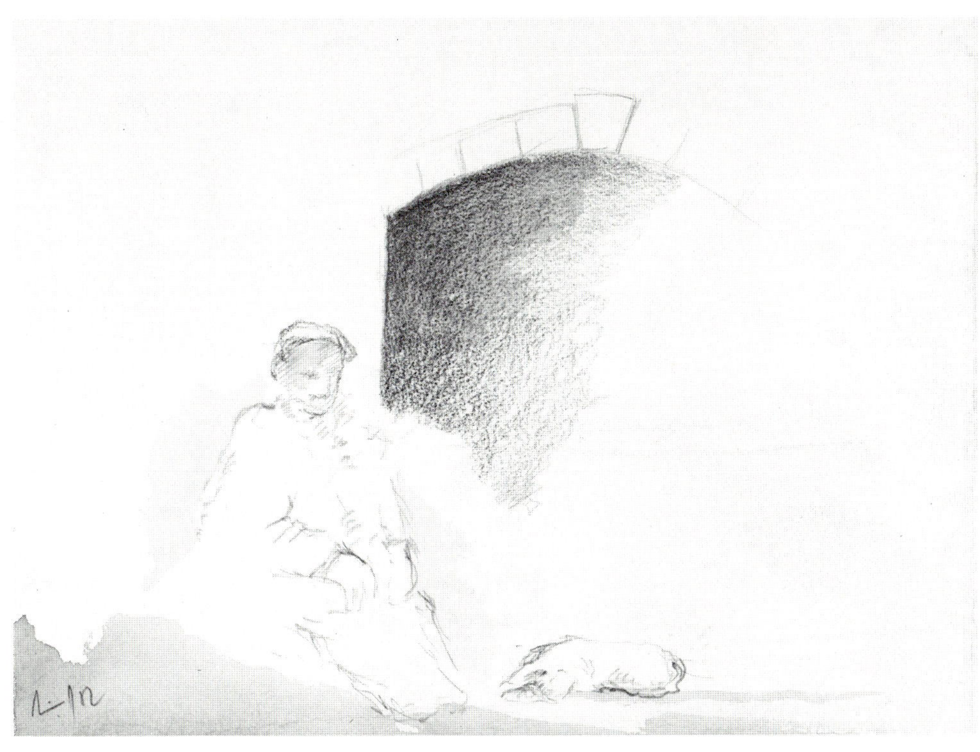

Abb. 52 MONSIEUR FAURE
Bleistift mit Aquarell/Bütten, OE HZ 81003, Blattgröße 19/26 cm

Abb. 53 PLAN DIEU
OE 81011, 81/116 cm, Öl/Leinwand

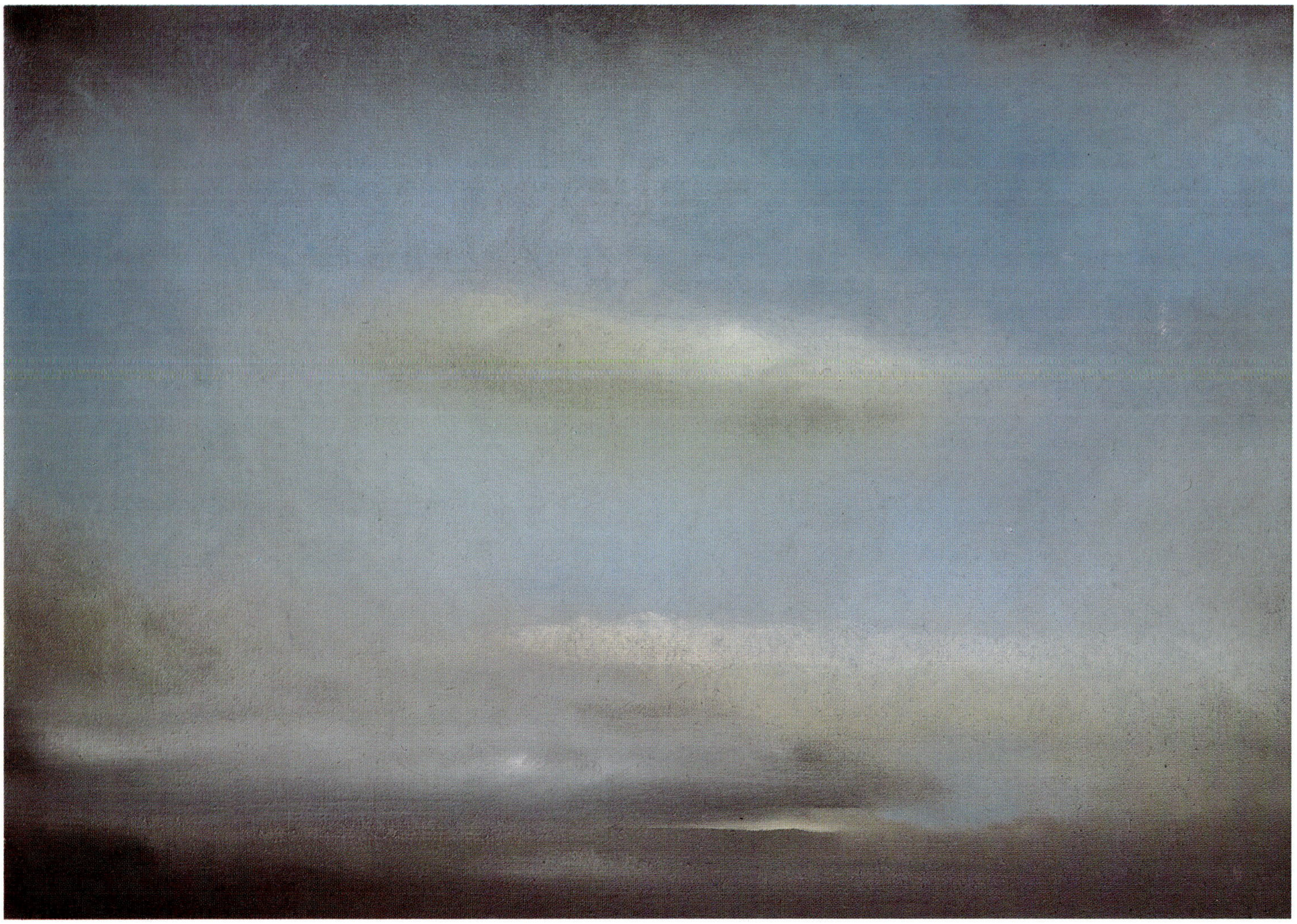

Abb. 54   FORCALQUIER, PLACE DE LA
FONTAINE I
OE 80042, 60/70 cm, Öl/Leinwand

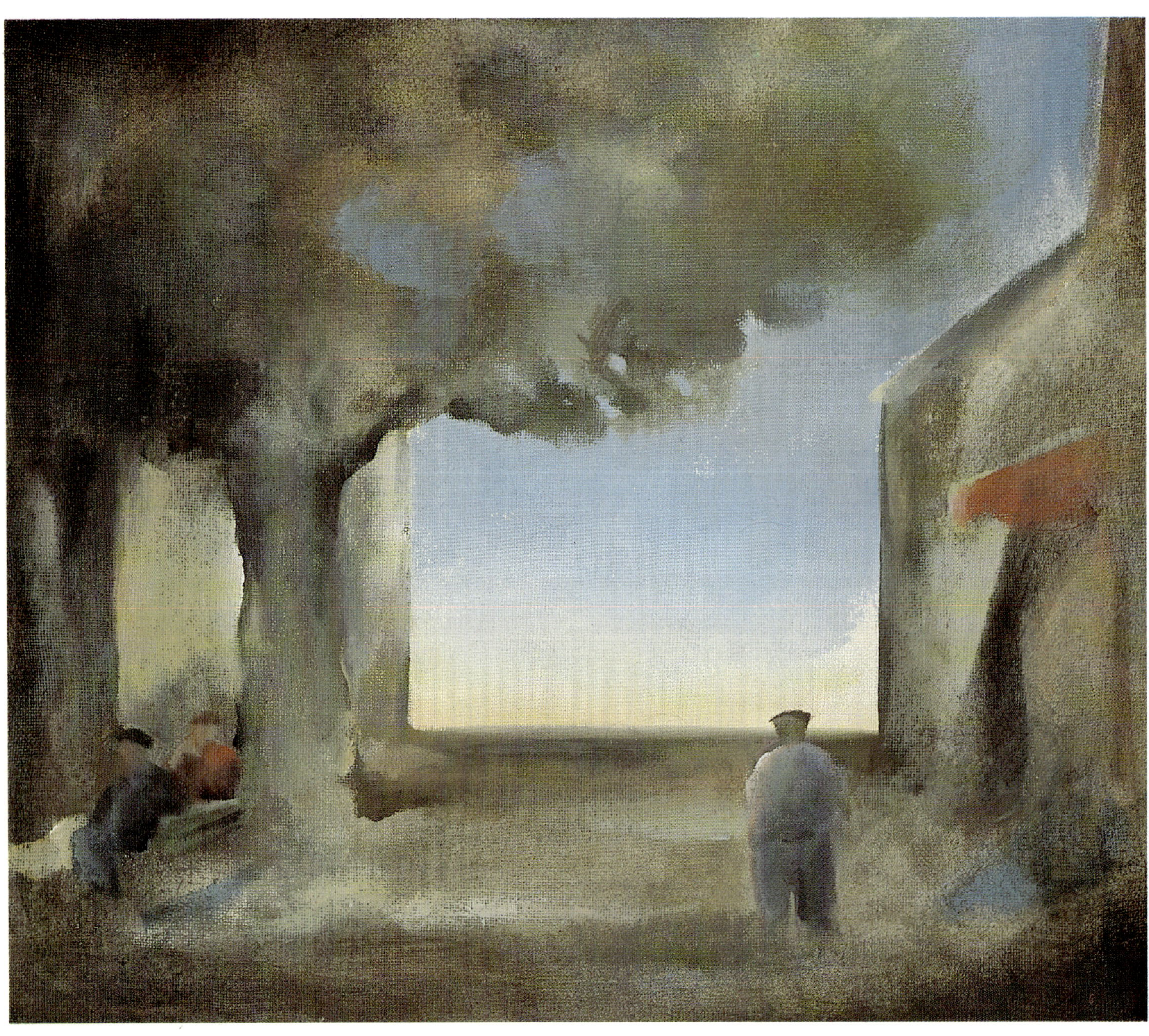

Abb. 55   CRESAC
OE 80032, 90/110 cm, Öl/Leinwand

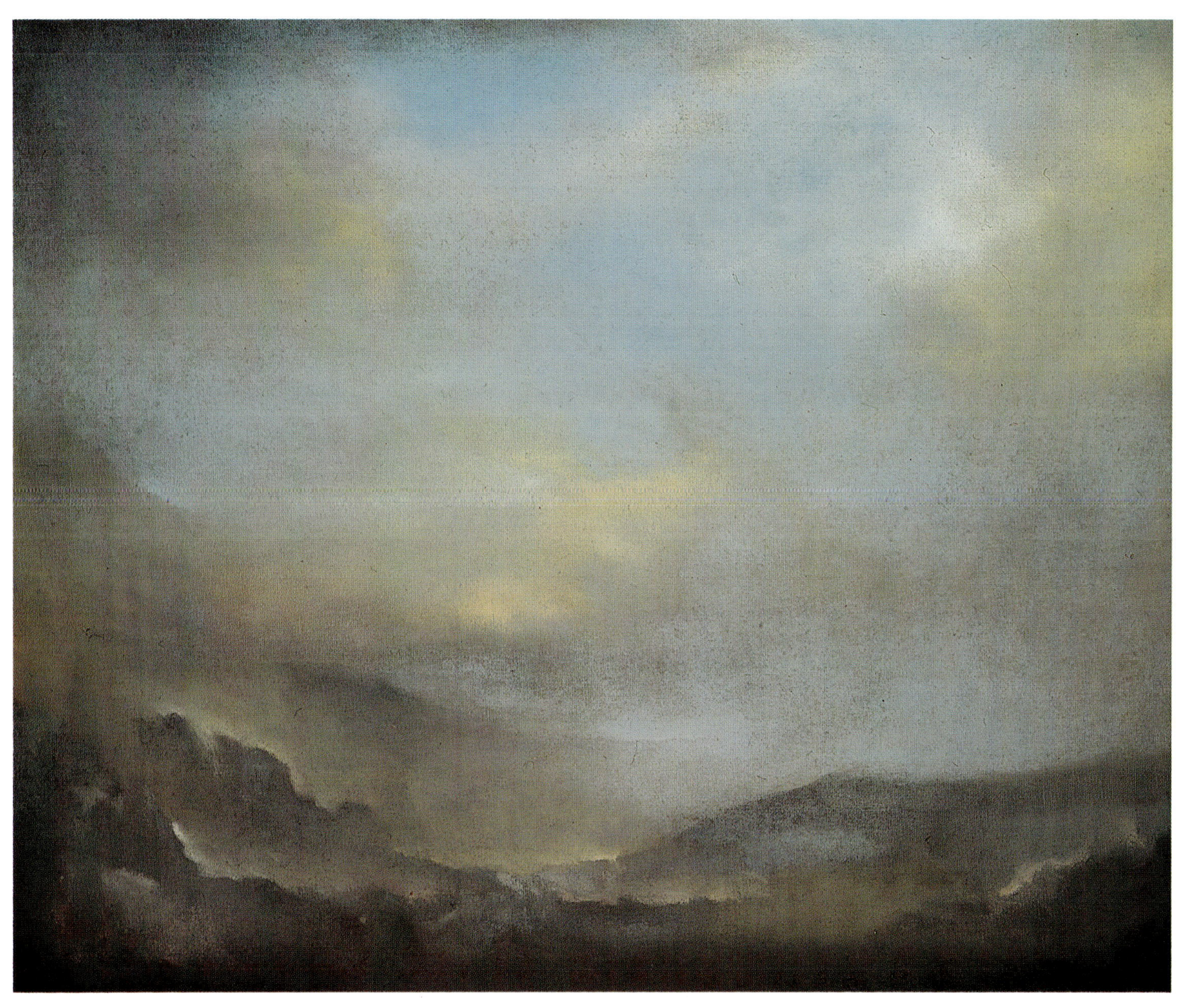

Abb. 56   ST. GERMAIN DE GALBERTE
OE 80035, 90/110 cm, Ö/Leinwand

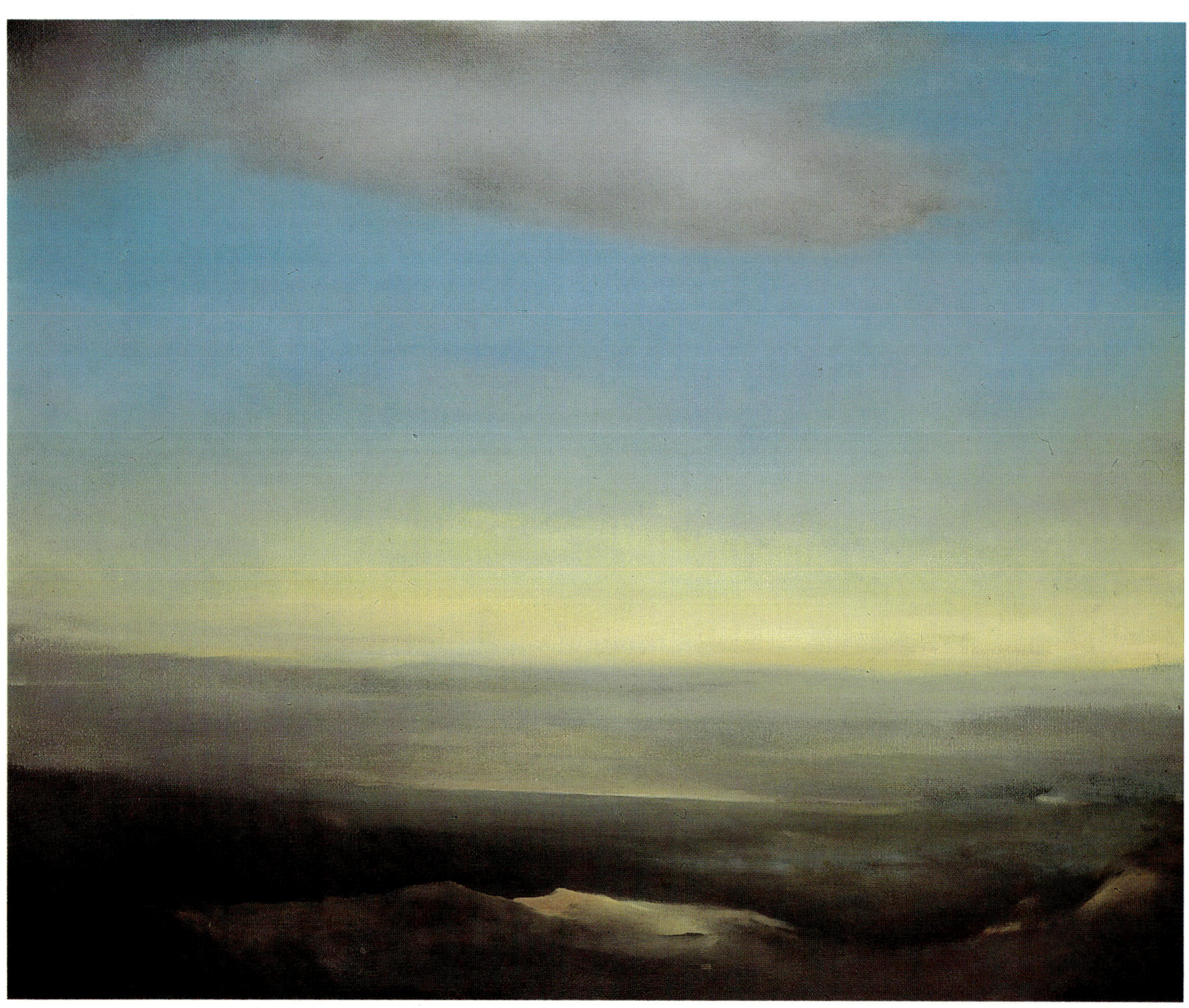

Abb. 57   VAISON, MARCHE HEBDOMADAIRE
OE 80054, 60/70 cm, Öl/Leinwand

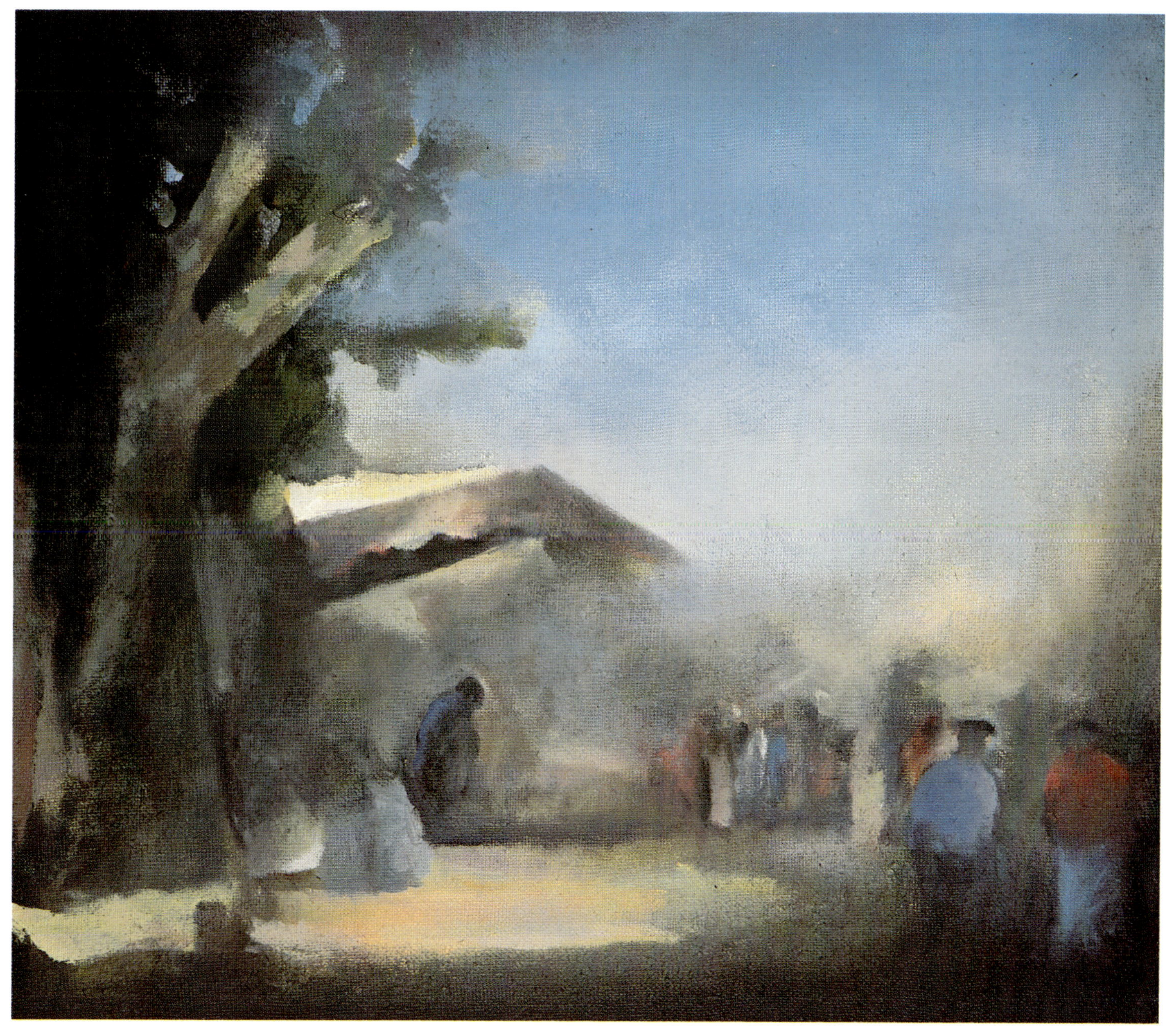

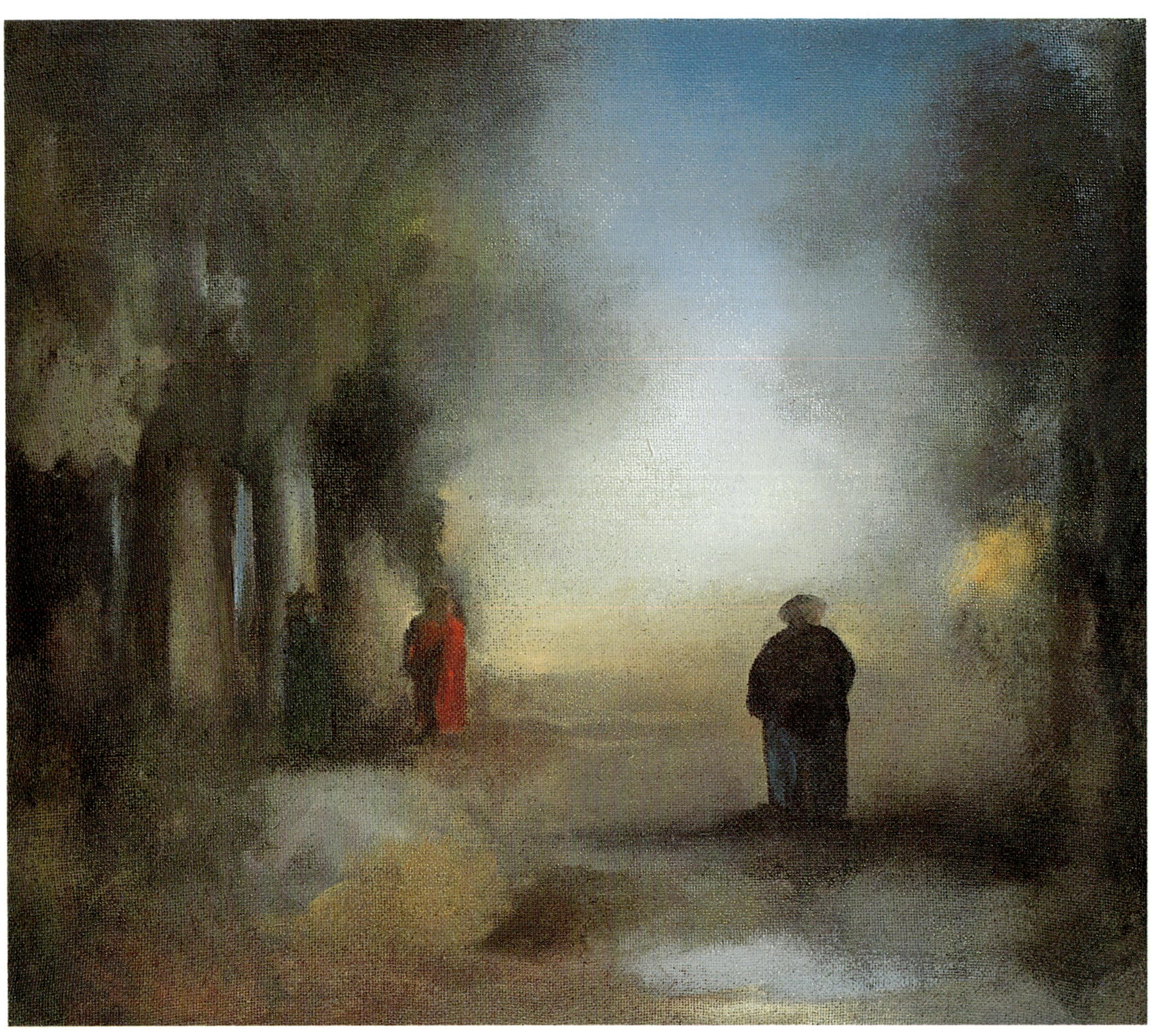

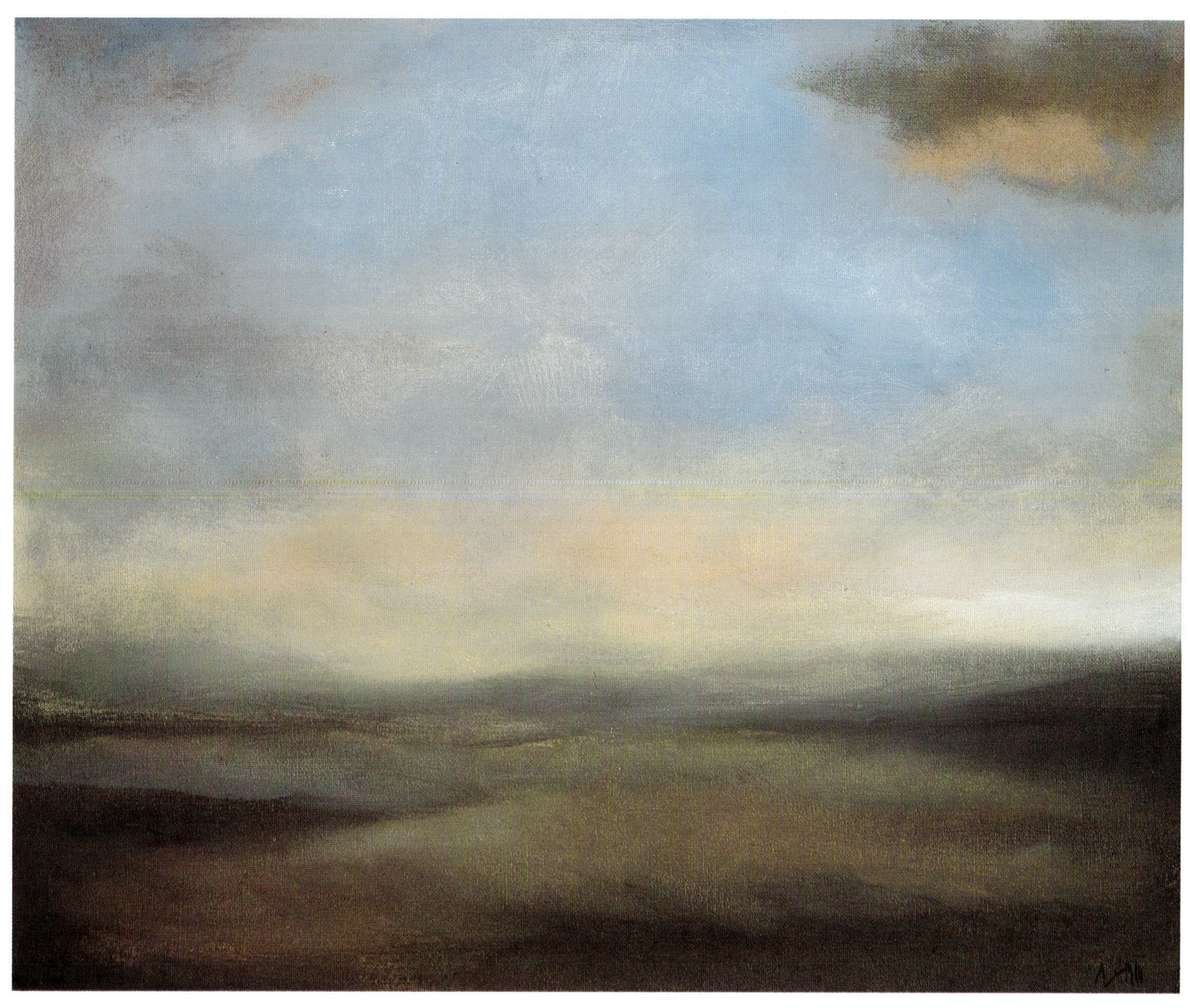

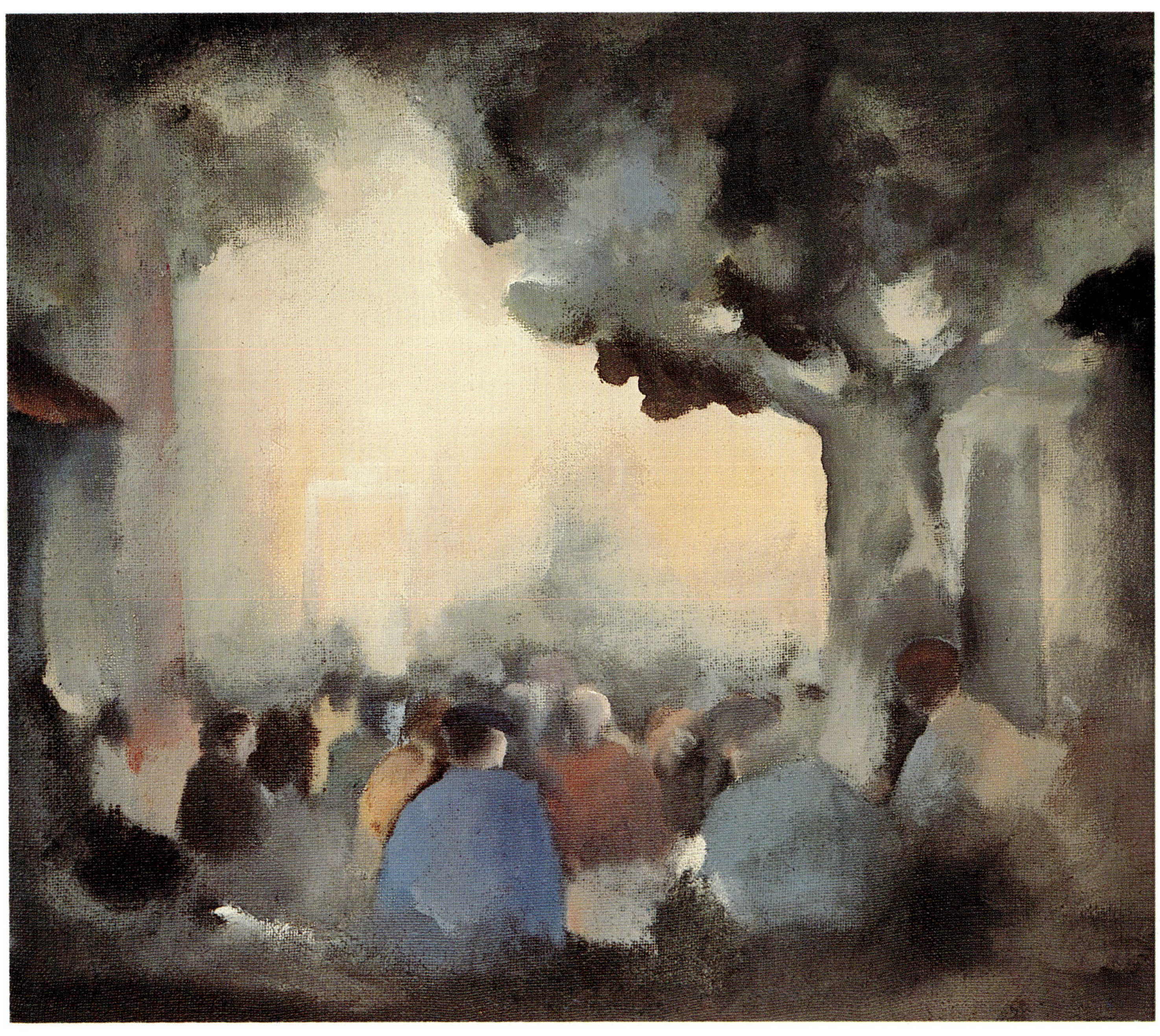

Abb. 61   CARPENTRAS I
OE 81053, 60/70 cm, Öl/Leinwand

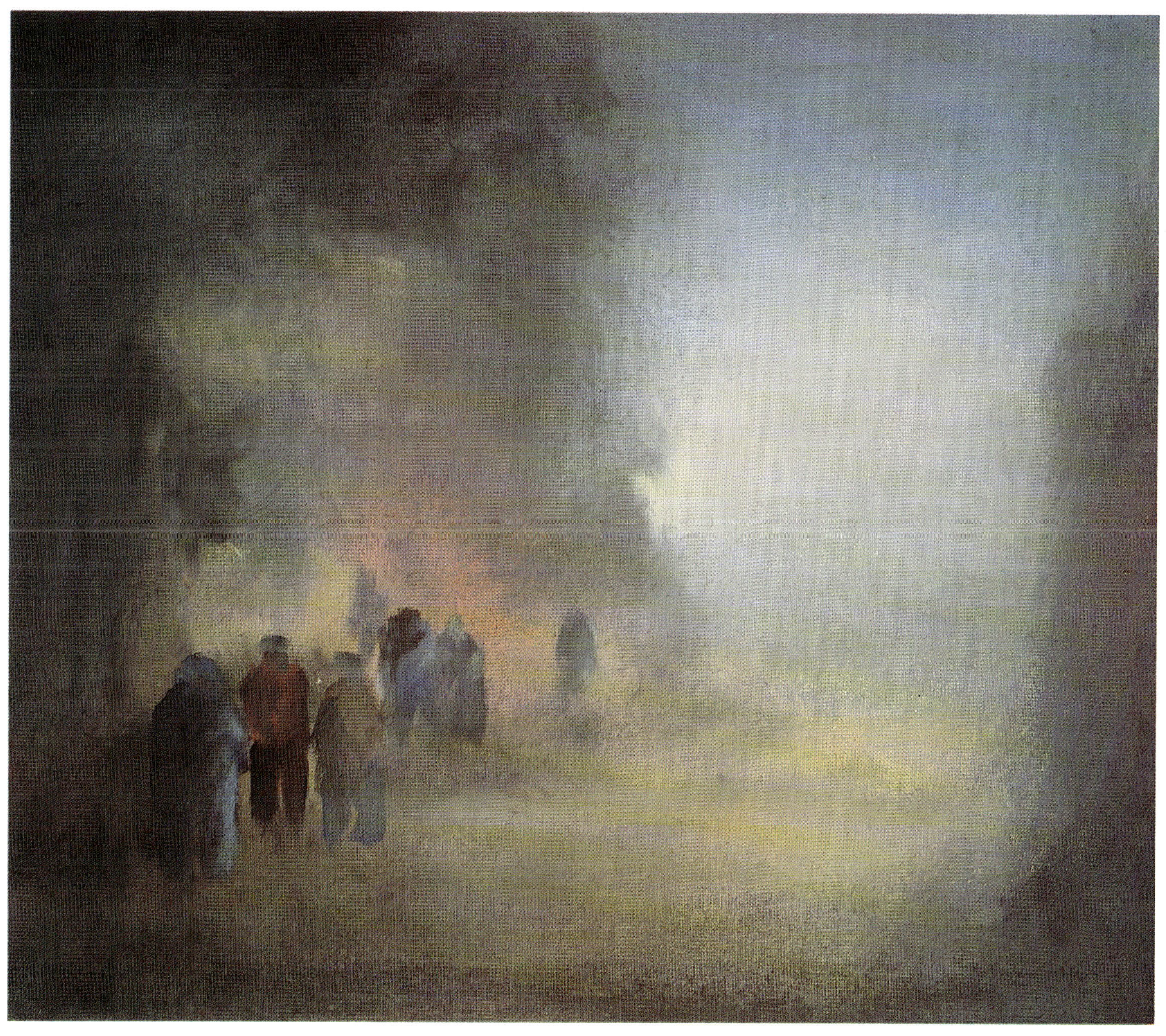

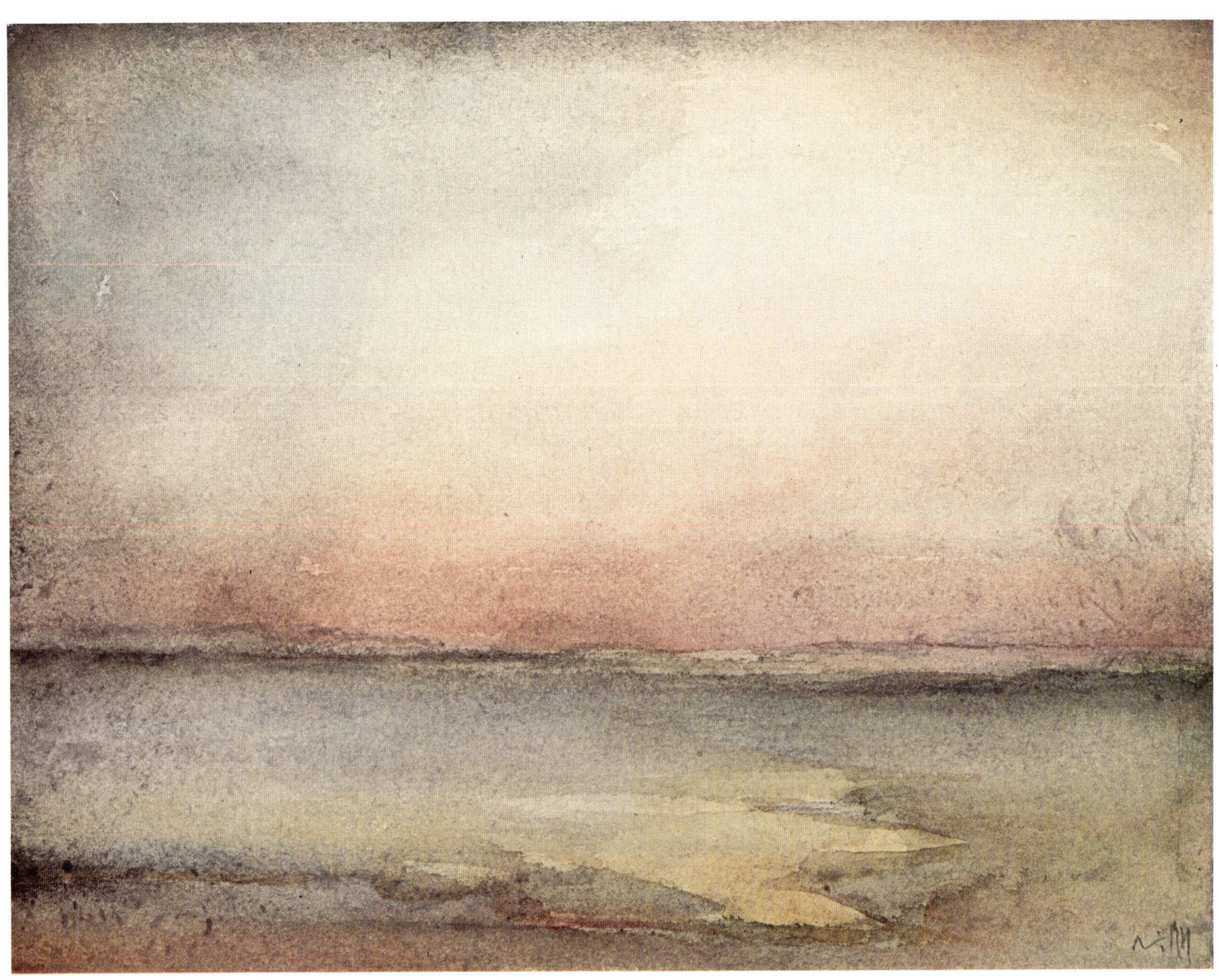

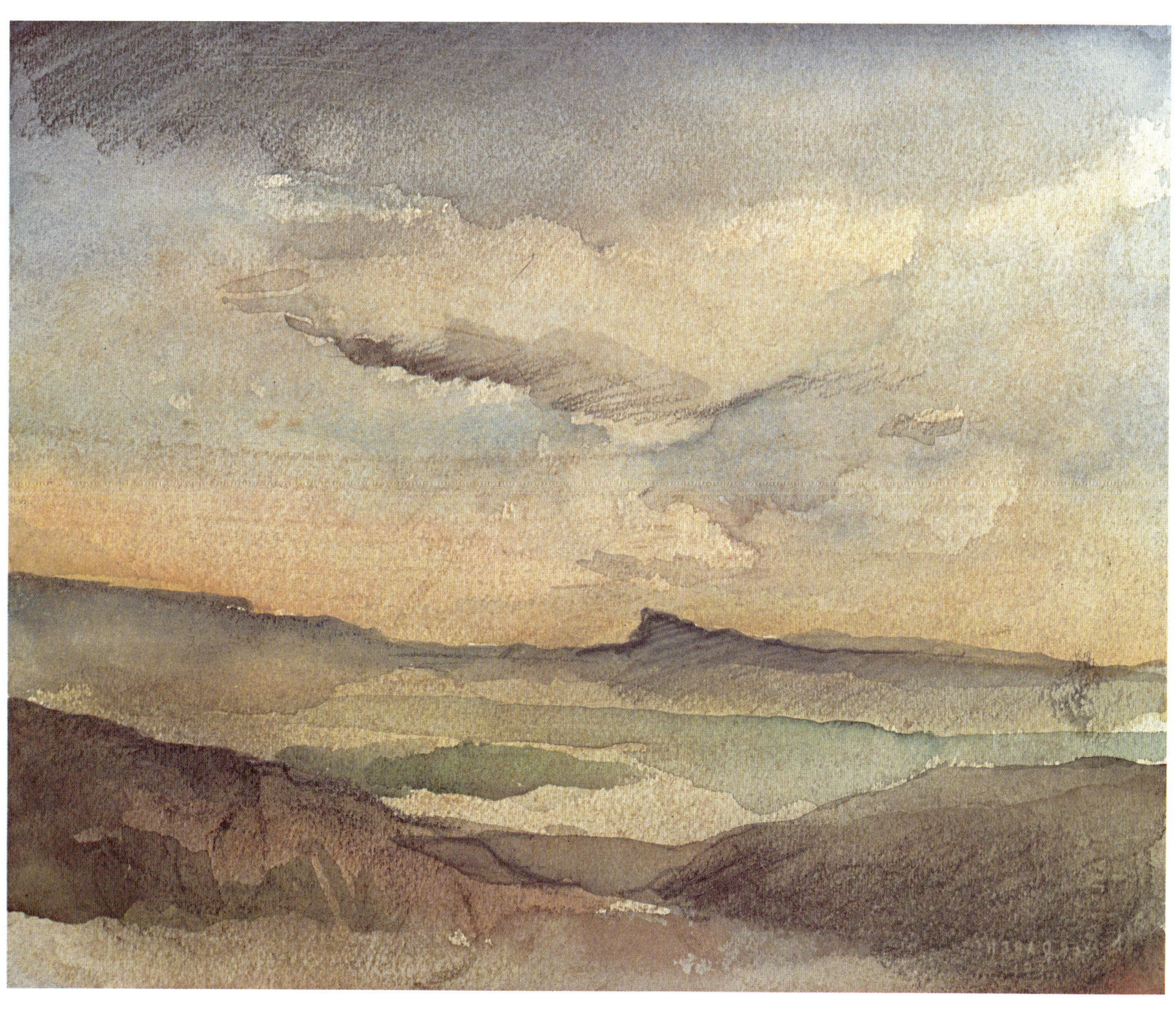

Abb. 63   ARDECHE (Landschaftsstudie)
Aquarell mit Bleistift/Bütten, OE A 82006, Blattgröße 20,5/25 cm

Abb. 64 PRES DE VALENCE
Bleistift mit Aquarell/Bütten, OE HZ 82048, Blattgröße 26,5/35 cm

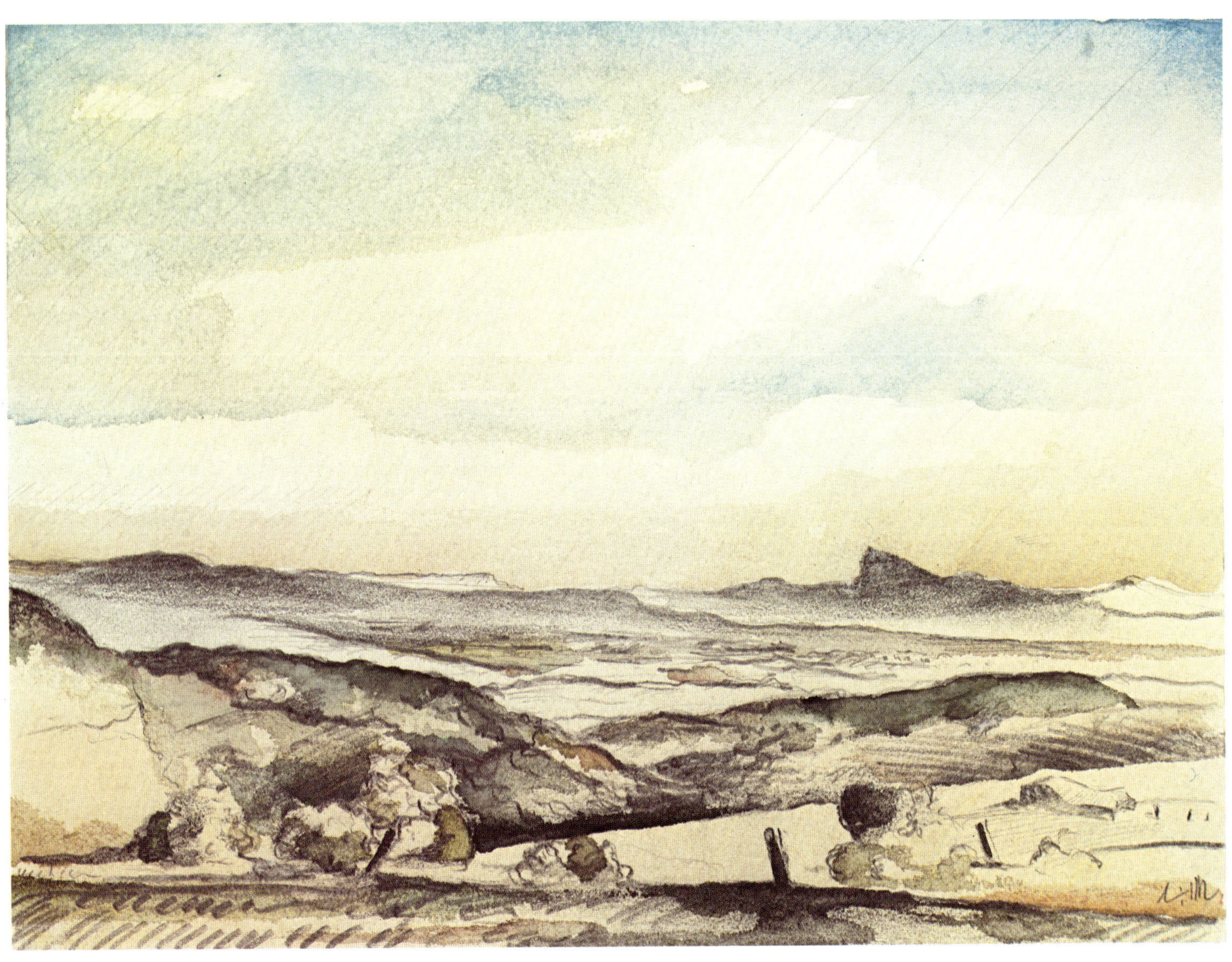

Abb. 65   MONTAGNES DE LURES
Aquarell/Bütten, OE A 82004, Blattgröße 19/26 cm

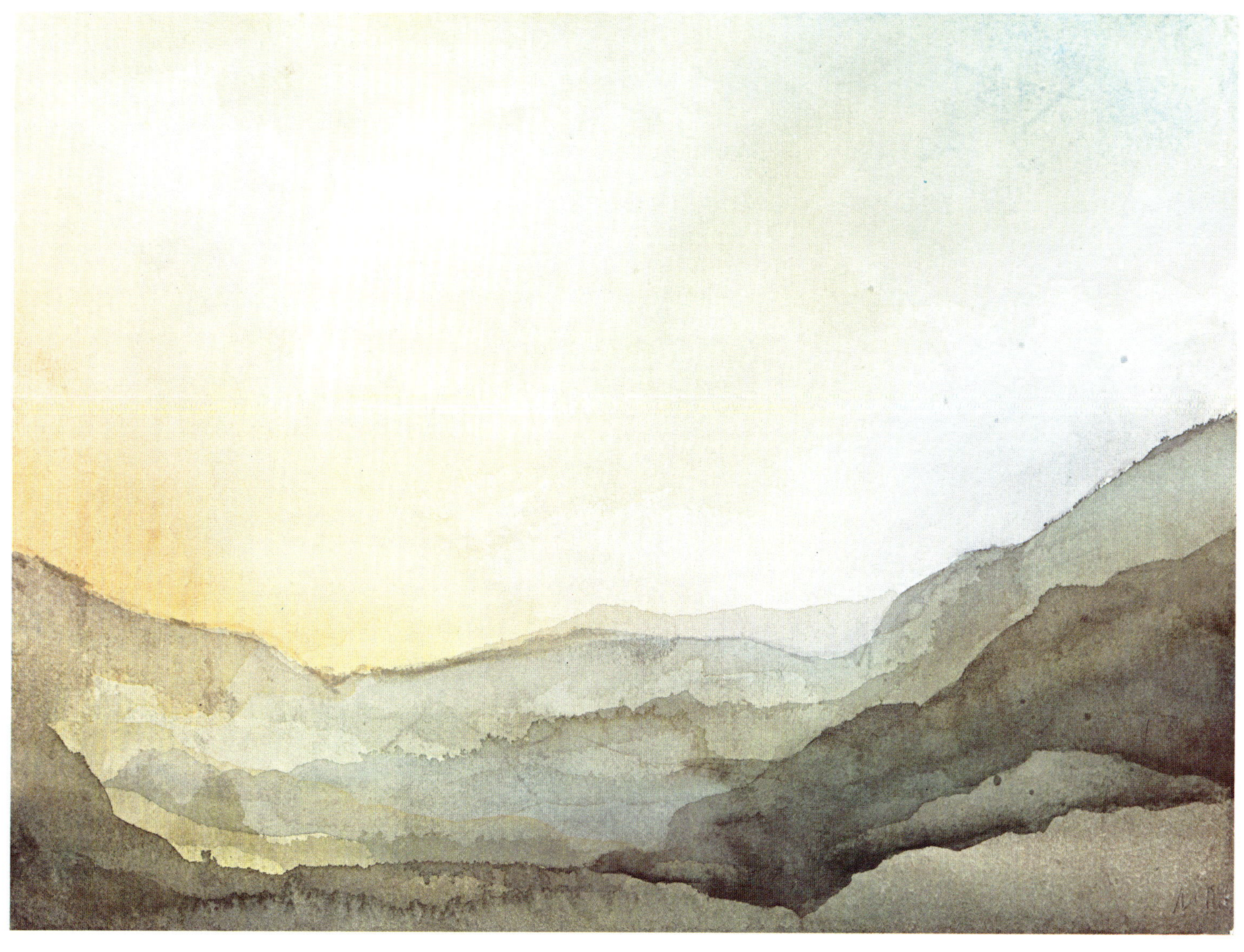

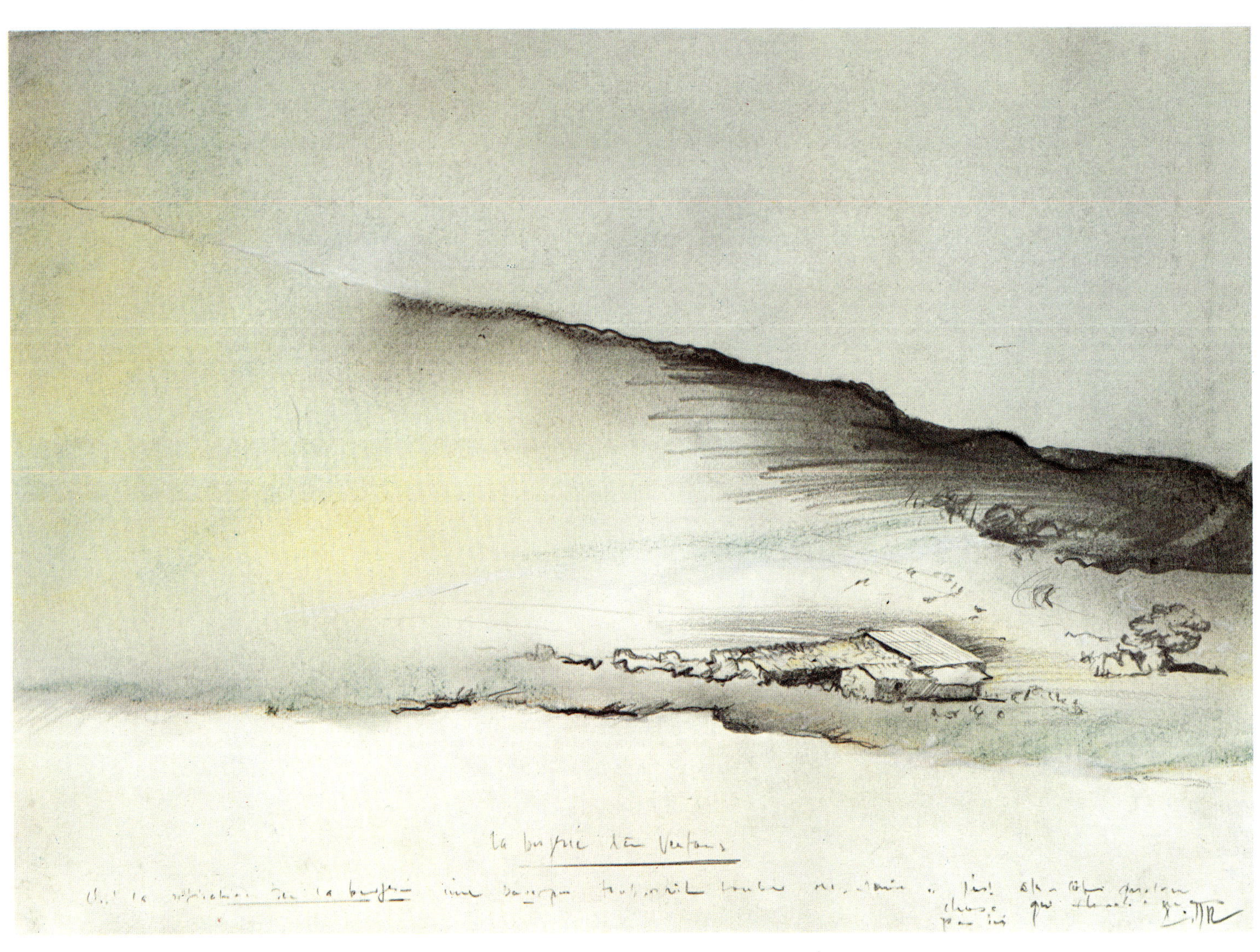
la bergerie du Ventoux

Abb. 67   ETANG DE VACCARES
Bleistift mit Kreide/Bütten, OE HZ 82047, Blattgröße 56,6/75,5 cm

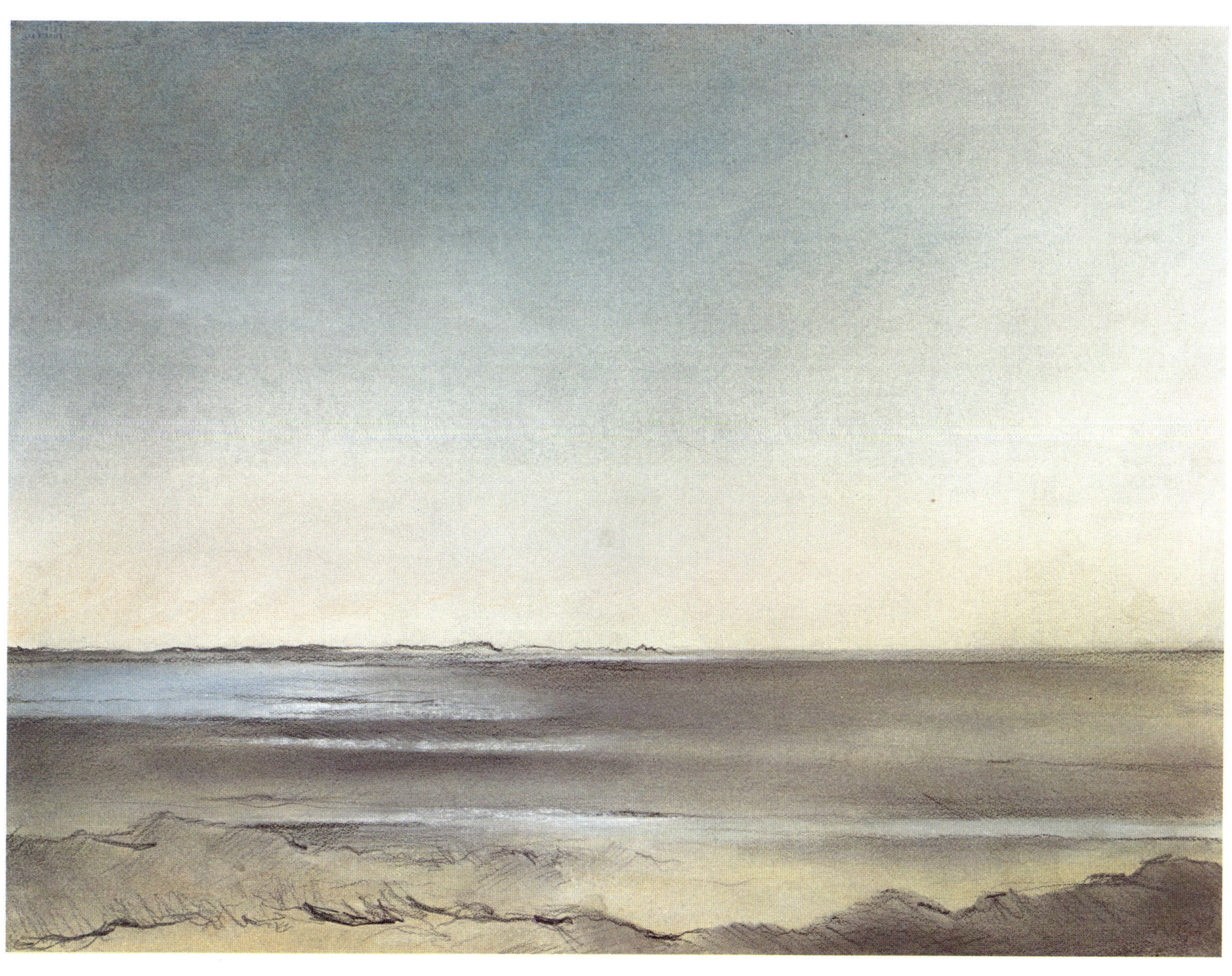

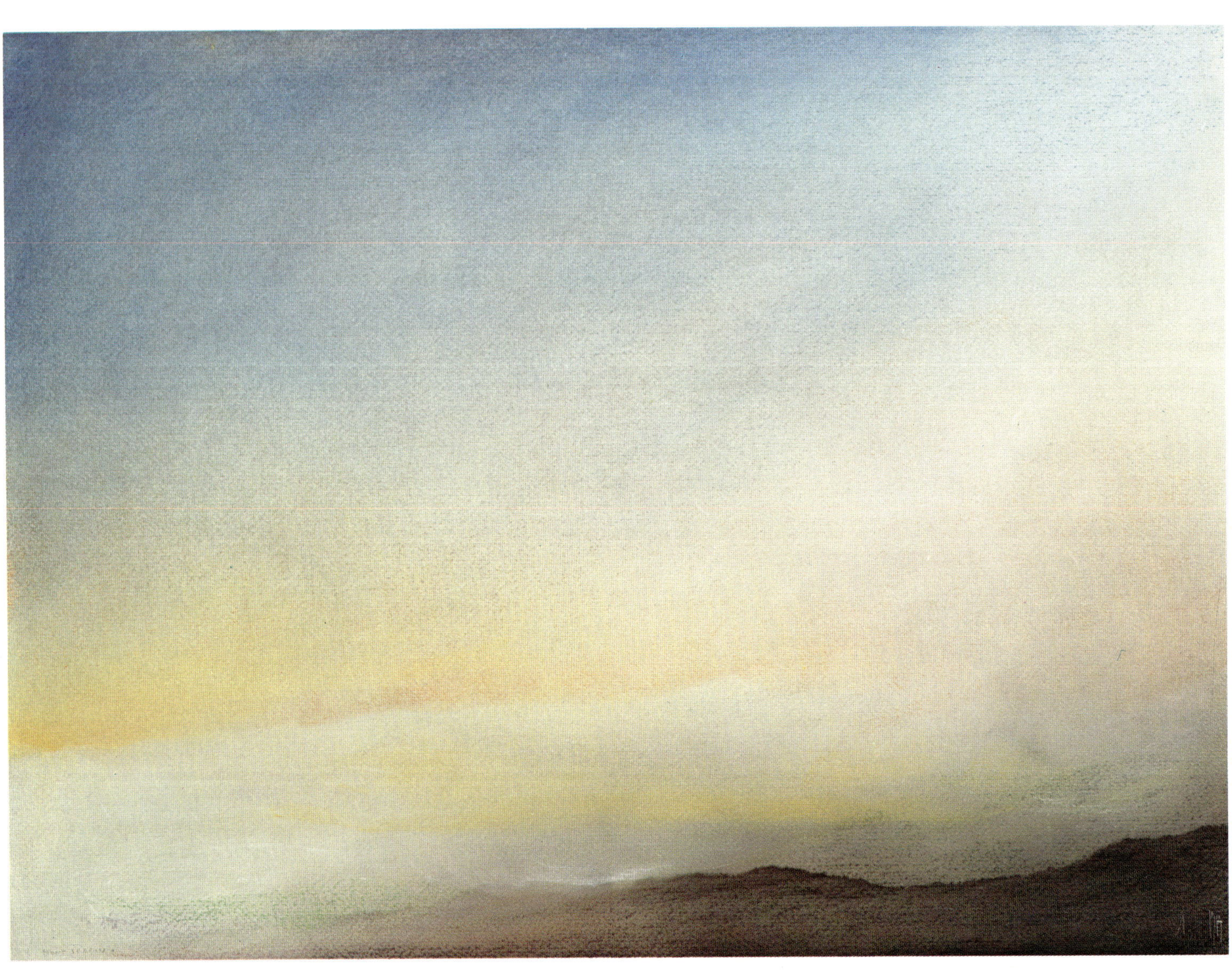

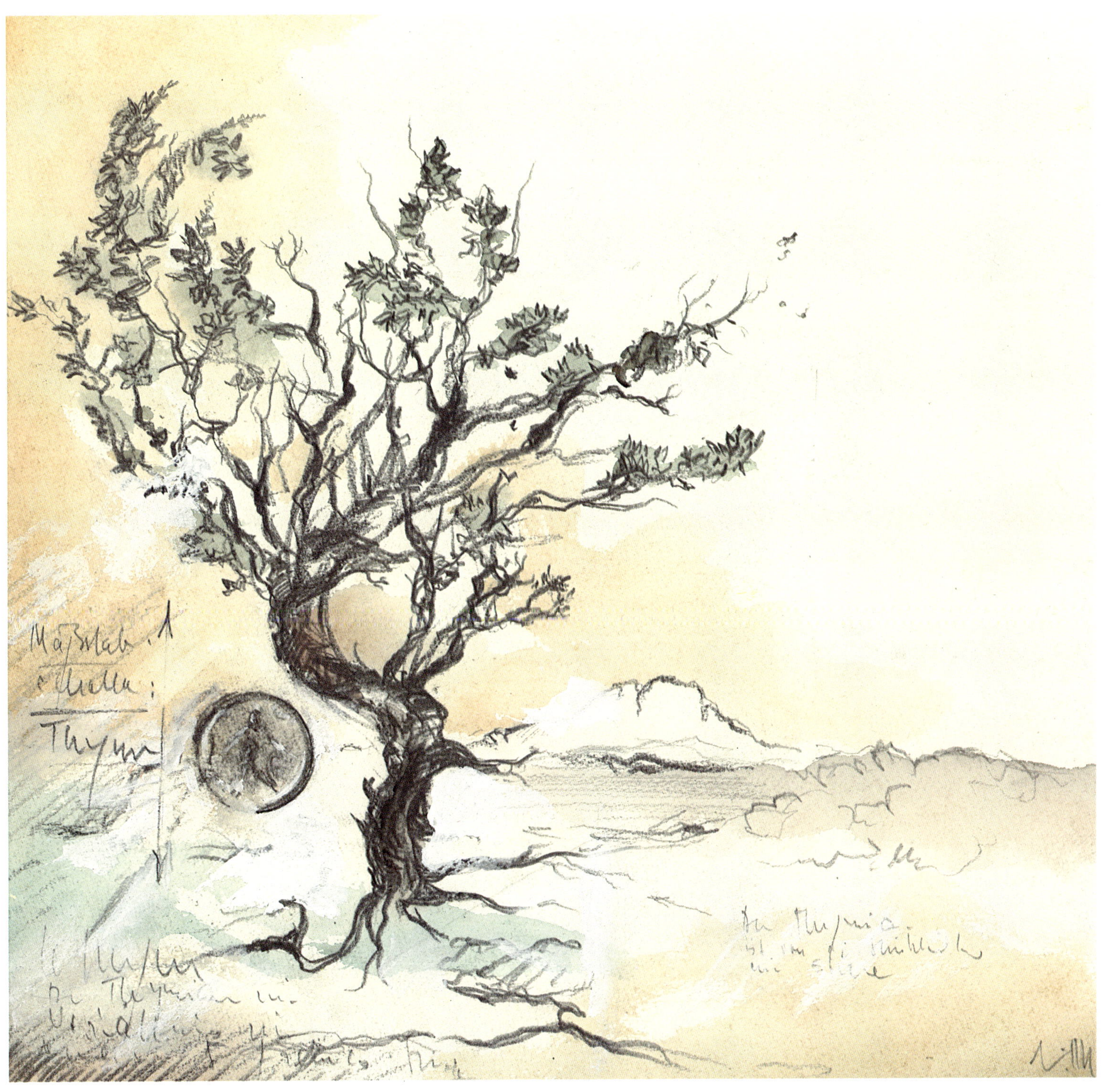

Abb. 69   THYMIAN, KÖNIG DER KRÄUTER
aus „Knoblauch, Kräuter und Oliven", Bleistift mit
Aquarell/Bütten, OE HZ 82062, Blattgröße 26/29 cm

Abb. 70   WO ES NACH KRÄUTERN DUFTET…
aus „Knoblauch, Kräuter und Oliven", Bleistift mit
Aquarell/Bütten, OE HZ 82079, Blattgröße 26/29 cm

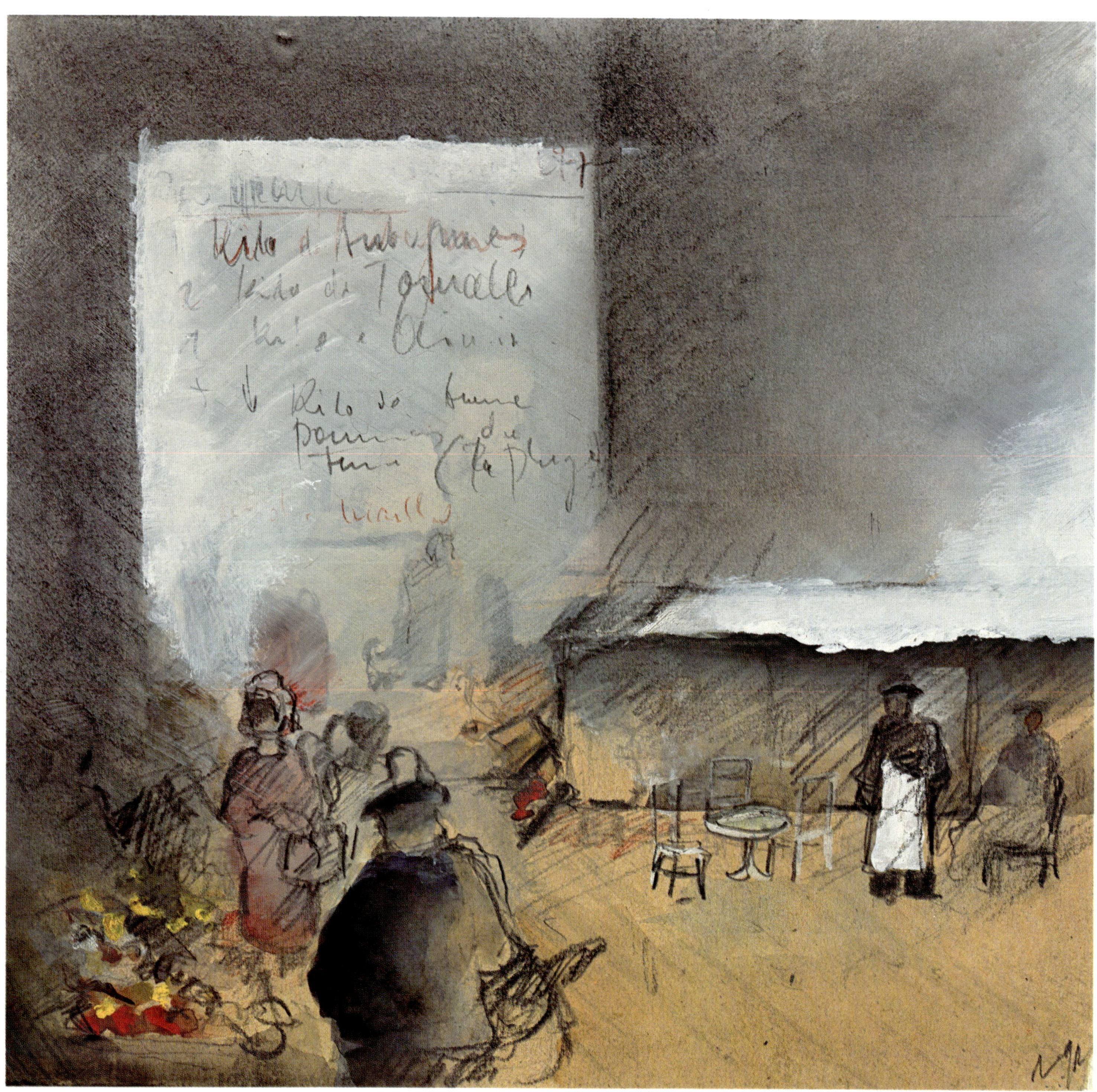

Abb. 71   PIQUE-NIQUE IM HERBST
aus „Knoblauch, Kräuter und Oliven", Bleistift mit
Aquarell/Bütten, OE HZ 82083, Blattgröße 26/29 cm

Abb. 72 Seite 84   CARPENTRAS
Bleistift mit Kreide/Bütten, OE HZ 83001, Blattgröße 66/53,5 cm

Abb. 73 Seite 85   CAROMB II
OE HZ 83002, Bleistift mit Kreide/Bütten, Blattgröße 66/52 cm

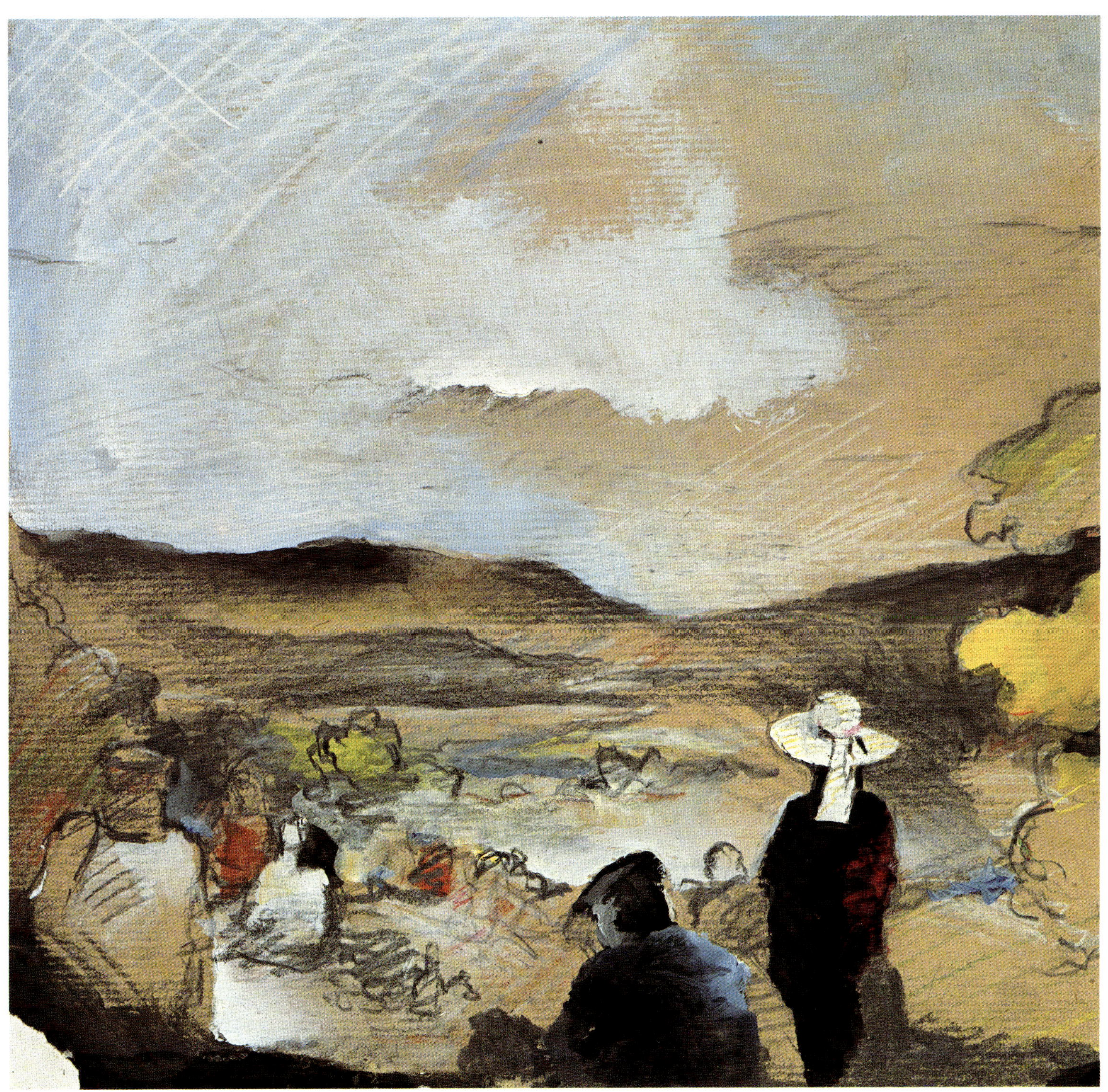

71

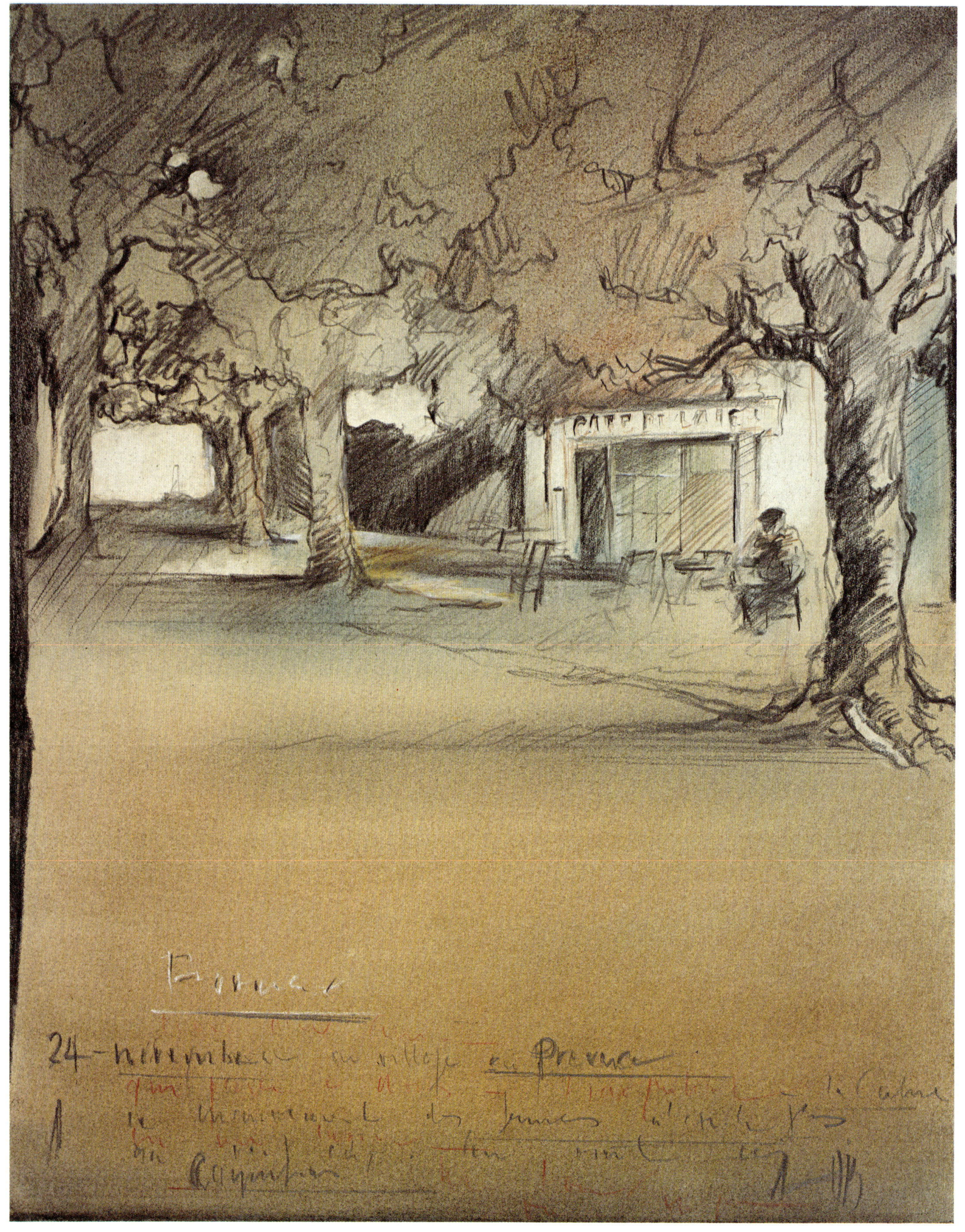

CAFE ET LAIT
24 novembre un village en Provence

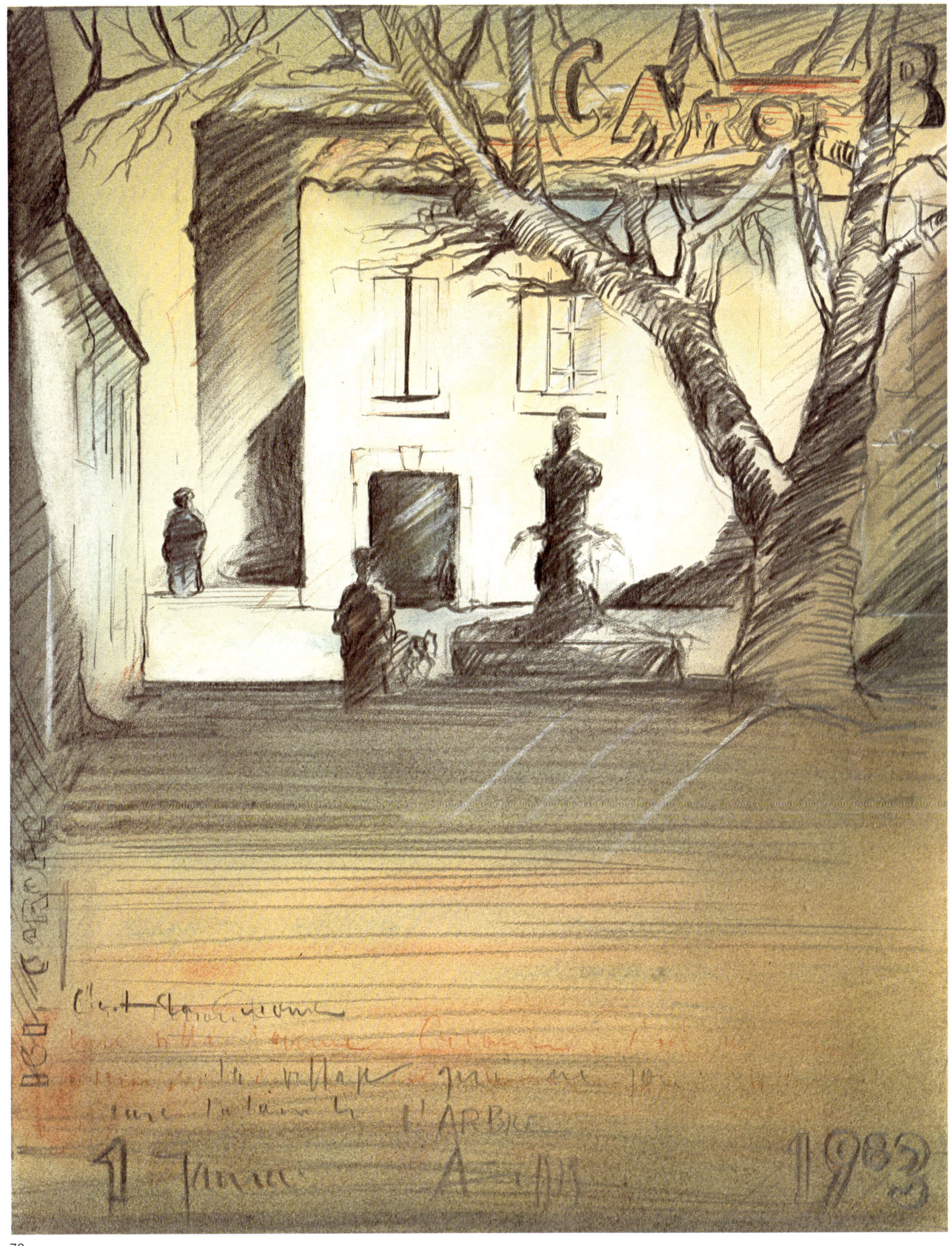

13 ZEICHNUNGEN ZUM THEMA „ERINNERUNGEN"

Die Arbeiten entstehen zu einem Jubiläum eines Industrieunternehmens, dessen Frühgeschichte von bedeutenden Namen geprägt ist. Maybach, Diesel und Daimler. Maybach hinterläßt ein Tagebuch mit Skizzen einer Amerikareise, die Werner Lichtner-Aix an Entwürfe von Flugmaschinen Leonardos erinnern. Er sieht das Genie der Renaissance geistesverwandt mit den Pionieren der Technik am Anfang des 20. Jahrhunderts. Die Technischen Kenntnisse des ehemaligen Ingenieurs Werner Lichtner kommen hier dem Maler Werner Lichtner-Aix zugute. Sie erleichtern diese Arbeit zweifellos – oder besser, machen sie erst möglich.

Alle Arbeiten haben die Größe 60/51 cm. Bildgröße ist mit Blattgröße identisch.
Mischtechnik auf Bütten.

Abb. 74   Der Traum vom Fliegen.

Abb. 75   Im Jahre 1901 gewann der Herrenfahrer Werner auf Mercedes das Rennen für Automobile von Nizza nach La Turbi.

Abb. 76   1876 Maybach – Porträt oder die große Reise nach Amerika.

Abb. 77   1900 Graf Zeppelin und Friedrichshafen.

Abb. 78   Werkstatt von Maybach.

Abb. 79   Der Prüfstand Maybach auf dem Wendelstein mit dem Bremslauf des ersten Höhenmotors der Fluggeschichte......

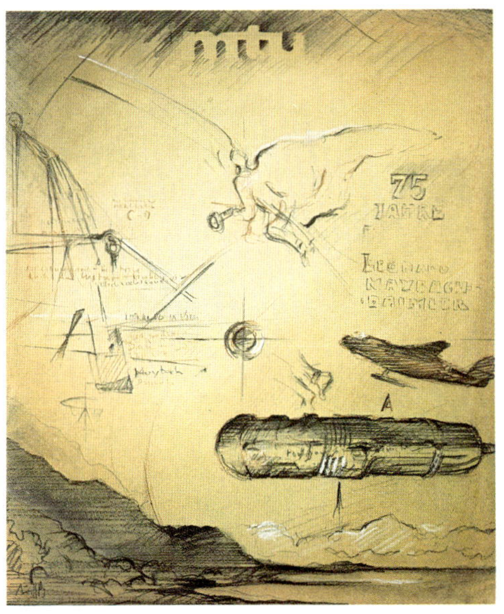

74

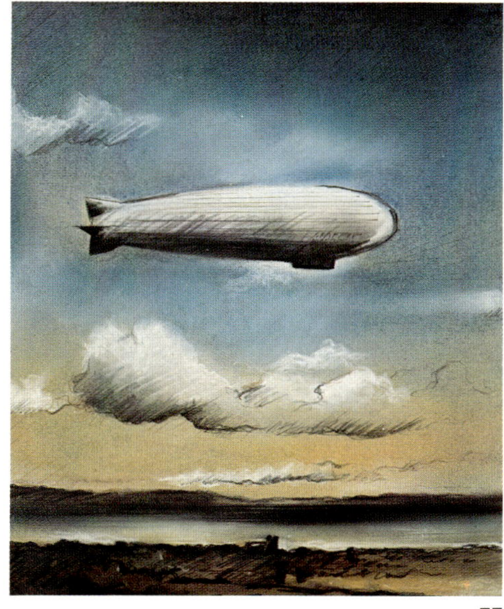

77

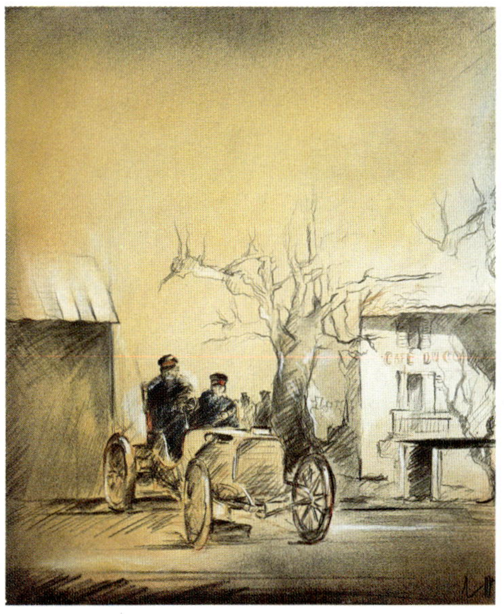

75

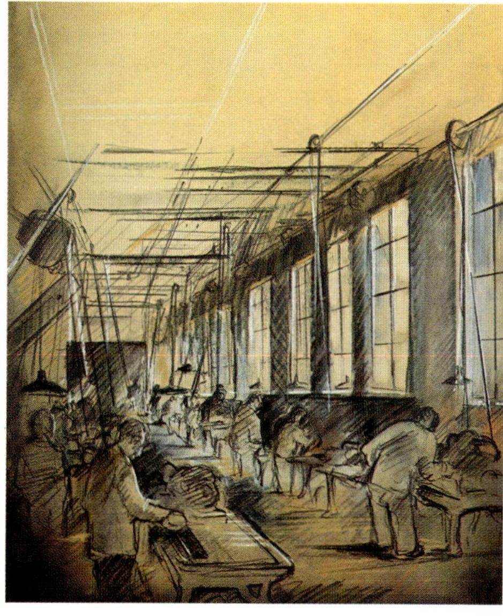

78

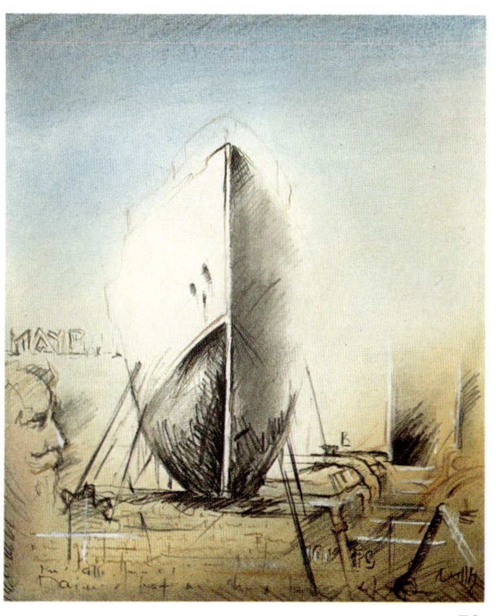

76

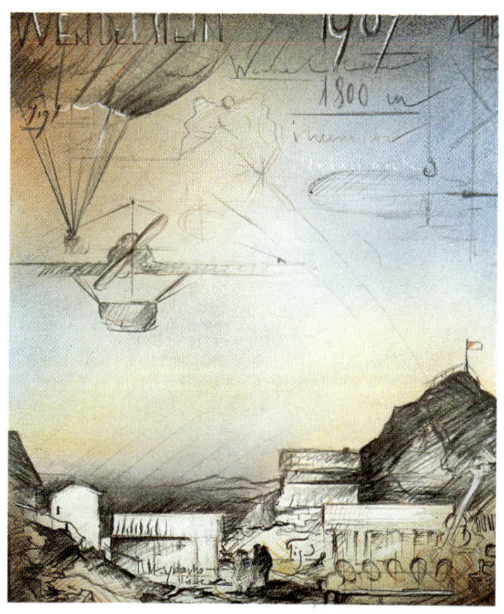

79

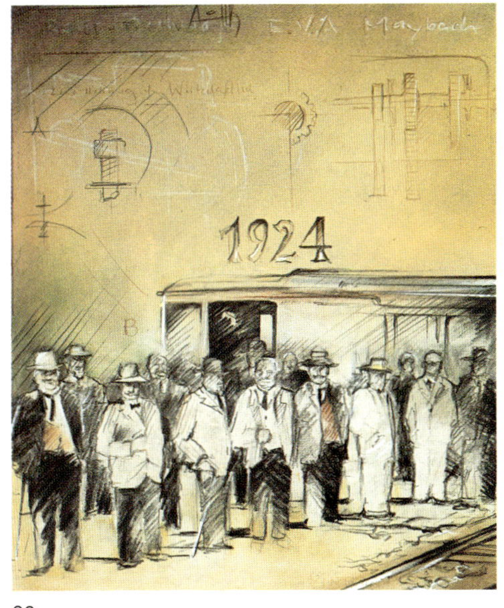

80

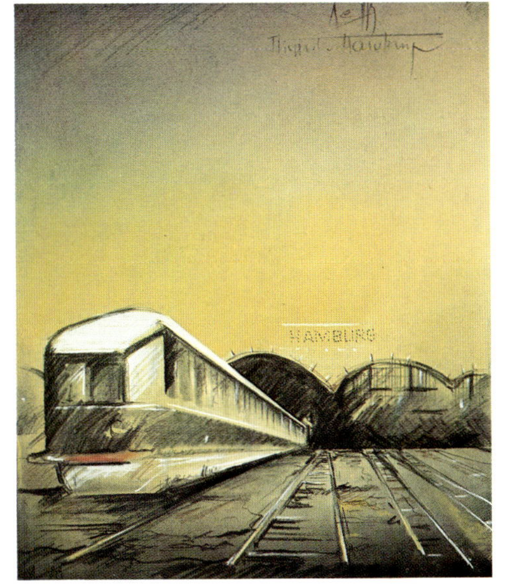

83

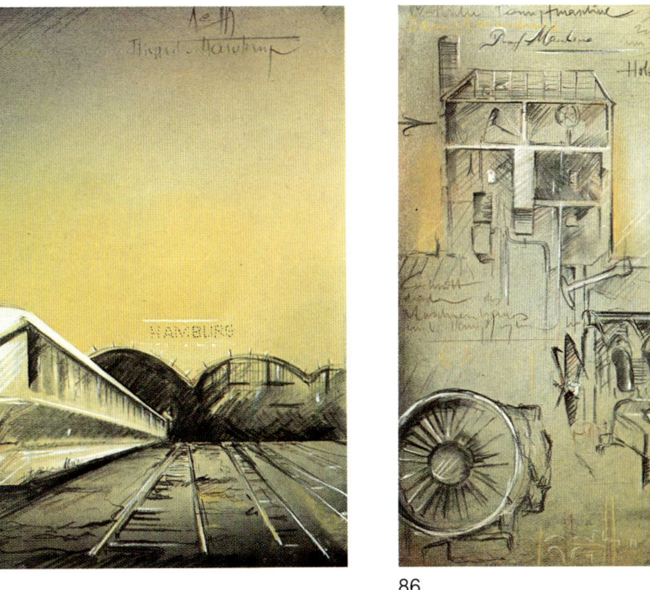

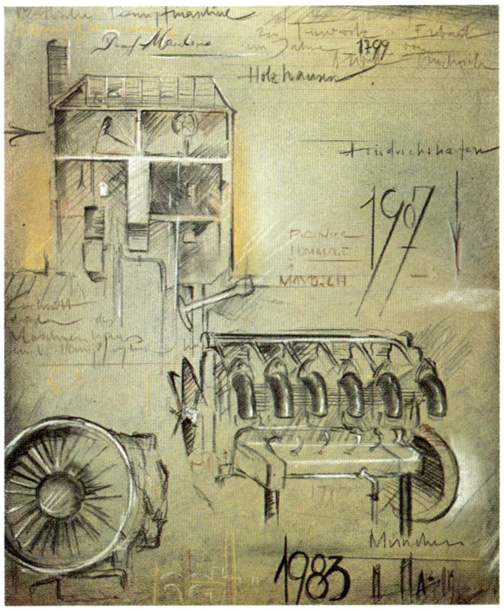

86

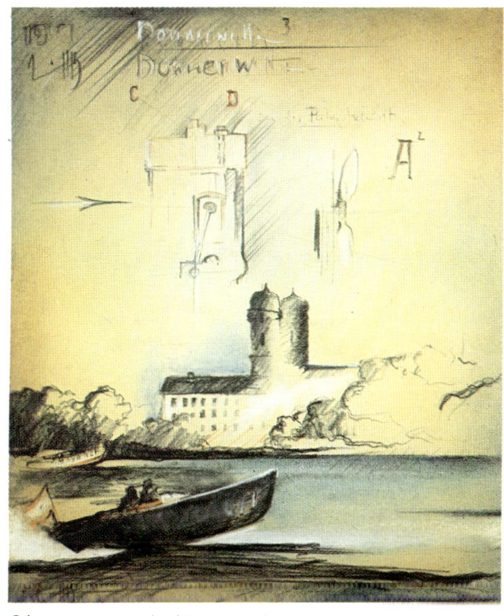

81

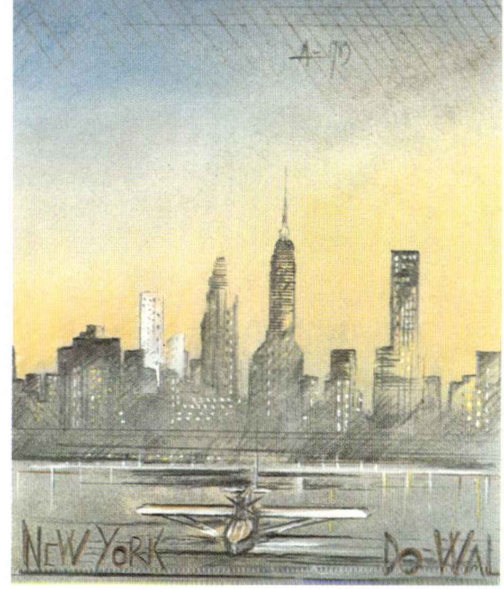

84

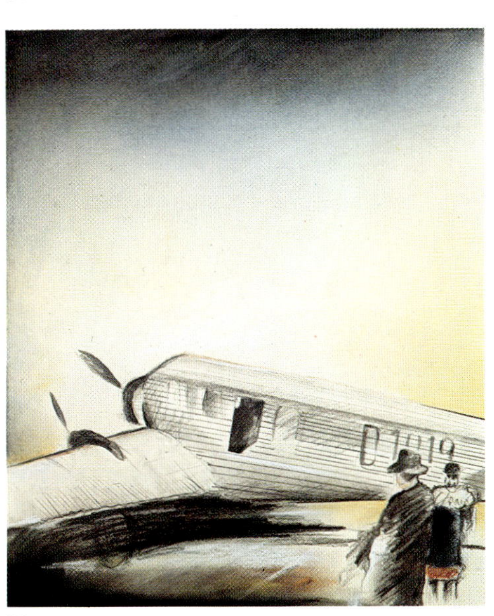

82

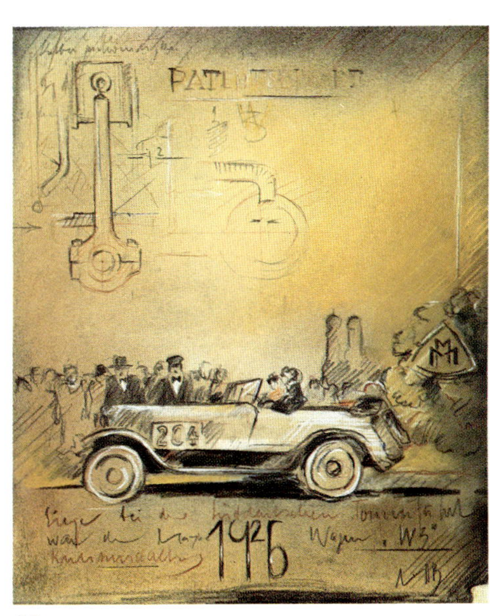

85

Abb. 80   Die Präsentation des ersten Dieseltriebwagen im Jahre 1924 in Berlin.

Abb. 81   Das Maybach Rennboot „Donnerwetter" auf dem Bodensee

Abb. 82   Reisen per Luft. Die JU 52 und der Ausklang der Zwanziger Jahre.

Abb. 83   Der „Fliegende Hamburger".

Abb. 84   Ozeanüberquerung von Ost nach West bei der Wasserung vor New York.

Abb. 85   Der Sieger der Süddeutschen Tourenfahrt. Der schaltunglose Herrenwagen Maybach auf dem Höhepunkt der legendären goldenen Zwanziger Jahre.

Abb. 86   Von der Dampfmaschine von Holzhausen des Jahres 1799 zum Strahltriebwerk des Jahres 1984.

Abb. 87   AUBIGNAN (Reisezeichnung 1981)
schwarzer Kugelschreiber/Bütten, Blattgröße
26/34 cm

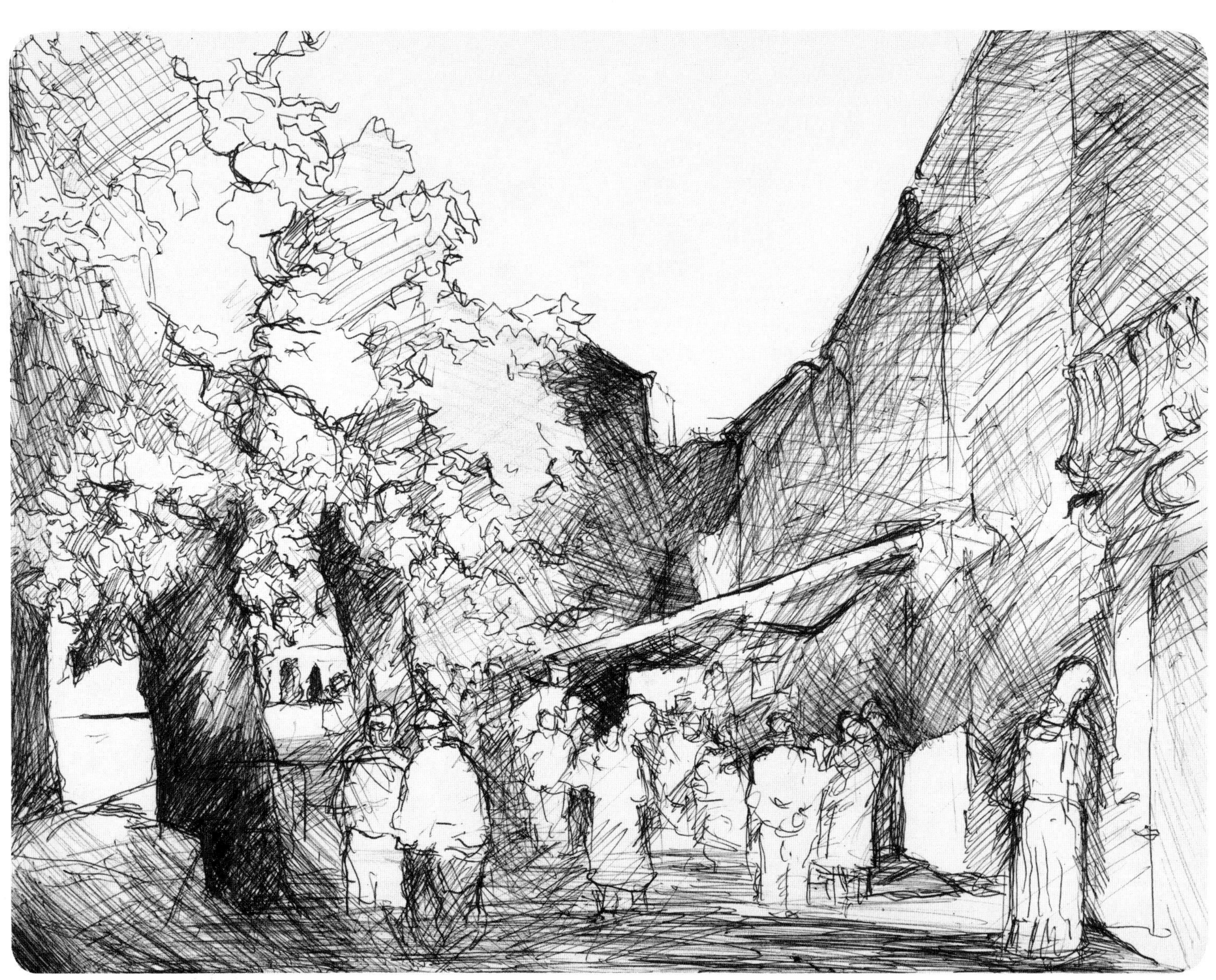

Vollständiges Oeuvre-Verzeichnis der Druckgraphik 1967-1983

Vorbemerkung zum Oeuvre-Katalog der Druckgraphik

In das vorliegende Werkverzeichnis sind alle drucktechnischen Arbeiten – Lithographien und Radierungen von 1967-1983 geschlossen aufgenommen worden.
Grundsätzlich werden nur die Drucke im Endzustand reproduziert. Andrucke, Zustandsdrucke oder Unikate werden gesondert angeführt.
Falls dennoch Zustandsdrucke reproduziert sind, so handelt es sich um Unikate ohne Auflagedrucke. Alle Andrucke, Zustandsdrucke und Proben sind vom Künstler selbst oder unter seiner Aufsicht gedruckt worden.
Alle Blätter sind vom Künstler bezeichnet, arabisch, in seltenen Fällen römisch numeriert, signiert und datiert.
Künstlerexemplare, bzw. Proben, sind als Probe oder als E. A. bezeichnet. Einzelblätter oder Andrucke verschiedener Entwicklungsstufen der Auflage sind als Zustandsdruck oder Unikat bezeichnet.
Für Katalognummer wurde die Abkürzung K – gewählt.
L – bedeutet Lithographie
R – bedeutet Radierung.
Sämtliche Arbeiten sind als – KL – bzw. – KR – durchnumeriert
Für Lithographien und Radierungen wurden Kupfertiefdruckpapiere und Bütten verwendet.
Die Größenangaben der Blätter beziehen sich auf die Blattgröße sofern diese mit der Bildgröße identisch ist. Im anderen Fall werden Blatt- wie Bildgröße angegeben.
Höhe steht vor Breite.

Im Jahre 1967 wendet sich Werner Lichtner-Aix der Druckgraphik zu – zuerst der Lithographie.
Das Zeichnen mit der Litho-Kreide auf den samtig körnigen „Solnhofer Stein" ist spontan.
In kurzer Zeit entsteht eine Reihe von Schwarz-Weiß-Lithographien, bei denen Farbe durch Grautöne ersetzt wird.
Am Ende dieser Phase spontaner Steindrucke wird mit Farbe experimentiert. Das Litho erweist sich dafür als ungeeignet und wird für die Arbeit in Farbe aufgegeben. Dies aus zwei Gründen.
Zum einen erzeugt das mehrmalige Übereinanderdrucken Pass-Ungenauigkeiten durch das sich ständig verändernde Papier und zum anderen wirkt die Farbe beim Flachdruckverfahren nie räumlich genug.
Die Radierung bietet sich als geeignetes Medium für die reine Farbe an.
Der Mehrfarbendruck wird auf 2, höchstens 3 Platten reduziert, um eine Genauigkeit des Druckes zu gewähren.
Die Druckplatte aus Aluminium, die nach den Andrucken eloxiert wird, ist an der Oberfläche rein und gibt keinen Plattenton ab. Nur was graviert oder geätzt ist, druckt.
Die reine Farbe kann somit unverfälscht gedruckt werden und bietet die Möglichkeit, das Malerische in die Radierung zu bringen.

Die Abbildungen zeigen wichtige Phasen der
Herstellung einer Radierung und geben einen
Einblick in die Werkstattatmosphäre.
Die Herstellung einer Radierung beginnt bei
Lichtner-Aix mit dem Entwurf als Handzeichnung
und der Bestimmung der Plattengröße. Danach
erfolgt die Übersetzung auf die Druckplatten.

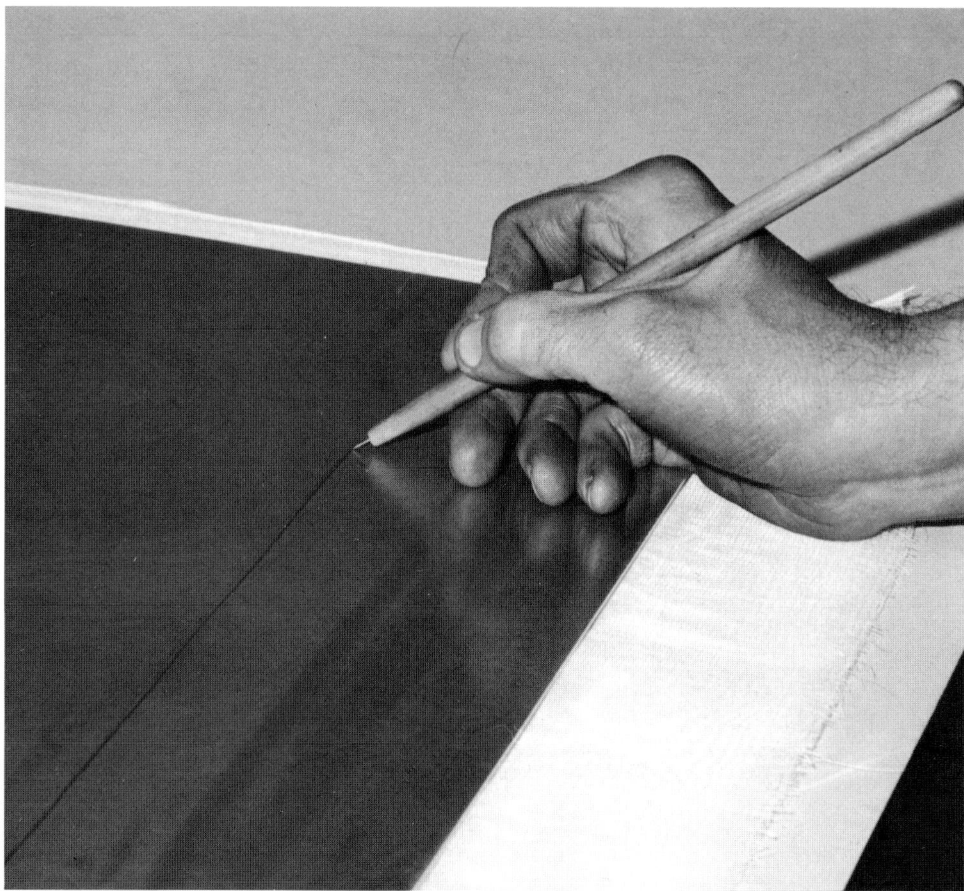

Die Zeichnung wird durch die Kaltnadel erzielt.

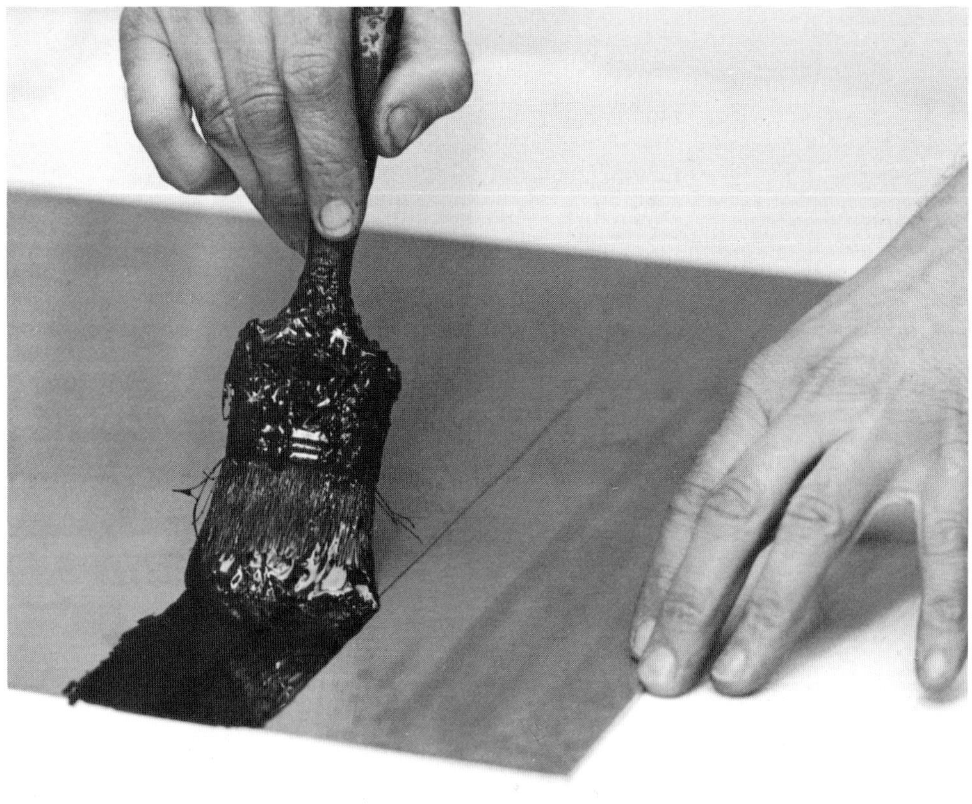

Vor der offenen Ätzung werden die Flächen, die
ungeätzt bleiben sollten, durch Abdecklack
geschützt.

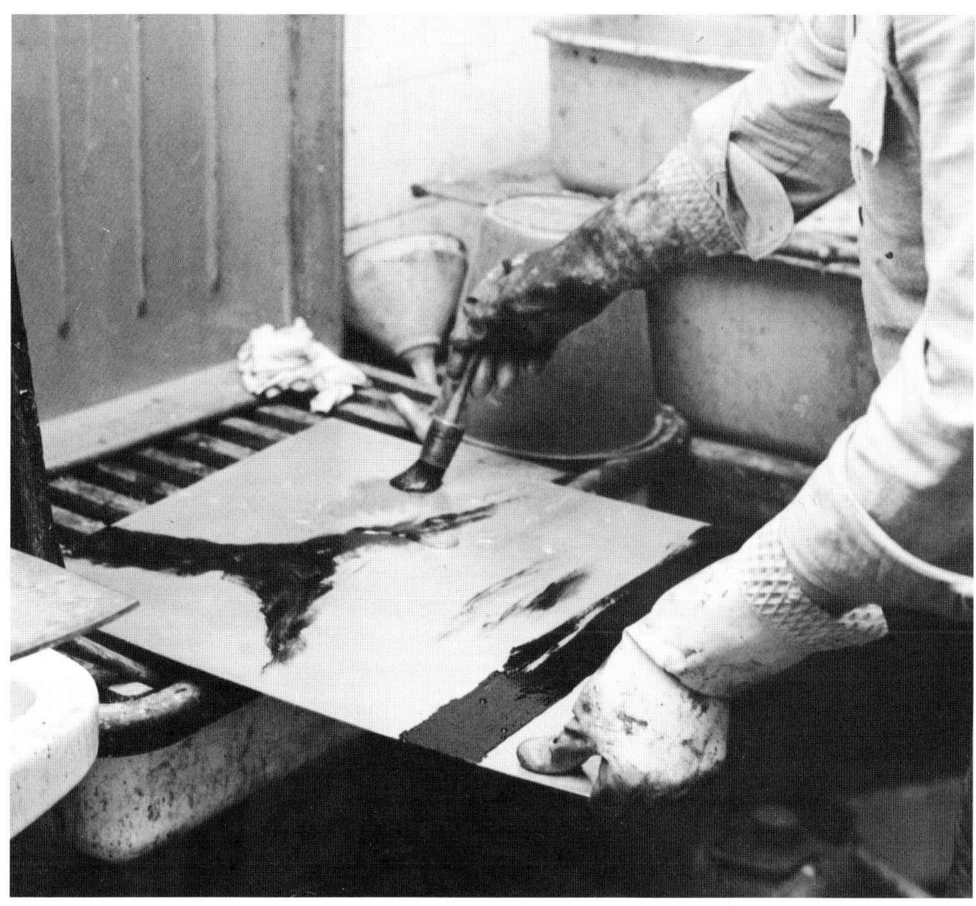

Mittels offener Ätzung wird das malerische in die
Platte gebracht.

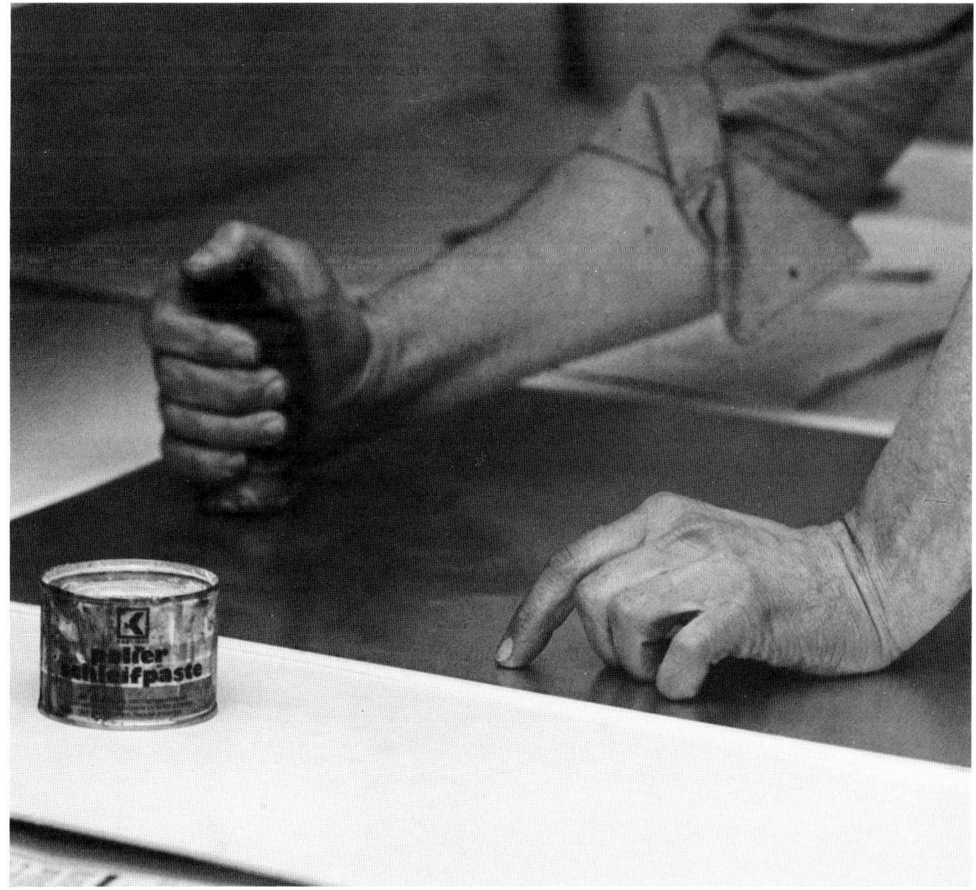

Übergänge werden durch Schleifen hergestellt oder
verfeinert.

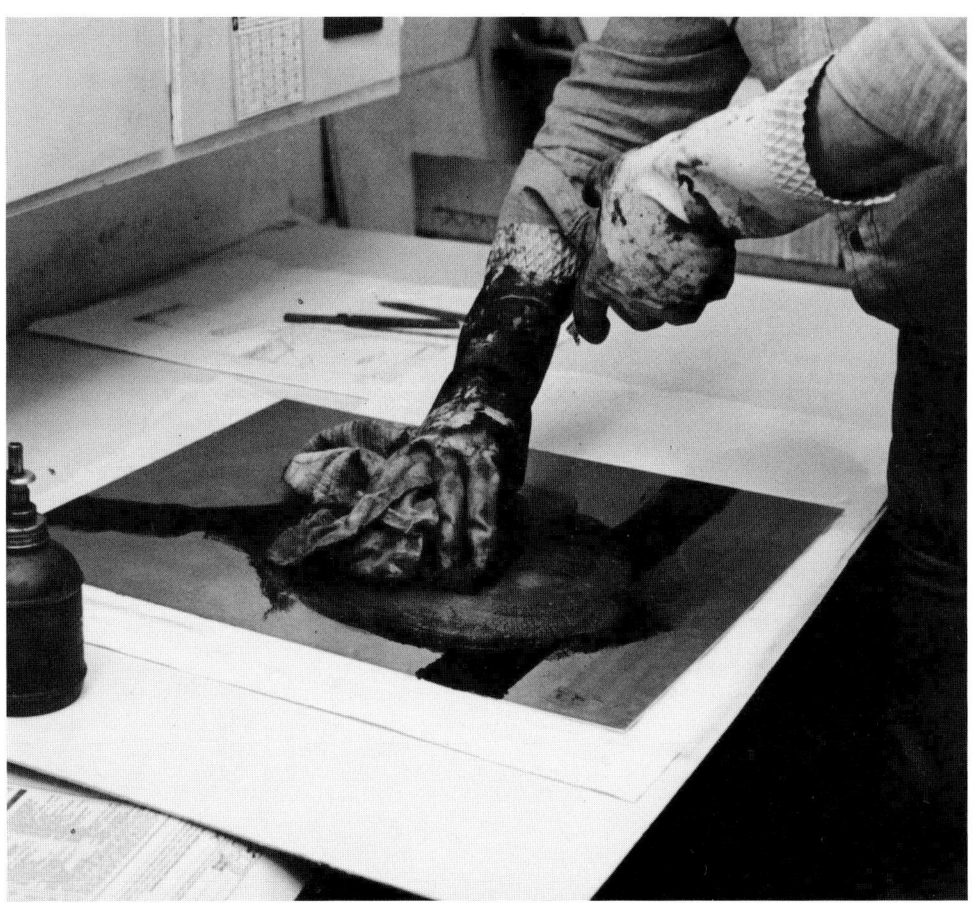

Die Platte wird gesäubert und zum Druck vor-
bereitet.

Anschließend wird die Druckfarbe eingerieben und
mit dem Handballen und Mull verrieben.

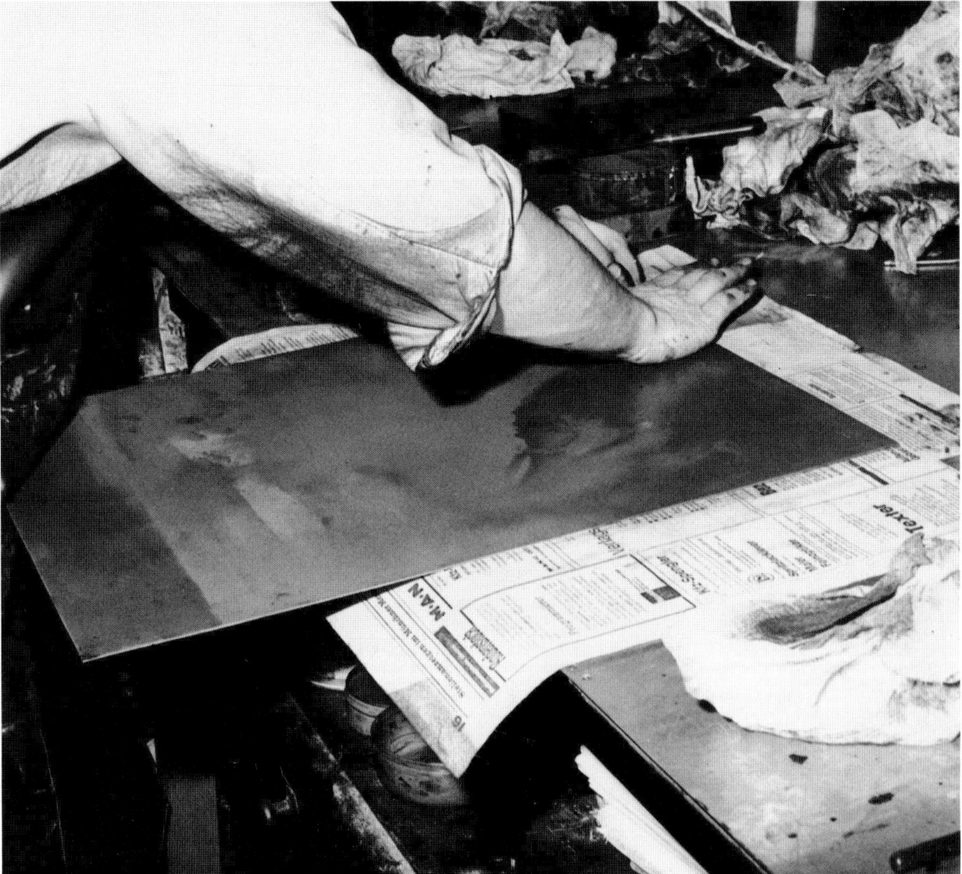

Vor dem Druck werden die Farben bestimmt und
angerieben sowie das Papier angefeuchtet. Dann
wird der Andruck mit Spannung erwartet.
Das erste Ergebnis wird vom Künstler begutachtet
und mit dem Drucker diskutiert.
Zwischen dem ersten Andruck und dem verbind-
lichen Druck für die Auflage liegen oft bis zu 20 verschiedene Arbeitsdrucke.

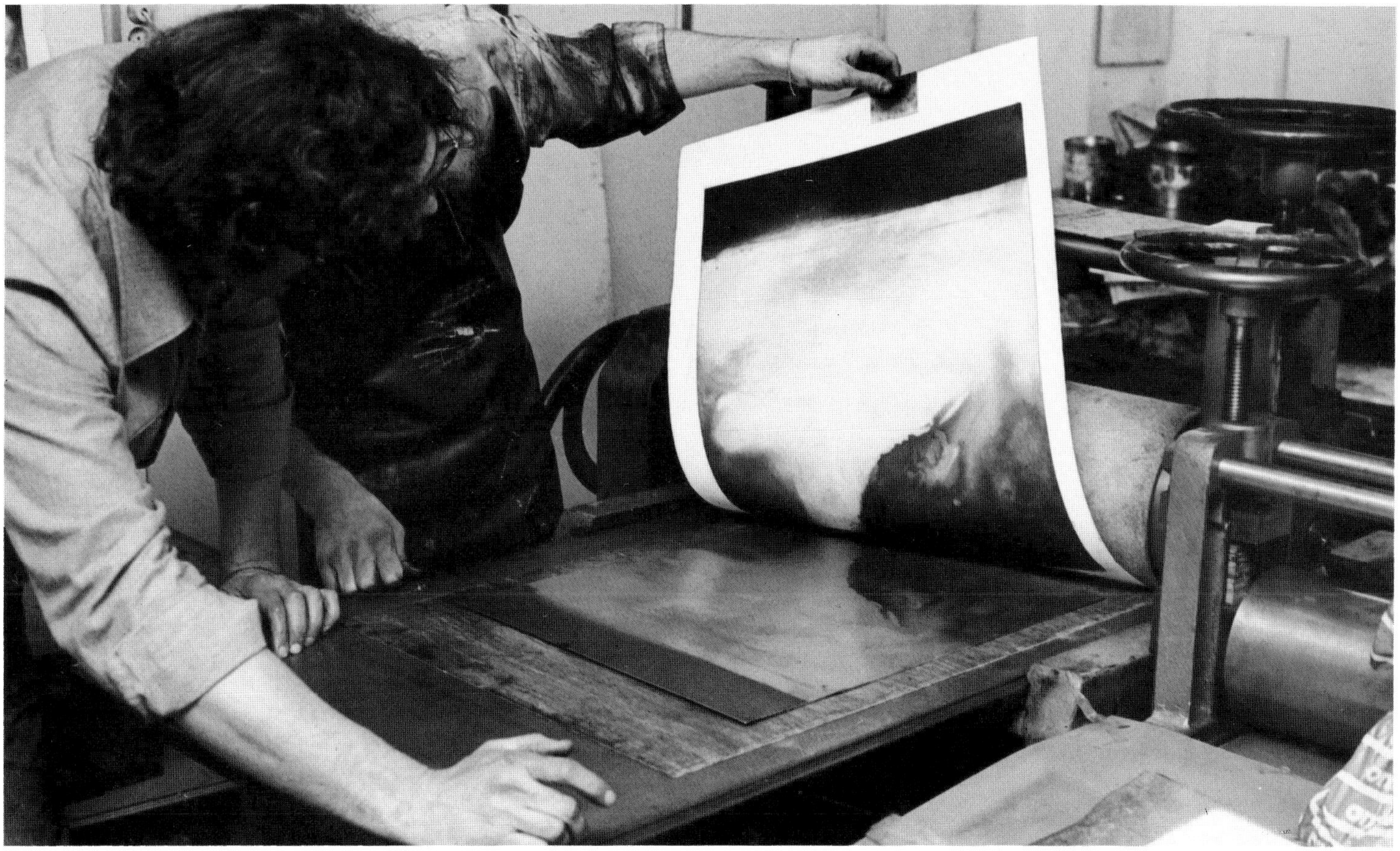

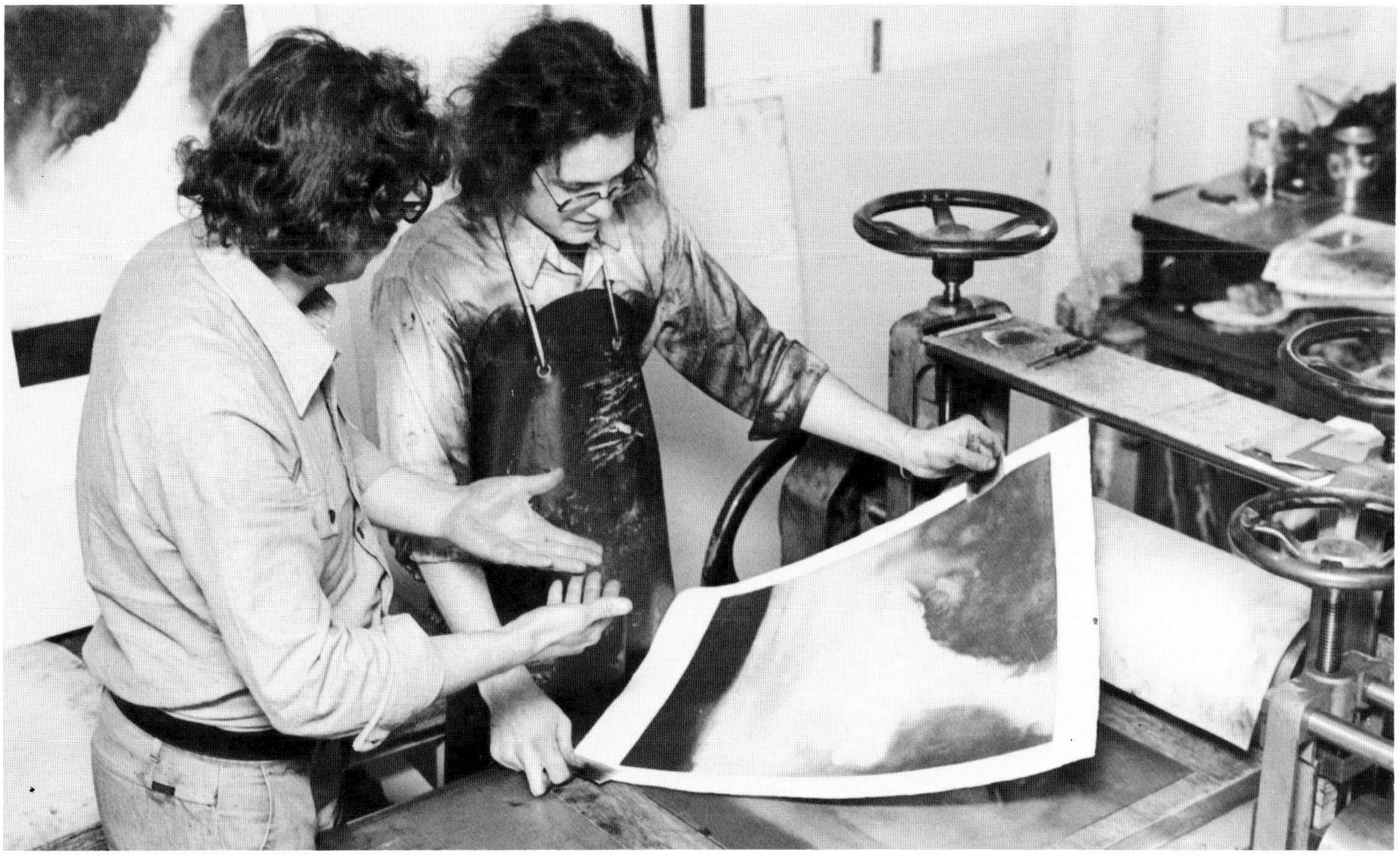

1

Lithographien 1967-1983

1967

KL 1   ARLESERIN MIT GARDIANS
Litho vom Zink mit zwei Farben, Auflage 40,
Zustandsdrucke 5, teilweise farbiges Papier,
Blattgröße verschieden, Bildgröße 33/49,5 cm.
Das gleiche Thema mit einem Eindruck als Plakat zur
Ausstellung Galerie Änne Abels, Köln 1968. Auf-
lage 60, ockerfarbenes Papier, Blattgröße 49,5/
69,5 cm, Bildgröße 33/49,5 cm.
Druck Dunkes München

1968

KL 2   MARKT VON VAISON
Litho vom Stein, keine Auflage, Zustandsdrucke 6,
teilweise handcoloriert, Bildgröße gleich Blattgröße
37,5/47 cm, Druck selbst
KL 3   DIE KLEINE ARENA
Litho vom Stein, Zustandsdrucke 5, verschieden-
farbiges Papier, keine Auflage
Blattgröße 46/55 cm, Bildgröße 37/47 cm,
Druck selbst
KL 4   ARLESERIN UND STIERHIRTEN (Zyklus
„Camargue")
Lithographie vom Zink, geplante Auflage 50,
gedruckt 5, teilweise handcoloriert, Blattgröße 49,5/
69,5 cm, Bildgröße 34/48 cm
Druck Dunkes München
KL 5   AM VACCARES (Zyklus „Camargue")
Litho vom Zink, geplante Auflage 50, gedruckt 5,
teilweise handcoloriert, Blattgröße 49,5/69,5 cm,
Bildgröße 42/61,5 cm, Druck Dunkes München
KL 6   ZIGEUNER-GRUPPE (Zyklus „Camargue")
Litho vom Zink, geplante Auflage 50 gedruckt 5,
teilweise handcoloriert, Blattgröße 49,5/69,5 cm,
Bildgröße 38,5/53 cm, Druck Dunkes München
KL 7   CORRIDA (Zyklus „Camargue")
Litho vom Zink, geplante Auflage 50, gedruckt 5,
teilweise handcoloriert, Blattgröße 49,5/69,5 cm,
Bildgröße 42,5/54 cm, Druck Dunkes München

1969

Die Mappe „Côte d'Azur" entsteht anläßlich einer
Reise an die Côte d'Azur im Jahre 1968. Wäre auf
der Promenade des Anglaises in Nizza nicht ein
großer Verkehrsstau, es könnte ein Bild aus dem
19. Jahrhundert sein. Die Promenierenden und
Sich-Sonnenden provozieren zum Zeichnen.
(Lichtner-Aix).

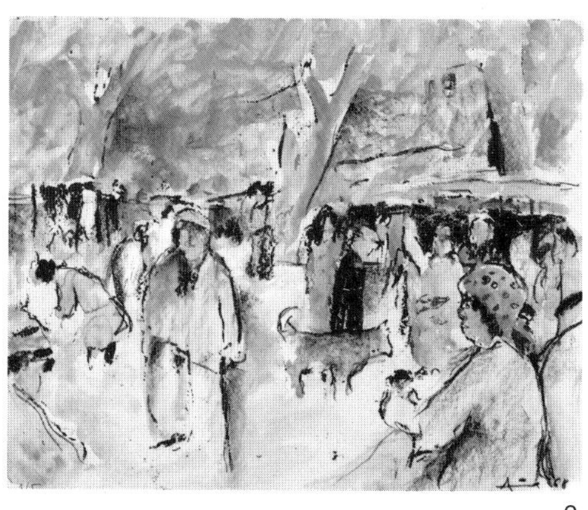

2

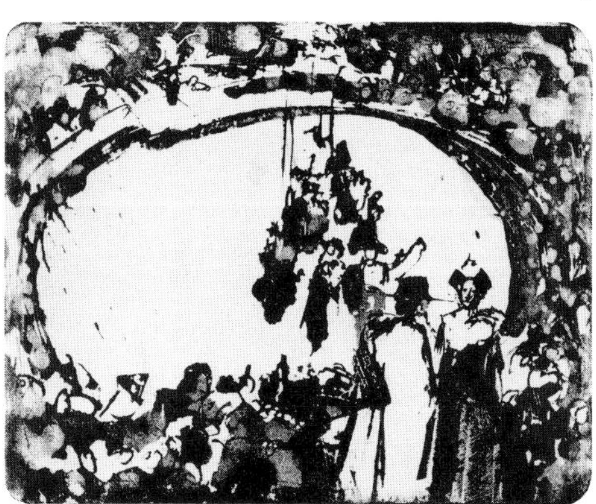

3

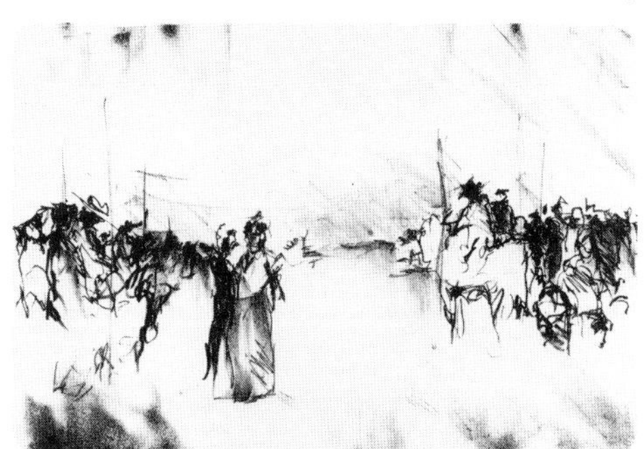

4

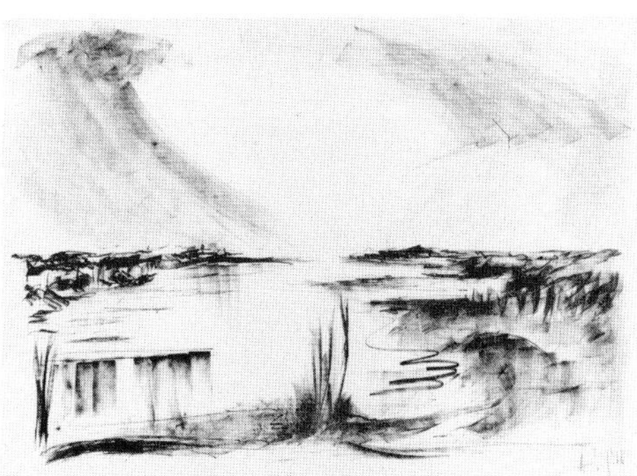

5

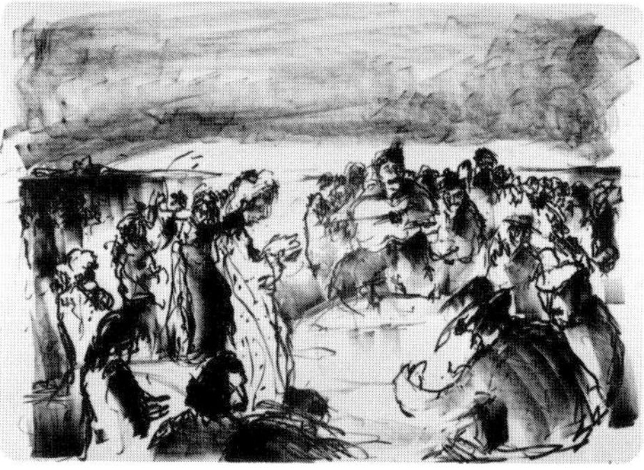

6

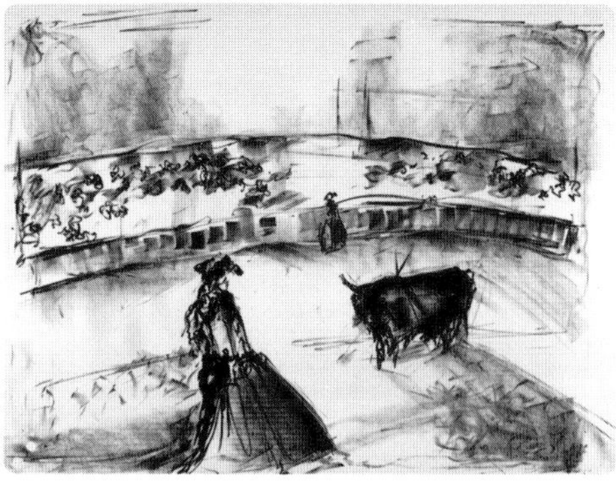

7

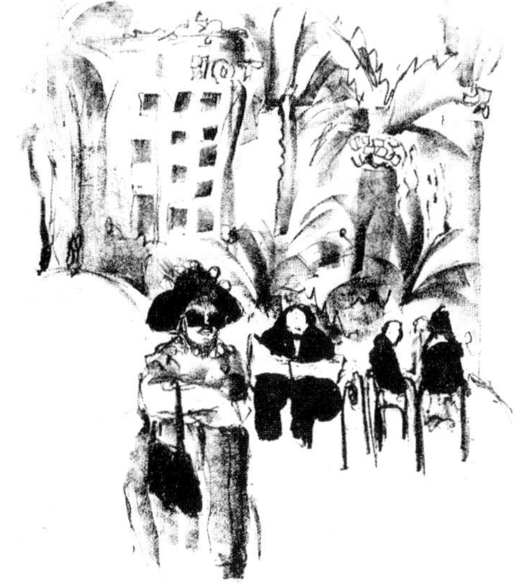

8

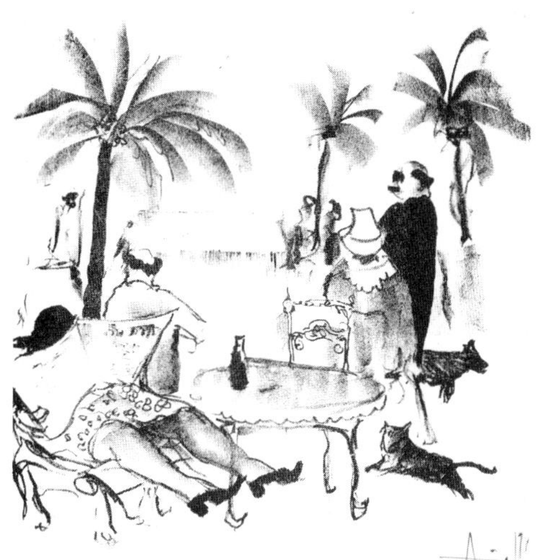

11

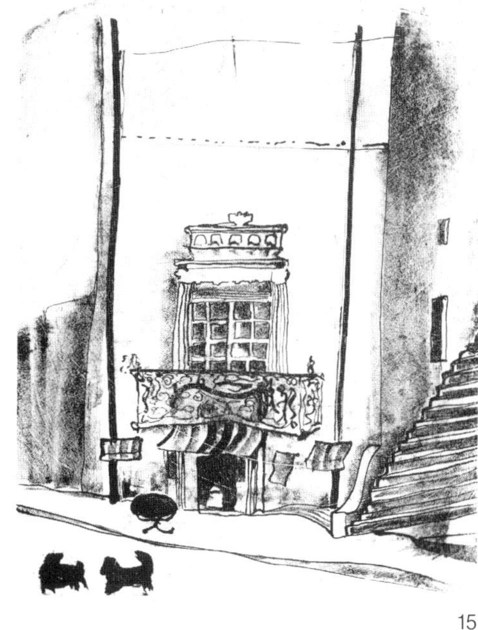

15

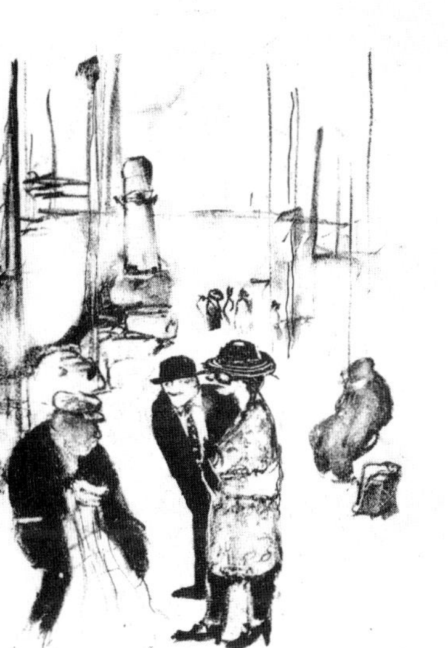

9

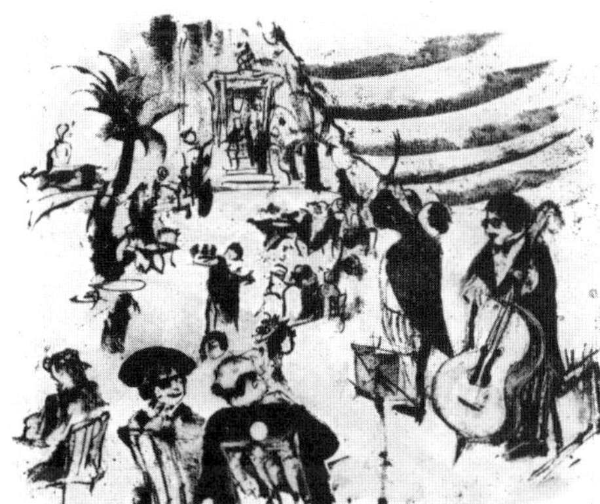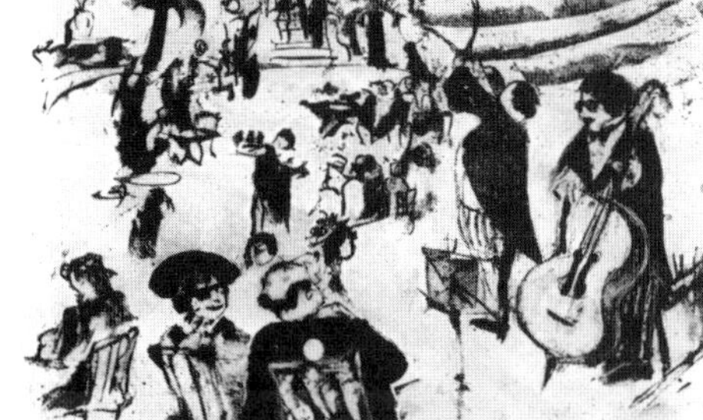

12

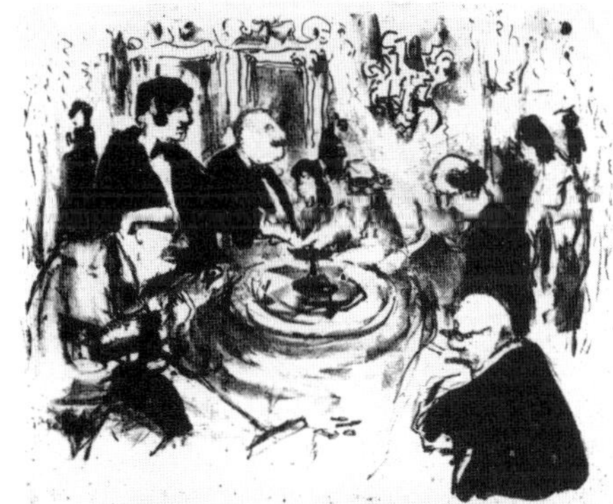

13

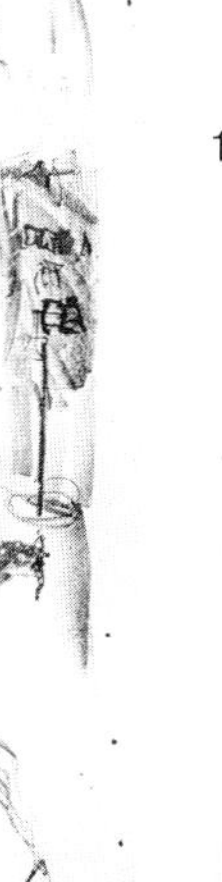

10

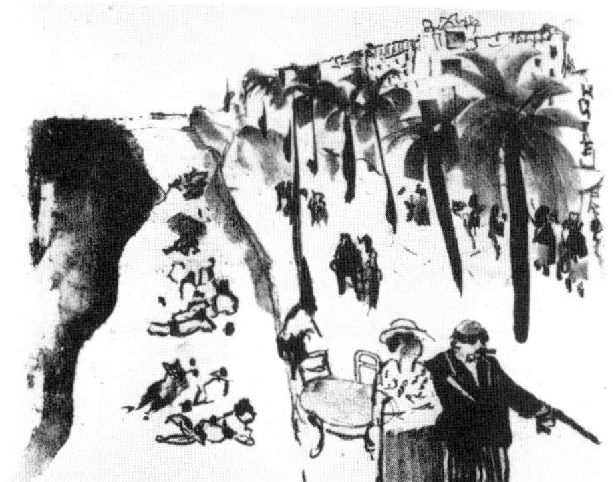

14

KL 8   CANNES
Mappe „Côte d'Azur", Litho vom Stein, Auflage 40,
Zustandsdrucke 5 teilweise handcoloriert, Proben 5,
Blattgröße 65/50 cm, Bildgröße 38/32 cm, Edition
Busse Bielefeld, Druck selbst

KL 9   DIE TOURISTEN KOMMEN
Litho vom Stein, keine Auflage, Zustandsdrucke 5,
auf verschiedenen Papieren, Bildgröße 41,5/32 cm,
Druck selbst

KL 10   CAFE DU GARE
Litho vom Stein, Auflage 25, teilweise handcoloriert,
Proben 3, Blattgröße 68,5/54 cm, Bildgröße 57/
47.5 cm, Druck selbst

KL 11   ST. TROPEZ
Mappe „Côte d'Azur", Auflage 40, Zustands-
drucke 5, Proben 5, Zustandsdrucke und Proben,
teilweise handcoloriert und auf verschiedenen
Papieren, Blattgröße 65/50 cm, Bildgröße 39/32 cm,
Edition Busse Bielefold, Druck selbst

KL 12   KURKONZERT
Mappe „Côte d'Azur", Litho vom Stein, Auflage 40,
Zustandsdrucke 5, Proben 5, Zustandsdrucke und
Proben teilweise handcoloriert und auf verschie-
denen Papieren, Blattgröße 50/65 cm, Bildgröße
32/40 cm, Edition Busse Bielefeld, Druck selbst

KL 13   ROULETTE
Mappe „Côte d'Azur", Litho vom Stein, Auflage 40,
Zustandsdrucke 5, Proben 5, Zustandsdrucke und
Proben teilweise handcoloriert und auf verschie-
denen Papieren, Blattgröße 50/65 cm, Bildgröße
29/37 cm, Edition Busse Bielefeld, Druck selbst

KL 14   PROMENADE DES ANGLAISES
Mappe „Côte d'Azur", Litho vom Stein, Auflage 40,
Zustandsdrucke 5, Proben 5, Zustandsdrucke und
Proben teilweise handcoloriert und auf verschie-
denen Papieren, Blattgröße 50/65 cm, Bildgröße
29/37 cm, Edition Busse Bielefeld, Druck selbst

KL 15   ALTSTADT
Mappe „Côte d'Azur", Litho vom Stein, Auflage 40,
Zustandsdrucke 5, Proben 5 (teilweise getöntes
Papier), Blattgröße 65/50 cm, Bildgröße 37/29 cm,
Edition Busse Bielefeld, Druck selbst

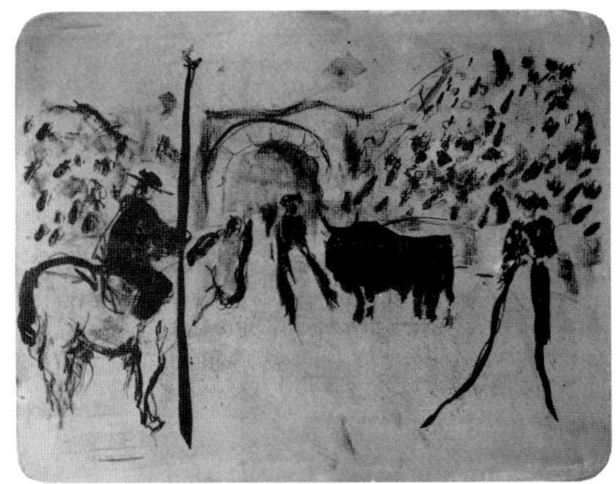

16

KL 16   CORRIDA
Mappe „Côte d'Azur", Litho vom Stein, in zwei
Farben (schwarz auf rot), Gesamtauflage 100, davon
40 als Zusatzblatt zu der Mappe „Côte d'Azur",

KL 17   HINTERM OFEN
Litho vom Stein, Auflage 15, Proben 5, teilweise
handcoloriert, Blattgröße 37,5/29 cm, Bildgröße
27/21 cm, Druck selbst
KL 18   IN DER ARENA
Litho vom Stein, Auflage 20, Proben 3, Zustands-
drucke 2, Proben und Zustandsdrucke auf ver-
schiedenen Papieren, teilweise rot gedruckt, Blatt-
größe 38,5/46 cm, Bildgröße 27/32,5 cm,
Druck selbst
KL 19   DER BOUCHER VON SEGURET
Litho vom Stein, Auflage 30, Zustandsdrucke 10 auf
verschiedenen Papieren, teilweise handcoloriert,
Blattgröße 65/50 cm, Bildgröße 38/29,5 cm,
Druck selbst

KL 20   DIE STRASSE
Litho vom Stein, Auflage 30, teilweise handcoloriert,
Blattgröße verschieden, Bildgröße 42,5/32 cm,
Druck selbst
KL 21   MARSEILLE
Litho vom Stein, Auflage 100, handcoloriert, Proben
5, teilweise handcoloriert, Blattgröße 54,5/43 cm,
Bildgröße 39,5/32 cm, Edition Neue Münchner
Galerie, Dr. R. Hiepe München, Druck selbst
KL 22   MARKTPLATZ
Litho vom Zink in vier Farben, Auflage 100, Blatt-
größe 48/57 cm, Bildgröße 37/47,5 cm, Edition
Busse Bielefeld, anläßlich der Ausstellung 1969,
Kunststudio Westfalenblatt, Druck Dunkes München

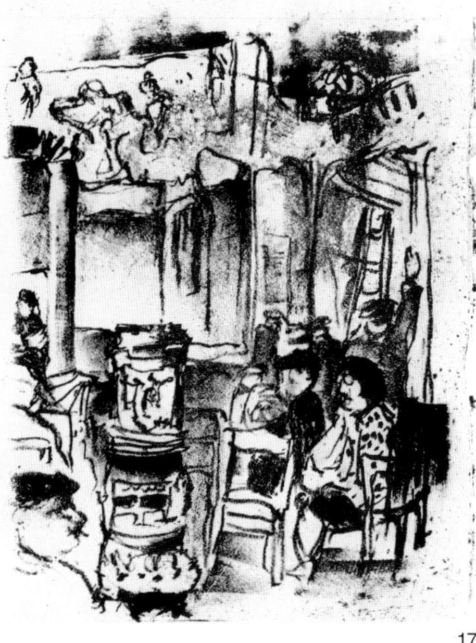

17

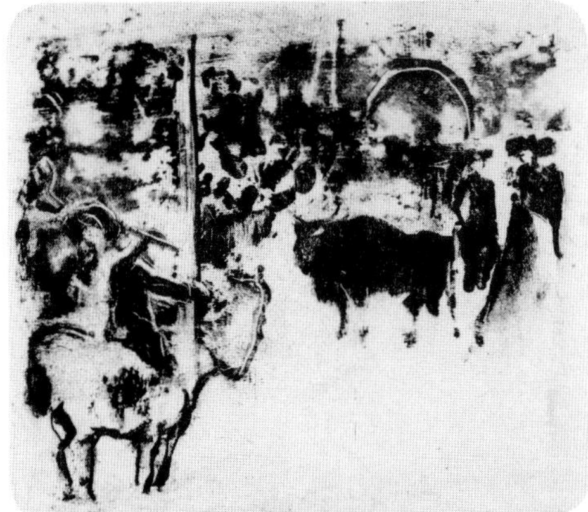

18

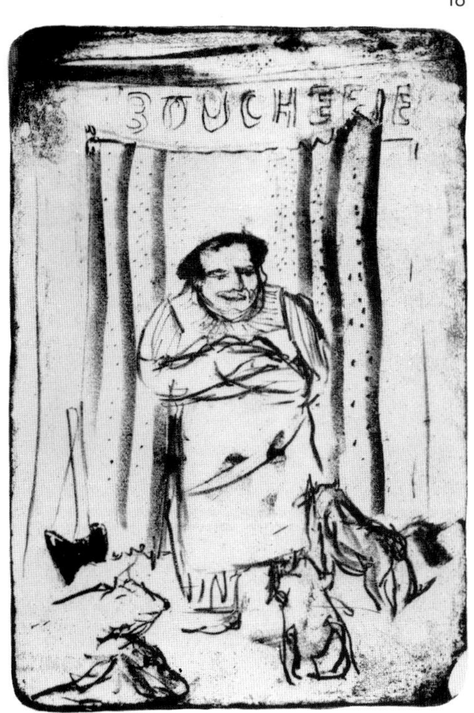

19

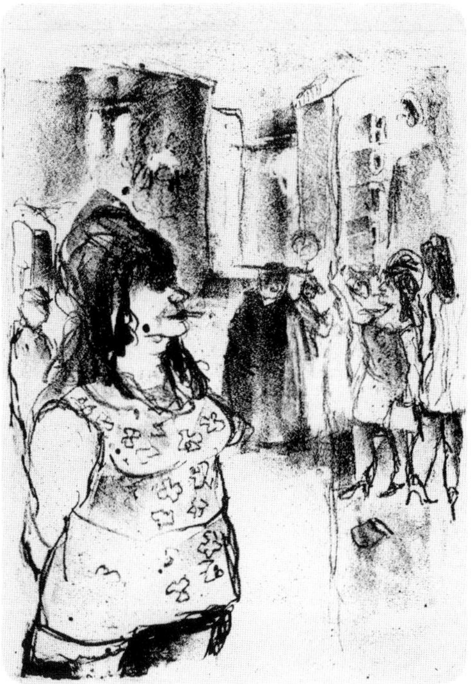

20

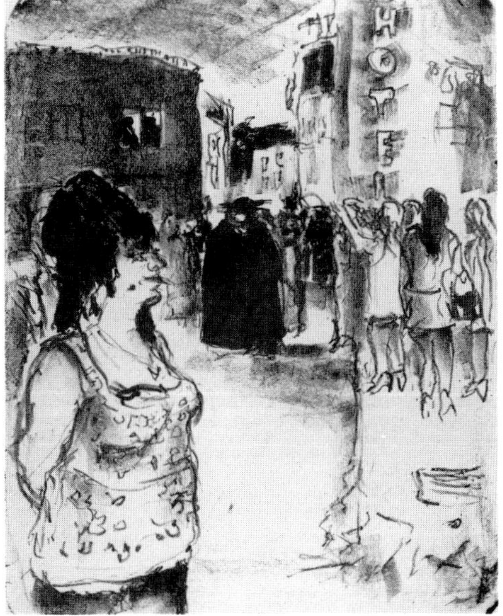

21

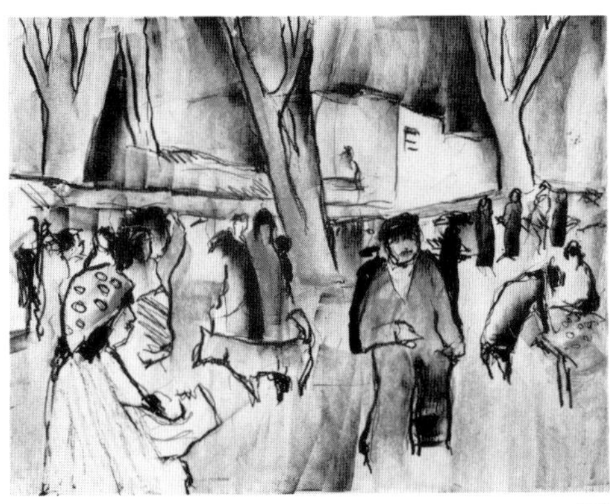

22

23

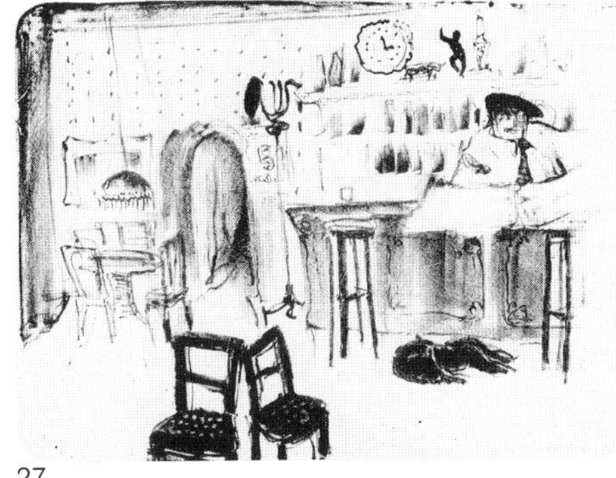

27

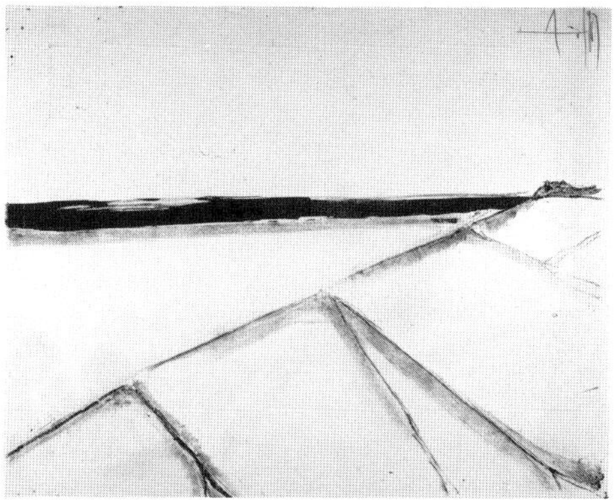

31

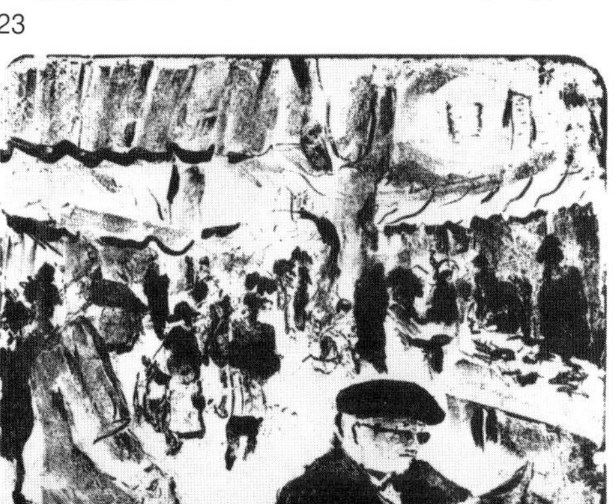

24

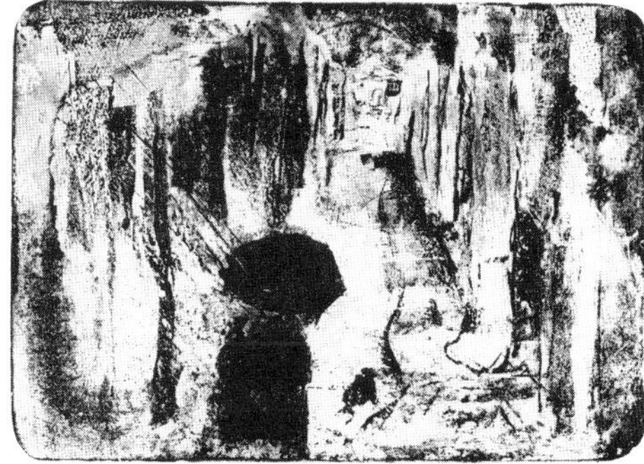

28

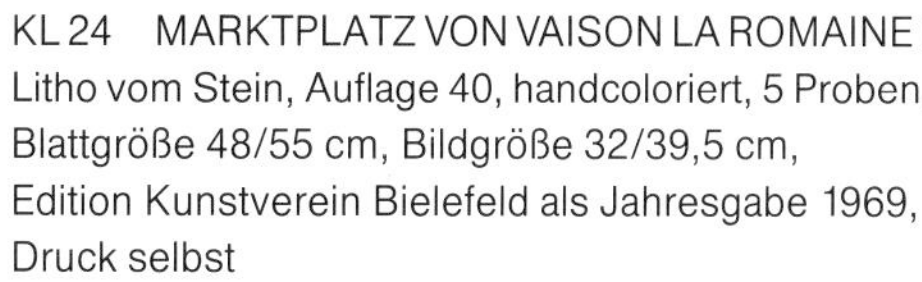

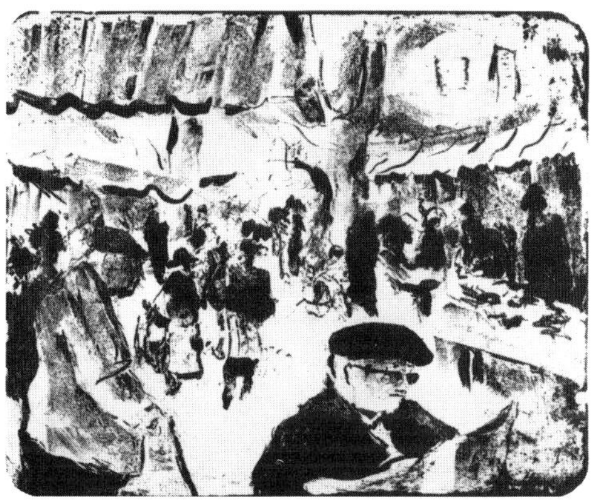

25

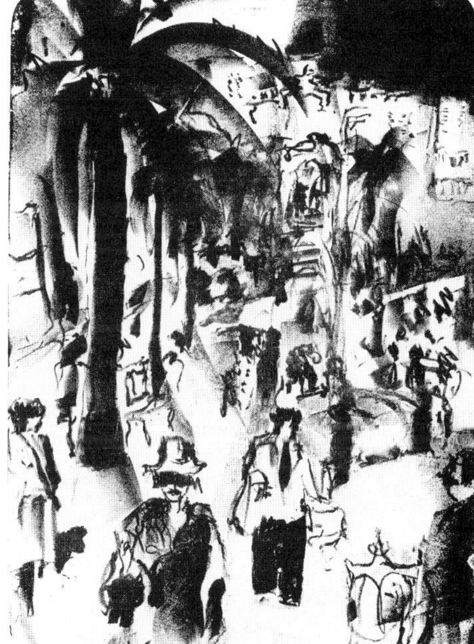

29

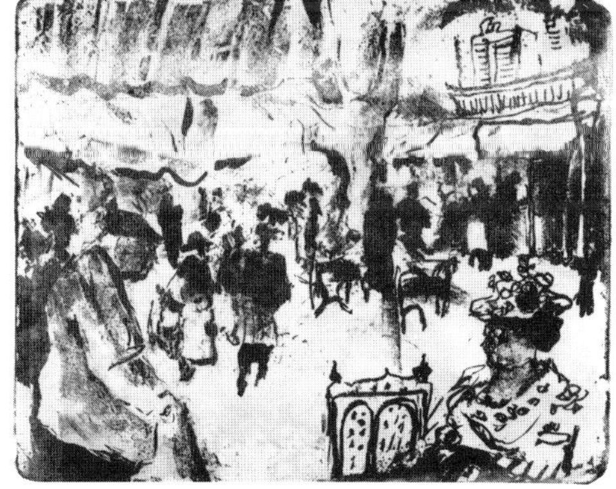

26

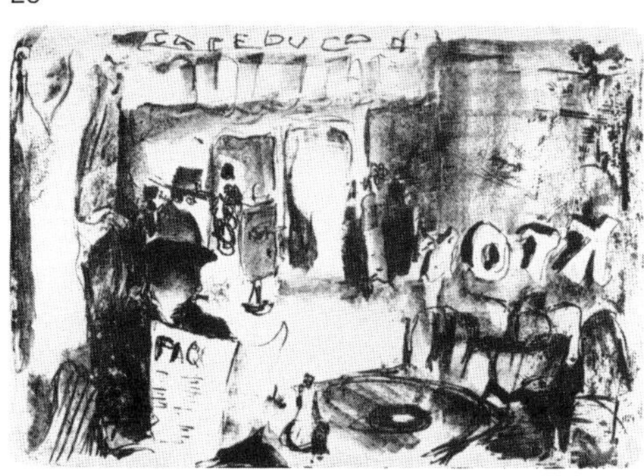

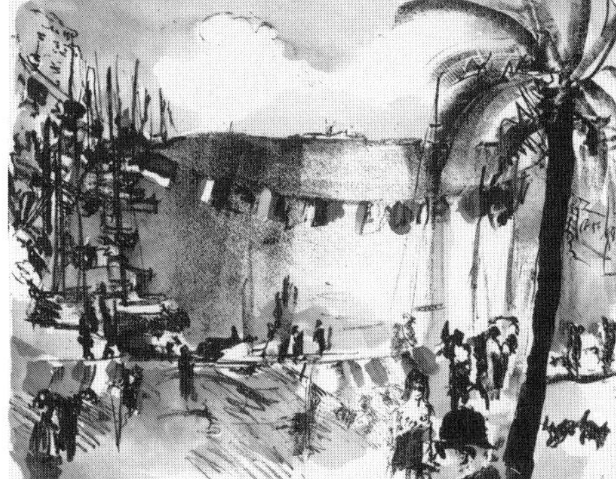

30

KL 23   CORRIDA
Litho vom Stein, Auflage 40, Zustandsdrucke 2,
Blattgröße 65/50 cm, Bildgröße 52,5/42 cm,
Druck selbst

KL 24   MARKTPLATZ VON VAISON LA ROMAINE I
Litho vom Stein, Auflage 40, handcoloriert, 5 Proben,
Blattgröße 48/55 cm, Bildgröße 32/39,5 cm,
Edition Kunstverein Bielefeld als Jahresgabe 1969,
Druck selbst

KL 25   MARKTPLATZ VON VAISON LA ROMAINE II
Litho vom Stein, Auflage 100, handcoloriert,
Proben 3, Blattgröße 49,5/55,5 cm, Bildgröße 32/
39,5 cm, Edition Neue Münchner Galerie Dr. R.
Hiepe, München, Druck selbst

KL 26   CAFE DU COMMERCE
Litho vom Stein, Auflage 20, teilweise handcoloriert,
Proben 3, Blattgröße 53,5/69,5 cm, Bildgröße 32/
47,5 cm, Druck selbst

KL 27   BISTROT VON SABLET
Litho vom Stein, Auflage 15, teilweise handcoloriert,
Zustandsdrucke 5, teilweise handcoloriert, Blatt-
größe verschieden, Bildgröße 26,5/37 cm,
Druck selbst

KL 28   DER REGEN
Litho vom Stein, keine Auflage, 17 verschiedene
Zustandsdrucke, teilweise in zwei Farben gedruckt,
Blattgröße verschieden, Bildgröße 26,5/37,5 cm,
Druck selbst

KL 29   UNTER PALMEN IN MONTE CARLO
Litho vom Stein, Auflage 6, teilweise handcoloriert,
Proben 3, Blattgröße 54/39 cm, Bildgröße 37,5/
26,5 cm, Druck selbst

KL 30   CANNES, AM HAFEN
Litho vom Stein, Auflage 10, teilweise handcoloriert,
Proben 3, Zustandsdrucke 3, Blattgröße 50,5/64 cm,
Bildgröße 37,5/48 cm, Druck selbst

KL 31   DER STRAND
Litho vom Stein, Auflage 5, Blattgröße 52/68,5 cm,
Bildgröße 46/57,5 cm, Druck selbst

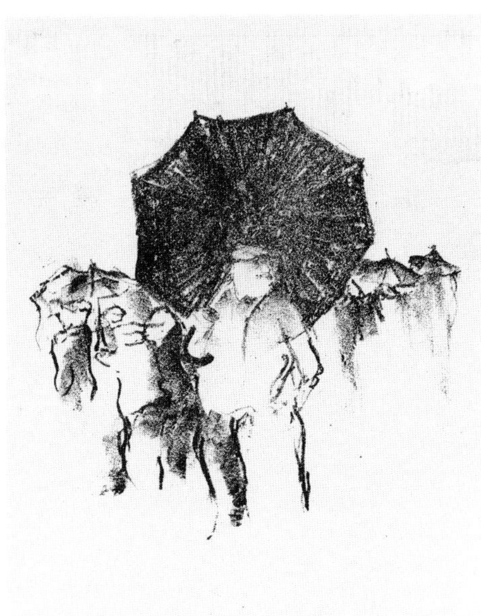

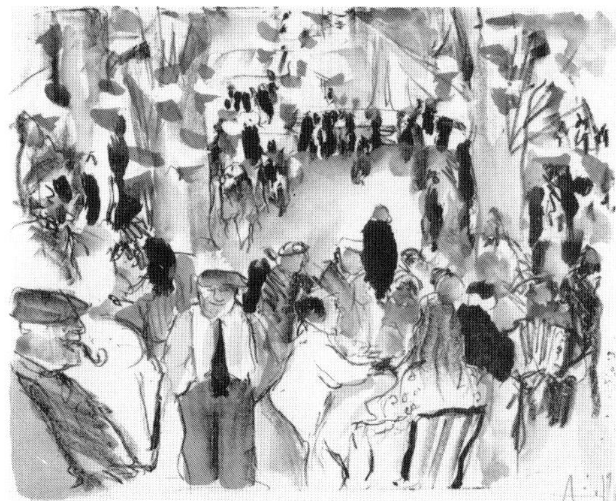

33

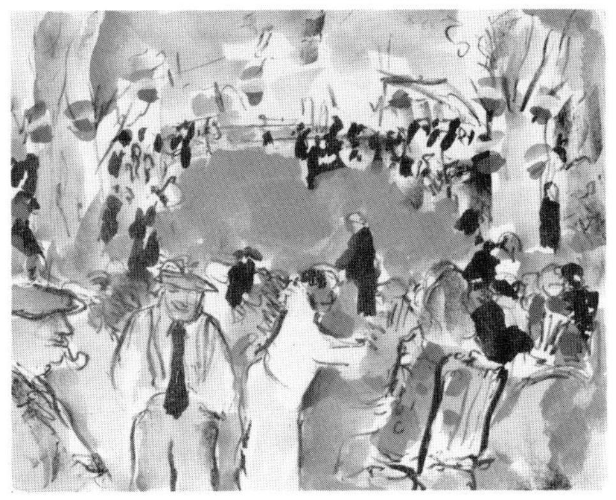

34

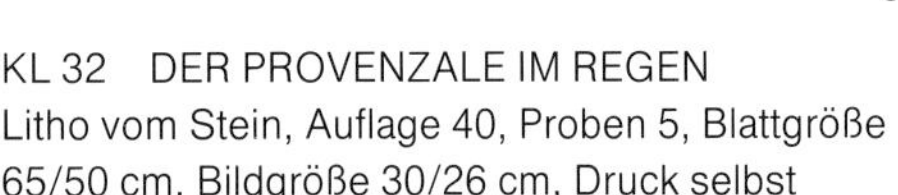

32

KL 32   DER PROVENZALE IM REGEN
Litho vom Stein, Auflage 40, Proben 5, Blattgröße
65/50 cm, Bildgröße 30/26 cm, Druck selbst

KL 33   DER 14. JULI IN ORANGE
Litho vom Stein, Auflage 25, Zustandsdrucke 10,
teilweise handcoloriert, Blattgröße 48,5/65,5 cm,
Bildgröße 37/47 cm, Druck selbst
KL 34   GROSSER FEIERTAG
Litho vom Stein, Auflage 100, handcoloriert,
Proben 5 handcoloriert, Blattgröße 47,5/65 cm,
Bildgröße 32/39,5 cm, Edition Neue Münchner
Galerie Dr. R. Hiepe, München, Druck selbst

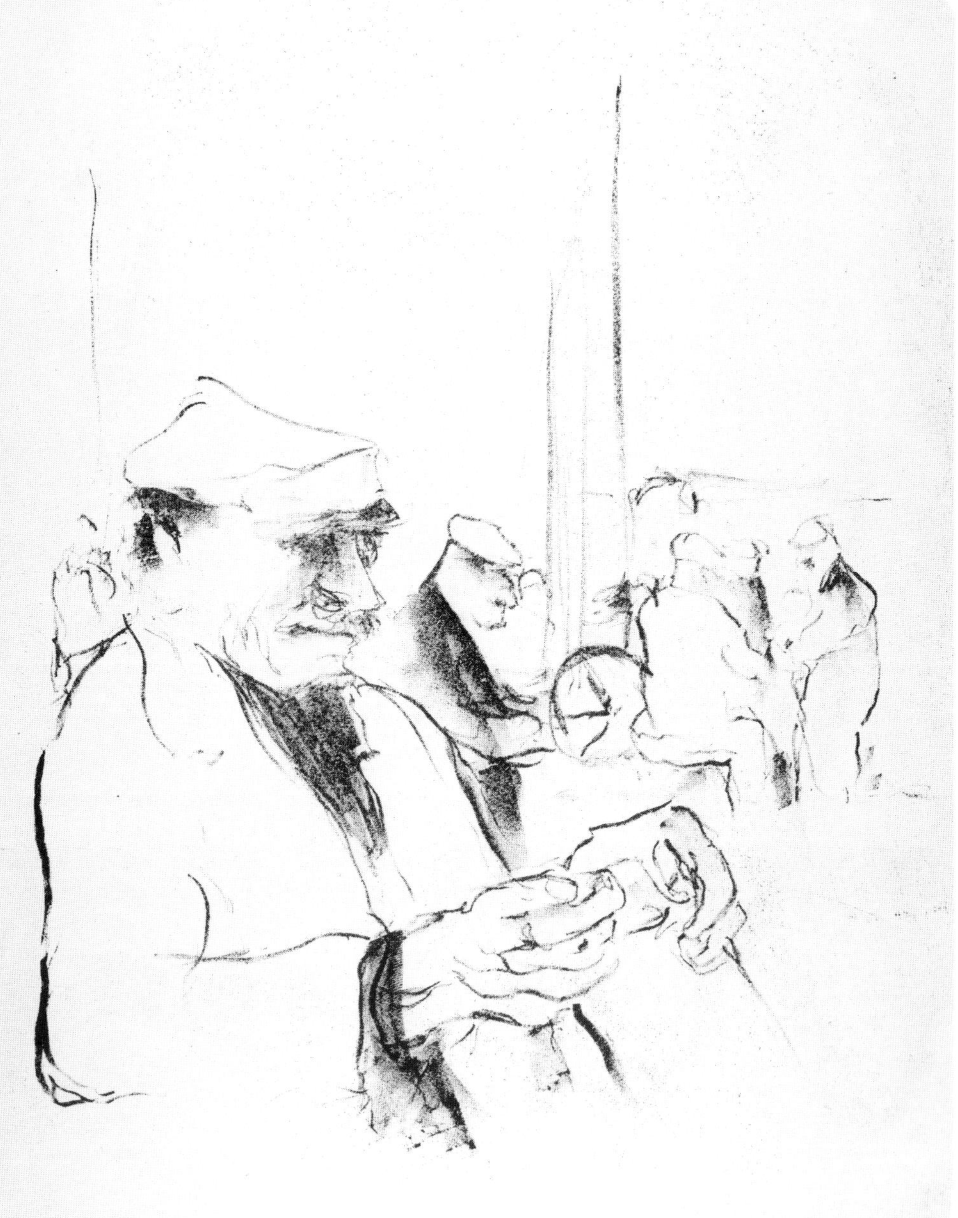

KL 35   DIE NETZEFLICKER
Litho vom Stein, Auflage 40, Proben 3, Blattgröße
71/53 cm, Bildgröße 49,5/42 cm, Druck selbst

35

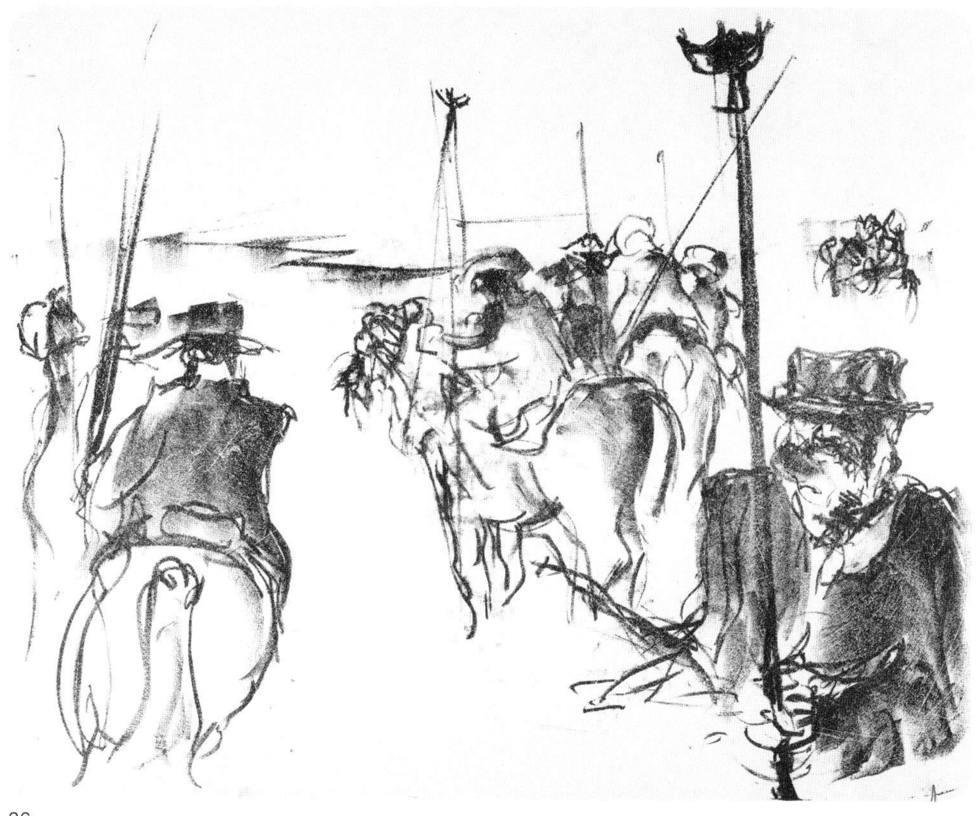

36

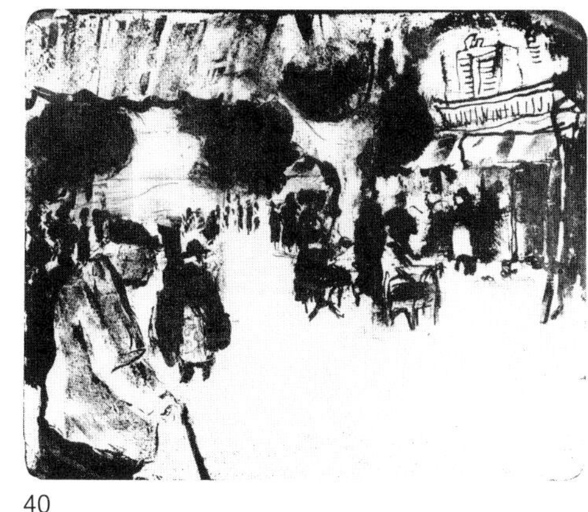

40

KL 36   LES GARDIANS
Litho vom Stein, Auflage 25, Blattgröße 50/65 cm,
Bildgröße 33/40 cm, Druck selbst

KL 37   ST. REMY
Litho vom Stein, Auflage 40, Zustandsdrucke 5,
Blattgröße 65/50, Bildgröße 34,3/29 cm,
Druck selbst
KL 38   PONT D'AVIGNON
Litho vom Stein, Auflage 10, Proben 2, Blattgröße
50/65 cm, Bildgröße 32/42 cm, Druck selbst

KL 39   DER FISCHER VON MARSEILLE
Litho vom Stein, Auflage 40, Proben 3, Blattgröße
65/50 cm, Bildgröße 32/26,5 cm, Druck selbst
KL 40   MARKTPLATZ VON VAISON LA ROMAINE
Litho vom Stein, Auflage 10, teilweise handcoloriert,
Blattgröße 53/65 cm, Bildgröße 32/39,5 cm,
Druck selbst

KL 41   DIE ALTEN VON SABLET
Litho vom Stein, Auflage 20, teilweise handcoloriert,
Zustandsdrucke 4, teilweise handcoloriert, Blatt-
größe 38,5/50,5 cm, Bildgröße 26,4/37 cm,
Druck selbst

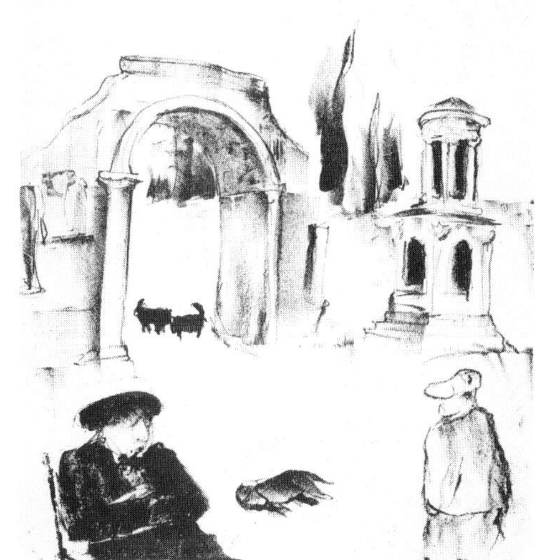

37

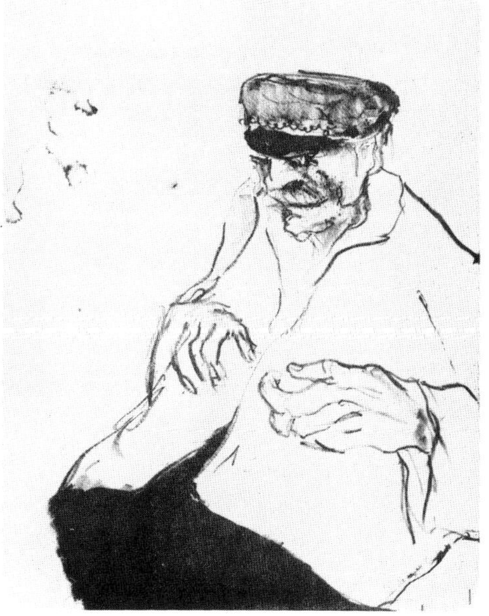

39

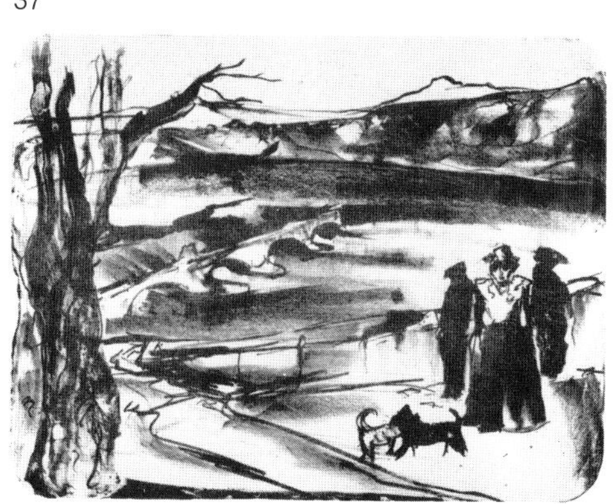

38

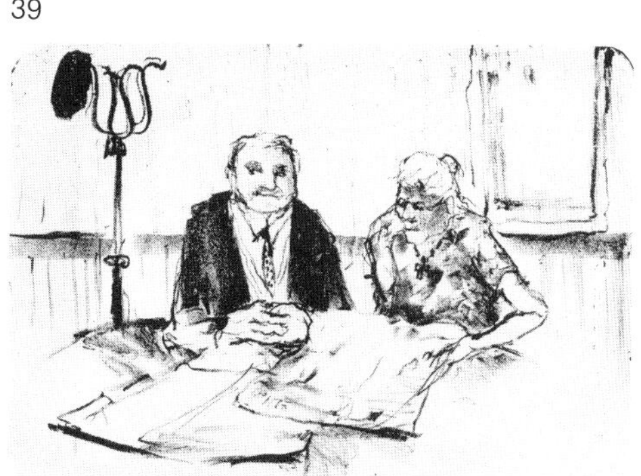

41

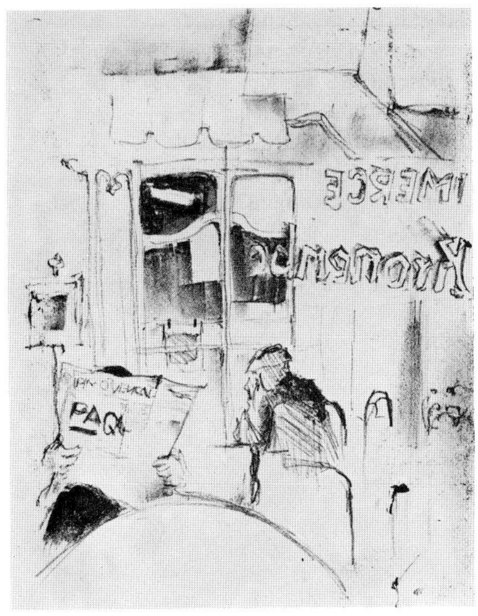

42

1970
KL 42   CAFE KRONENBURG
Litho vom Stein, Auflage 10, teilweise handcoloriert,
Blattgröße 65/50 cm, Bildgröße 39,3/31 cm,
Druck selbst

KL 43   MARKTSTÄNDE
Litho vom Stein, Auflage 10, teilweise handcoloriert,
Zustandsdrucke 9 mit Handzeichnung und hand-
coloriert, Blattgröße 50/65 cm, Bildgröße 37/48 cm,
Druck selbst
KL 44   LES BAUX
Litho vom Stein, Auflage 25 auf weißem oder
getöntem Papier, Blattgröße 69,5/52,5 cm, Bild-
größe 48/37 cm, Druck selbst
KL 45   LES FLORETS I
Litho vom Stein, Auflage 15, Zustandsdrucke 4,
teilweise handcoloriert, Blattgröße 46,5/38,5 cm,
Bildgröße 35/26 cm, Druck selbst

KL 46   SERIGNAN: DIE HAUPTSTRASSE
Litho vom Stein, Auflage 10, Zustandsdrucke 2,
1 verkleinerter Zustandsdruck, Blattgröße 54/43 cm,
Bildgröße 39,5/32 cm, Druck selbst
KL 47   BLICK VON L'ESCLADE
Litho vom Stein, Auflage 20, teilweise handcoloriert,
Blattgröße 45/51 cm, Bildgröße 37/48 cm,
Druck selbst
KL 48   SERIGNAN: WEINFELDER
Litho vom Stein
Auflage 25 geplant, ausgeführt 5 verschiedene
Zustandsdrucke, Blattgröße 50,5/57,5 cm, Bild-
größe 31/39,5 cm, Druck selbst
KL 49   GLADIATORENSPIELE I
Litho vom Stein, Auflage 90, Blattgröße 53/71 cm,
Bildgröße 48,5/59,5 cm, Druck selbst

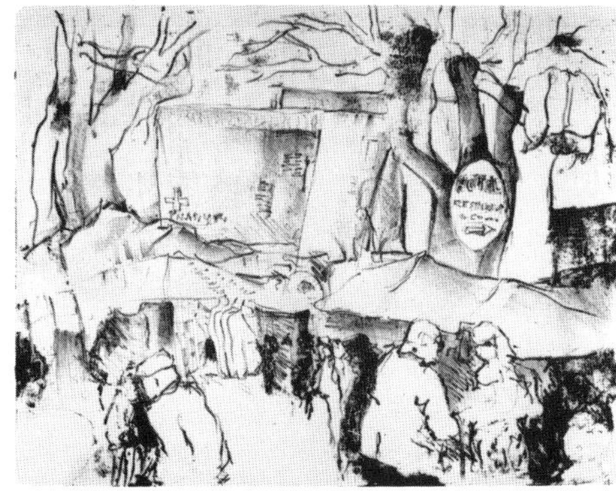

43

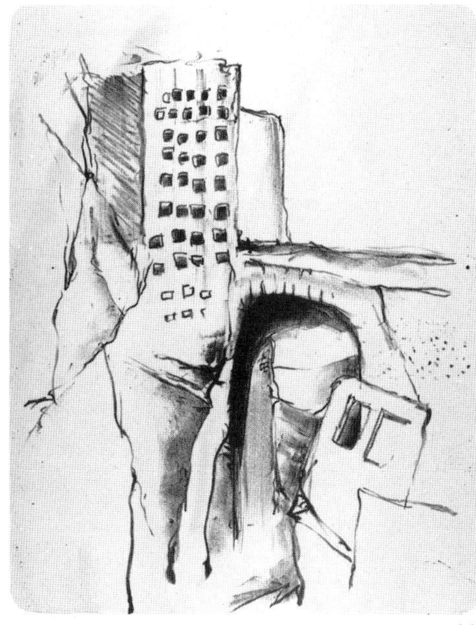

44

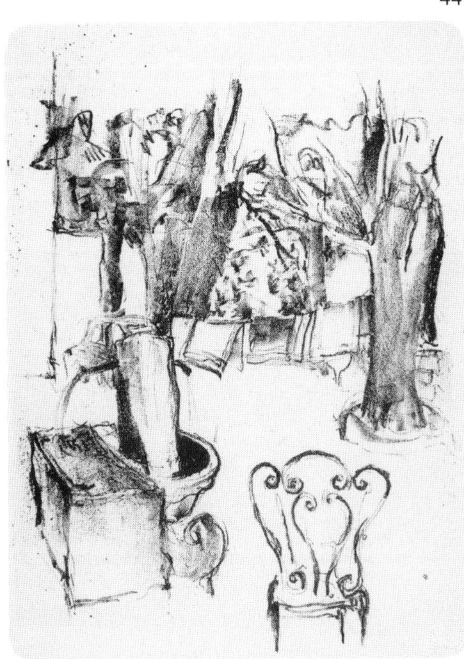

45

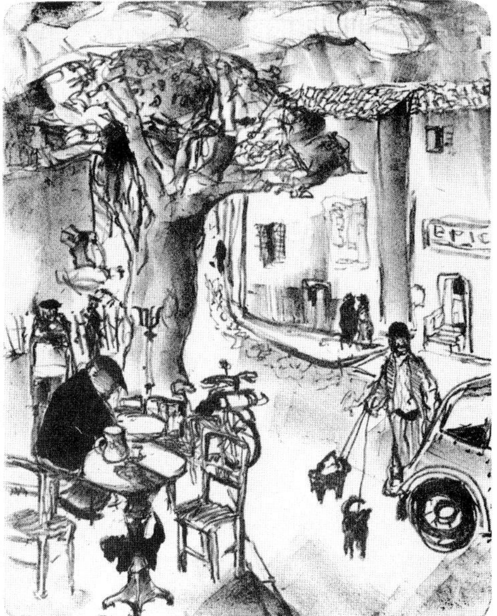

46

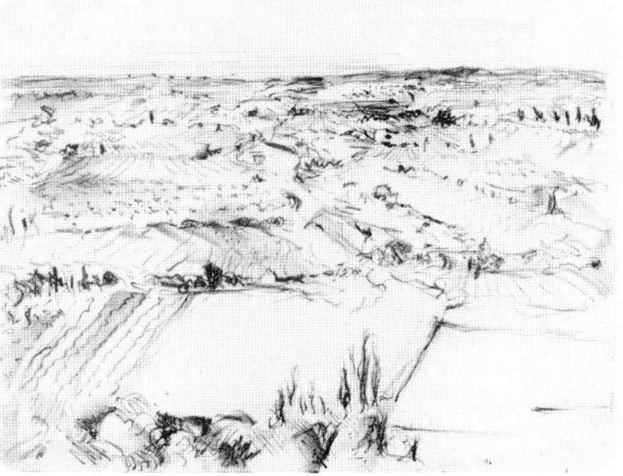

47

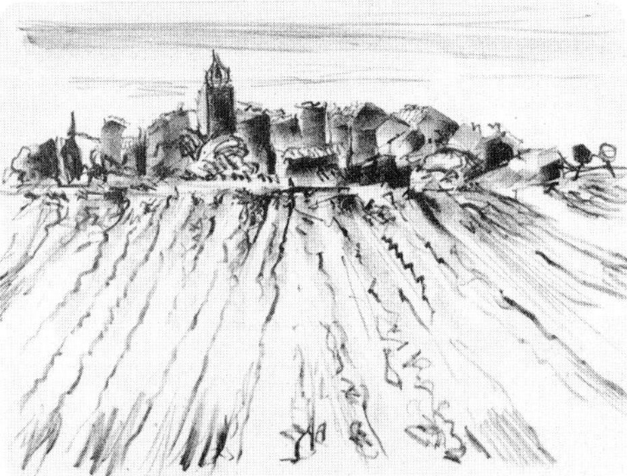

48

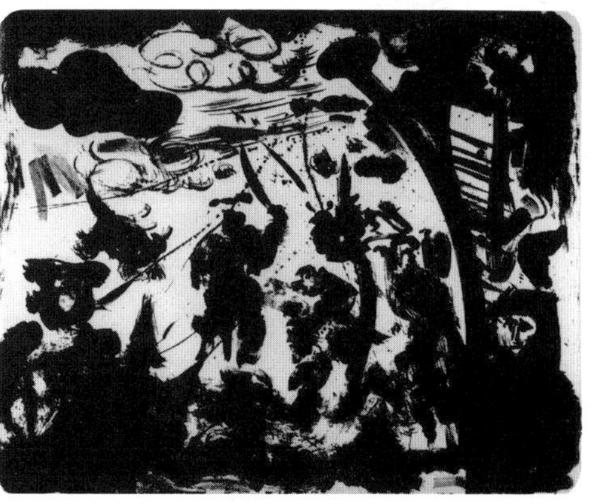

49

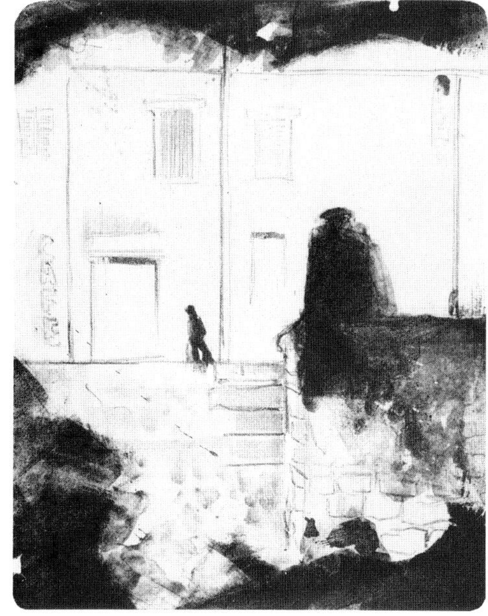

50

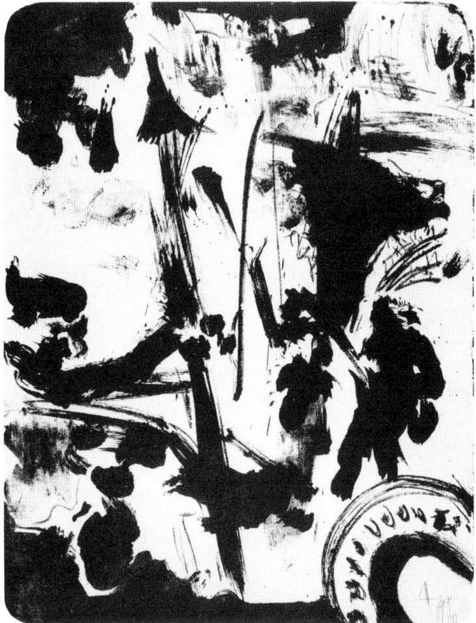

51

KL 50   LICHT UND SCHATTEN
Litho vom Stein, geplante Auflage 20, gedruckt 8,
Zustandsdrucke 3, Blattgröße 64/50 cm, Bildgröße
39,5/32 cm, Druck selbst
KL 51   GLADIATORENSPIELE II
Litho vom Stein, Auflage 50, Blattgröße 62,5/
50,5 cm, Bildgröße 48,5/37,5 cm, Druck selbst

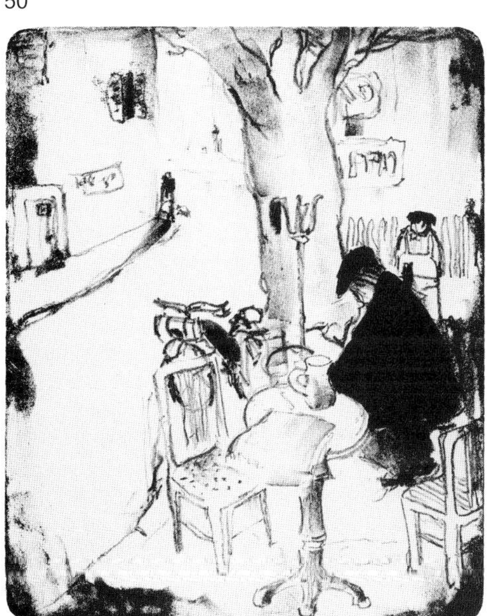

52

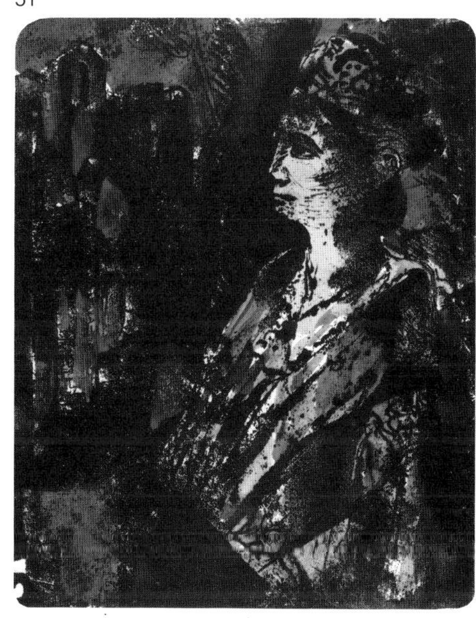

54

1971
KL 52   SERIGNAN
Litho vom Stein, Auflage 20 geplant, ausgeführt
2 Drucke auf getöntem Papier, Blattgröße 54,5/
44 cm, Bildgröße 32/26,5 cm, Druck selbst
KL 53   LES GITANES oder
MANITAS SPIELT GITARRE
Litho vom Stein, umgedruckt auf Zink, Auflage 100,
handcoloriert, Proben 10, teilweise handcoloriert,
Blattgröße 53,5/69 cm, Bildgröße 32/26,5 cm,
Edition Neue Münchner Galerie Dr. R. Hiepe,
München, Druck Schäfer Solingen, Entwurf und
Andrucke 5, spiegelverkehrt, teilweise handcoloriert,
Druck selbst

KL 54   LA PROVENCIA
Litho vom Stein, keine Auflage, 20 verschiedene
Drucke, handcoloriert, Blattgröße 59,5/50,5 cm,
Bildgröße 39,5/32 cm, Druck selbst
KL 55   LA COMMUNE DE PARIS
Litho von Zink-Folie, Auflage 100, handcoloriert,
Proben 15, Edition Neue Münchner Galerie
Dr. R. Hiepe, München, Druck Proben selbst,
Auflage Schäfer Solingen

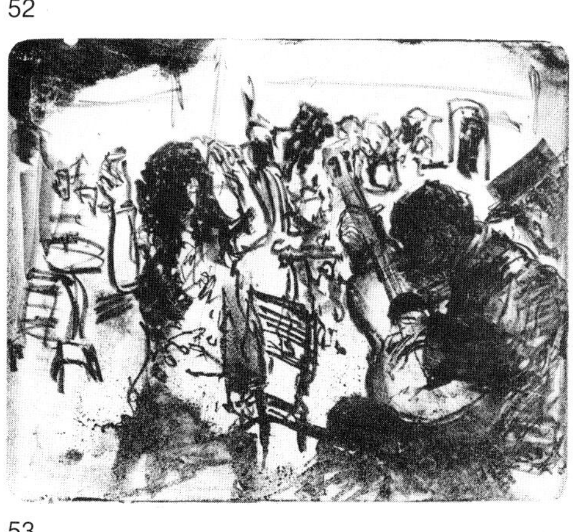

53

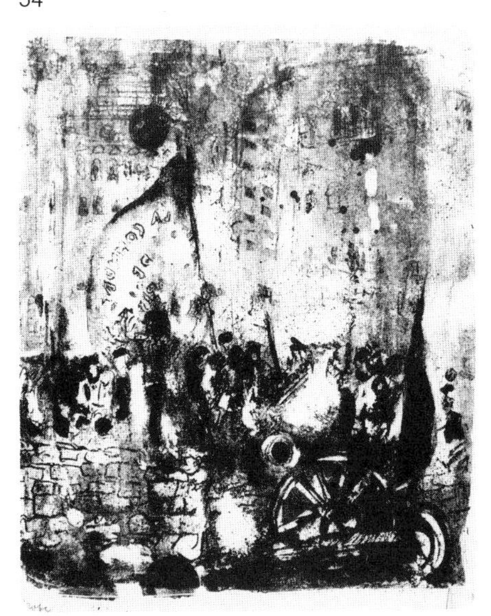

55

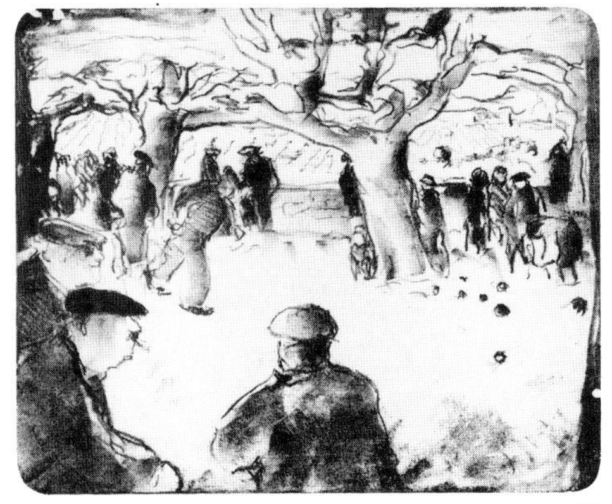

56

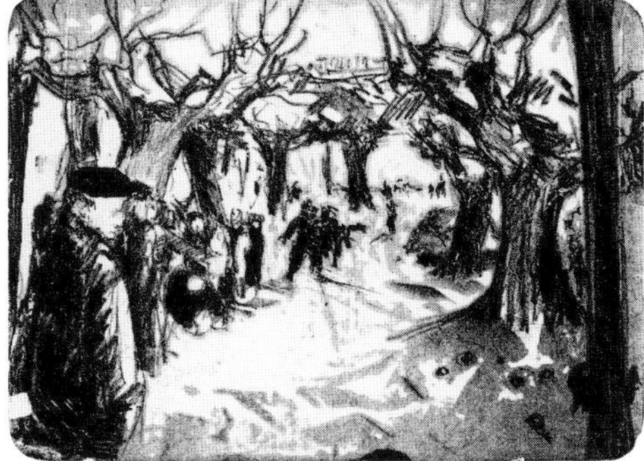

57

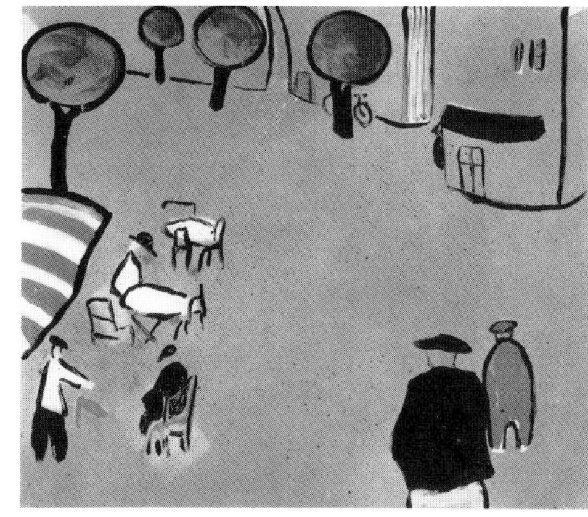

58

1972
KL 56   LA PETANQUE
Litho vom Stein, keine Auflage, 7 verschiedene
Zustandsdrucke, Blattgröße 51,5/63 cm, Bildgröße
32/39,5 cm, Druck selbst
KL 57   BOULEPLATZ
Litho vom Stein, umgedruckt auf Zink, Auflage 100,
handcoloriert, Proben 10, teilweise handcoloriert,
Blattgröße 43/68,5 cm, Bildgröße 26,5/37,5 cm,
Edition Neue Münchner Galerie Dr. R. Hiepe,
München, Druck Proben selbst, Auflage Schäfer
Solingen
KL 58   MIDI
Litho vom Stein, Auflage 100, Blattgröße 70/50 cm,
Bildgröße 36,5/42,5 cm, Druck Schäfer, Solingen,
Das gleiche Thema mit einem Eindruck als Plakat zur
Ausstellung der Städt. Galerie Braunschweig in
einer Auflage von 1200 Exemplaren gedruckt.

1973
KL 59   DER PFARRER VON CLANSAYE
Litho vom Stein, Auflage 10, Proben 3, Blattgröße
verschieden, Bildgröße 39,5/32 cm, Druck selbst
KL 60   LA VILLE
Litho vom Stein, umgedruckt auf Zink in zwei Farben,
Auflage 100, Zustandsdrucke 10, Entwurf und 2
Andrucke spiegelverkehrt, Blattgröße 50/65,5 cm,
Bildgröße 38/48,5 cm, Edition Neue Münchner
Galerie Dr. R. Hiepe München, Druck Proben selbst,
Auflage Schäfer Solingen
KL 61   MALAUCENE
Litho vom Stein, Auflage 15, Proben 2, handcoloriert,
Blattgröße 52/61 cm, Bildgröße 37,5/48,5 cm,
Druck selbst

KL 62   AIX-EN-PROVENCE
Litho vom Stein, umgedruckt auf Zink, Auflage 25 in
schwarz/weiß, 50 in zwei Farben und handcoloriert,
Entwurf und 2 Proben spiegelverkehrt, Blattgröße
46,5/57 cm, Bildgröße 37,5/49 cm, Druck Proben
selbst, Auflage Schäfer Solingen
KL 63   LANDSCHAFT MIT COLLINEN
Litho vom Stein in 4 Farben, Auflage 10, Proben 2,
Blattgröße verschieden, Bildgröße 43/49,5 cm,
Druck selbst
KL 64   AVIGNON
Litho vom Stein, umgedruckt auf Zink in 3 Farben,
Entwurf und 20 verschiedene Zustandsdrucke
seitenverkehrt, teilweise farbig gedruckt, Blatt-

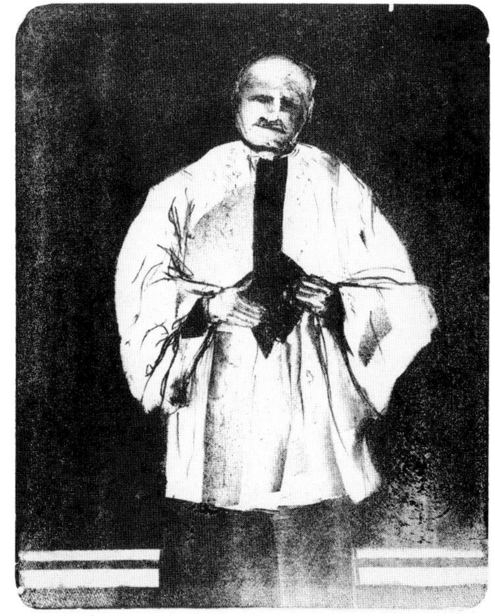

59

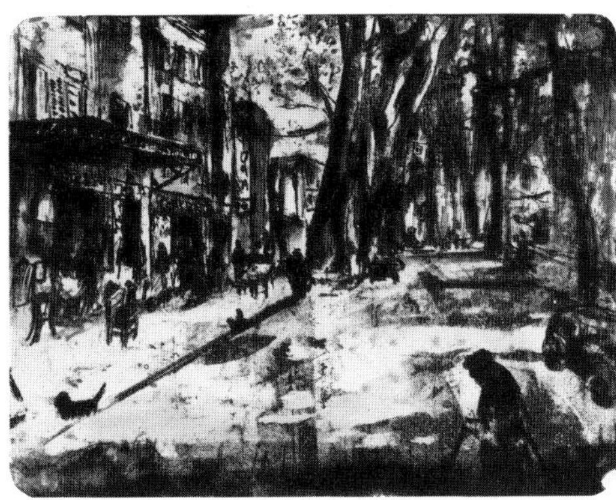

62

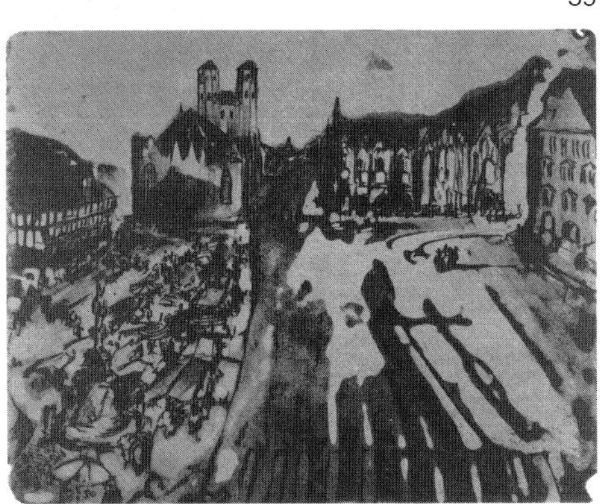

60

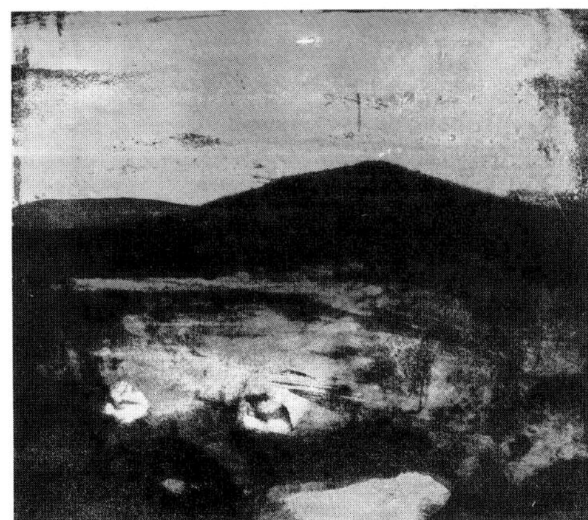

63

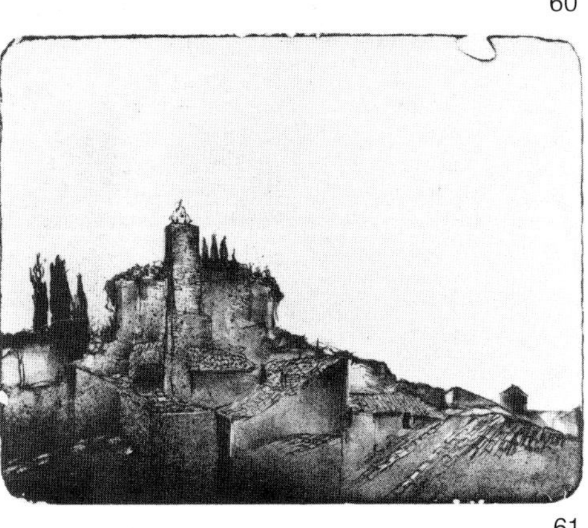

61

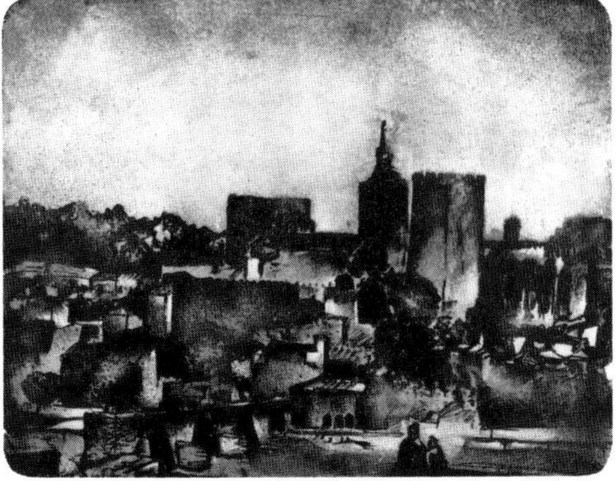

64

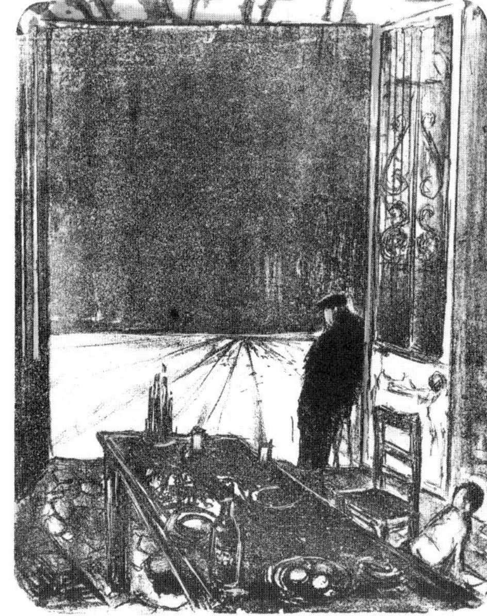

65

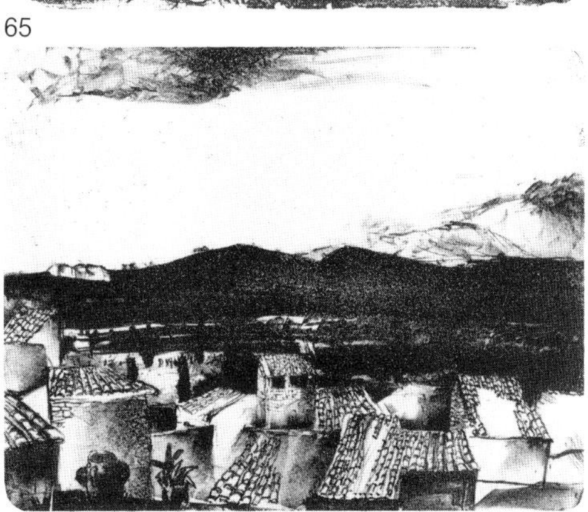

66

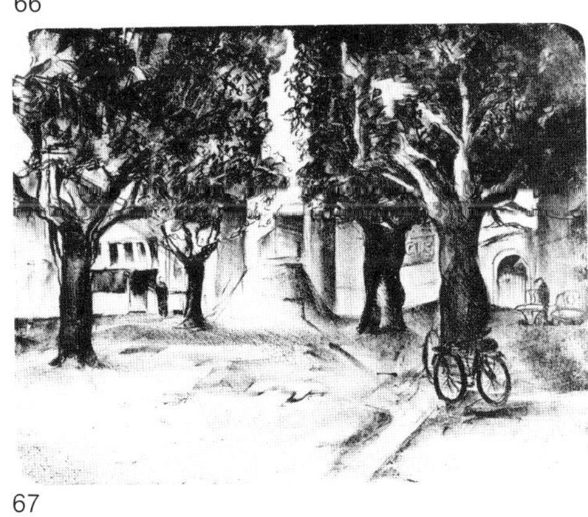

67

68

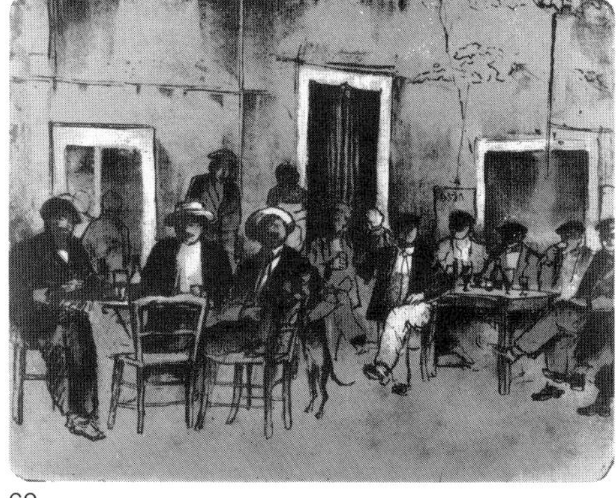

69

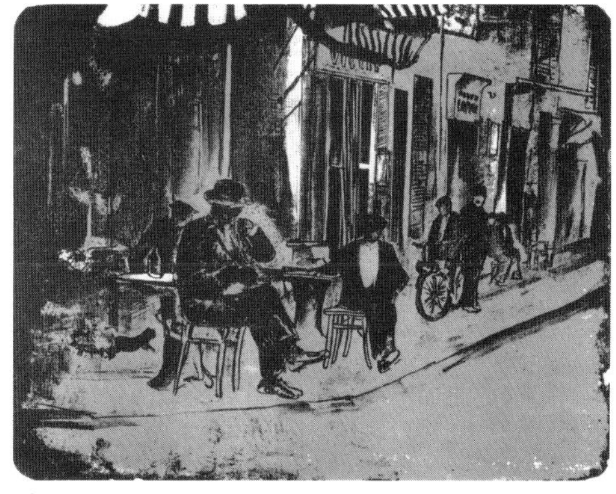

70

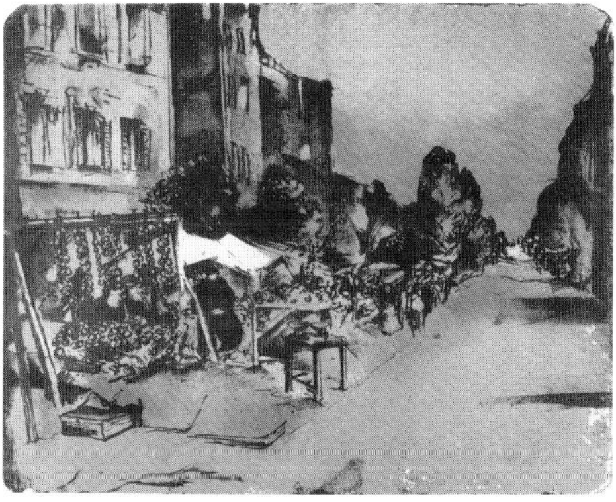

71

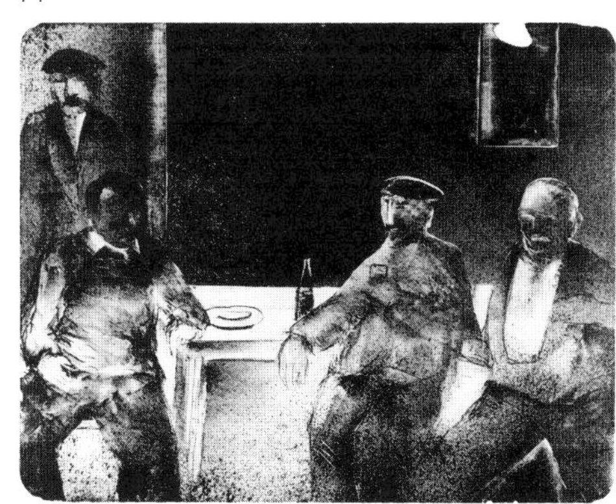

72

größe 51,5/65 cm, Bildgröße 37,5/48,5 cm, Auflage
100, Proben 2, Blattgröße 50/70 cm, Bildgröße
37,5/48,5 cm, Edition Neue Münchner Galerie
Dr. R. Hiepe München, Druck Zustandsdrucke
selbst, Auflage Schäfer Solingen

KL 65   LA DERNIERE TABLE (der Tod eines Malers)
Litho vom Stein umgedruckt auf Zink, Auflage 100,
handcoloriert, Proben 10, Blattgröße 69,5/49,8 cm,
Bildgröße 54/43 cm, Edition Neue Münchner
Galerie Dr. R. Hiepe München, Druck Proben selbst,
Auflage Schäfer Solingen

KL 66   LANDSCHAFT MIT DÄCHERN
Litho vom Stein, teilweise mit verschiedenen Farben
gedruckt, Auflage 10, teilweise handcoloriert,
Zustandsdrucke 2, Blattgröße 49/62 cm, Bildgröße 38/48,5 cm, Druck selbst

KL 67   PLATANENPLATZ
Litho vom Stein, Auflage 10, teilweise handcoloriert,
Blattgröße 53/67 cm, Bildgröße 38/48,8 cm,
Druck selbst

KL 68   SERIGNAN MIT MONT VENTOUX
Litho vom Stein, Auflage 10, Proben 2, handcoloriert,
Zustandsdrucke 3, Blattgröße 51/67 cm, Bildgröße
37,8/48,8 cm, Druck selbst

KL 69   BISTROT
Litho vom Stein umgedruckt auf Zink in 3 Farben,
Auflage 50, Entwurf und Proben spiegelverkehrt,
teilweise in 3 Farben gedruckt, 10 verschiedene
Andrucke, Blattgröße 51/65 cm, Bildgröße 38/
48,5 cm, Druck Proben selbst, Auflage Schäfer
Solingen

KL 70   CAFE MIT GARDE CHAMPETRE
Litho vom Stein umgedruckt auf Zink in 3 Farben,
Auflage 100, Entwurf und Proben spiegelverkehrt,
teilweise in 3 Farben gedruckt, 20 verschiedene
Andrucke (Zustandsdrucke), Blattgröße 51/65 cm,
Bildgröße 37,5/48,5 cm, Druck Proben selbst,
Auflage Schäfer Solingen

KL 71   KNOBLAUCHMARKT
Litho vom Stein umgedruckt auf Zink, Auflage 100,
Entwurf und Proben spiegelverkehrt, teilweise in
3 Farben gedruckt und handcoloriert, 25 verschiedene Andrucke, Blattgröße 51/65 cm, Bildgröße
38/48,5 cm, Druck Proben selbst, Auflage Schäfer
Solingen

KL 72   NORDISCHE FISCHER
Litho vom Stein, Auflage 10, teilweise handcoloriert,
Proben 2, Blattgröße 54/67 cm, Bildgröße 32,7/
48,5 cm, Druck selbst

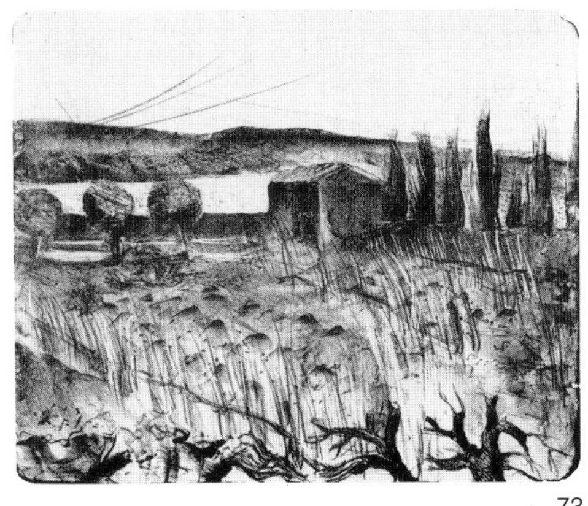

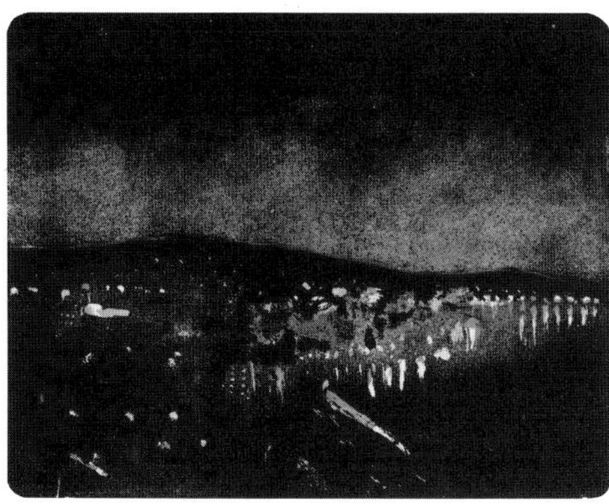
74

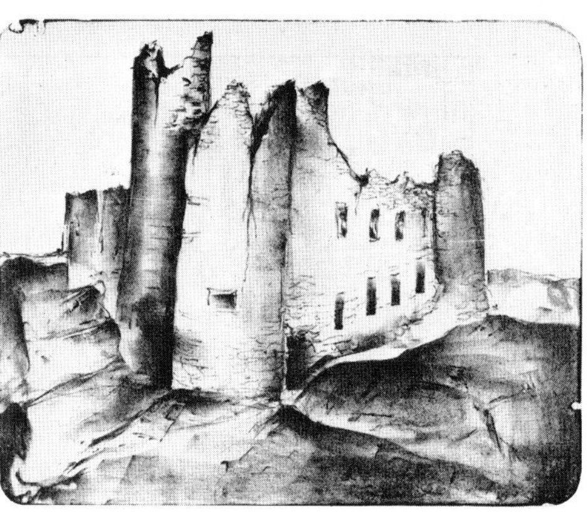
75

73

KL 73   LANDSCHAFT MIT WEINWURZELN
Litho vom Stein, teilweise in zwei Farben, Auflage 10
Blattgröße verschieden, Bildgröße 39,8/32 cm,
Druck selbst
KL 74   CÔTE D'AZUR
Litho vom Stein, keine Auflage, 5 verschiedene
Zustandsdrucke, handcoloriert, Blattgröße 51/65 cm,
Bildgröße 38/48,5 cm, Druck selbst
KL 75   CHATEAU RENARD
Litho vom Stein, Auflage 15, Zustandsdrucke 10 in
2 Farben, Blattgröße verschieden, Bildgröße 32/
39,5 cm, Druck selbst

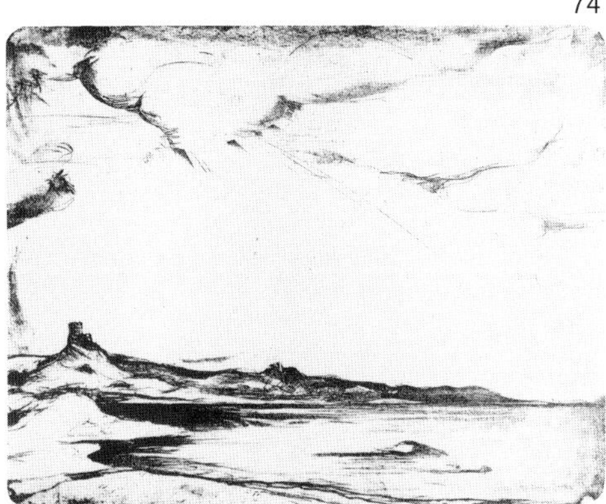
76

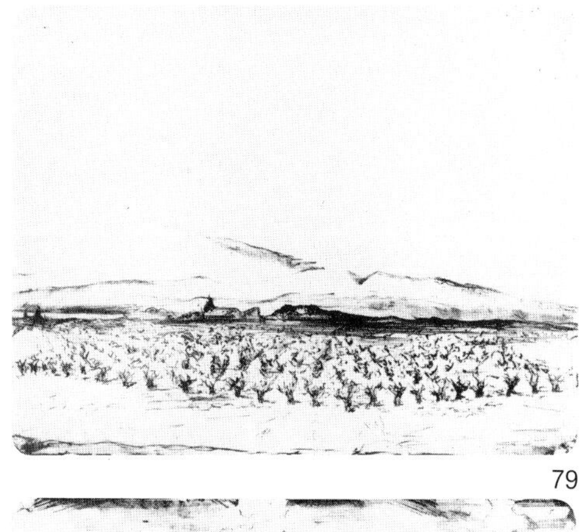
79

1974
KL 76   LA CORSE
Litho vom Stein, keine Auflage, Proben 5,
4 Zustandsdrucke, Blattgröße 51/64 cm, Bildgröße
38/38,6 cm, Druck selbst
KL 77   VAU CLUSE
Litho vom Stein, Auflage 10, Zustandsdrucke 2,
Blattgröße 53/69 cm, Bildgröße 48,5/59 cm,
Druck selbst
KL 78   MONIQUE
Litho vom Stein, keine Auflage, Proben 5, Zustands-
drucke 3, Blattgröße 47/38 cm, Bildgröße 39,5/
32,5 cm, Druck selbst

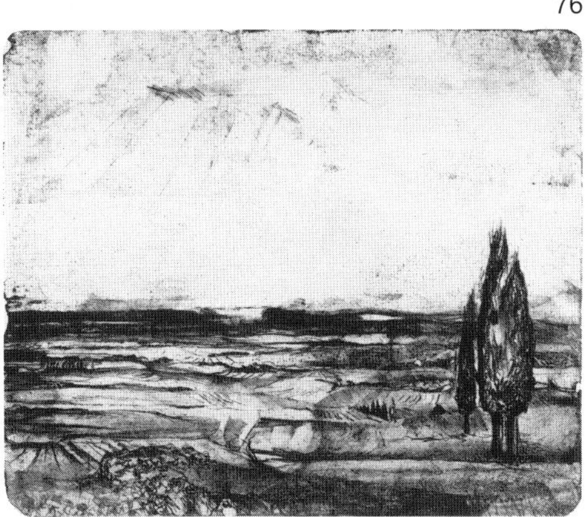
77

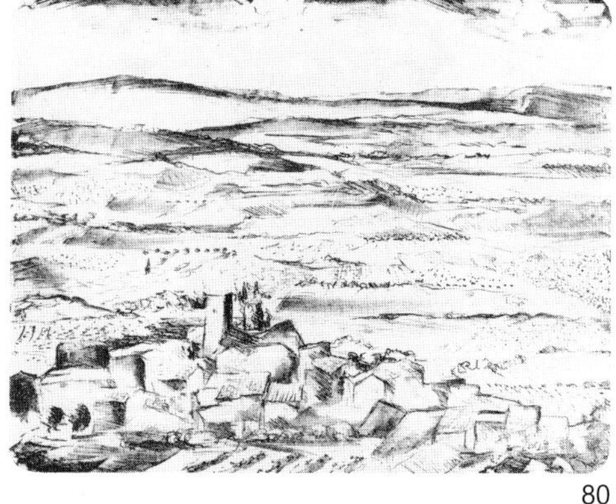
80

KL 79   LA VIGNE
Litho vom Stein, Auflage 10, Proben 5, Blattgröße
48/61 cm, Bildgröße 38/48 cm, Druck selbst
KL 80   VILLEDIEU
Litho vom Stein, keine Auflage, Proben 8, teilweise
handcoloriert, Blattgröße 51/62 cm, Bildgröße 38/
48,5 cm, Druck selbst
KL 81   FISCHER
Litho vom Stein, keine Auflage, Zustandsdrucke 8,
Blattgröße 61,5/49,5 cm, Bildgröße 48,5/38 cm,
Druck selbst

1975
KL 82   PONT ST. ESPRIT
Litho vom Stein, Auflage 25, Zustandsdrucke 4,
Blattgröße 59/48 cm, Bildgröße 39,5/33,5 cm,
Druck selbst
KL 83   LE MONT VENTOUX
Litho vom Stein in 4 Farben, Auflage 100, Proben 10,
Blattgröße 65,5/50 cm, Bildgröße 44/39 cm, Edition
Wittemann München, Druck selbst

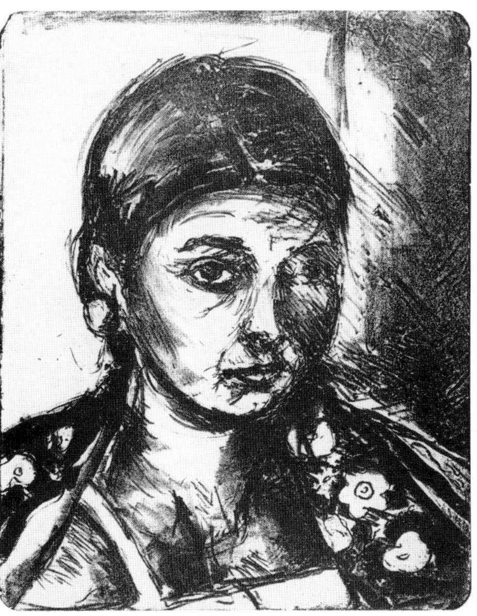
78

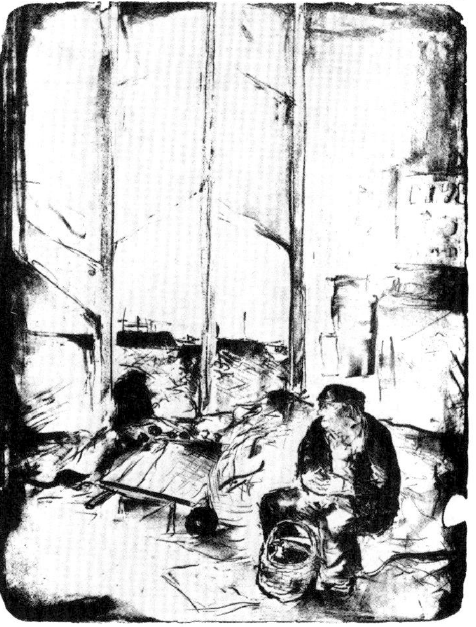
81

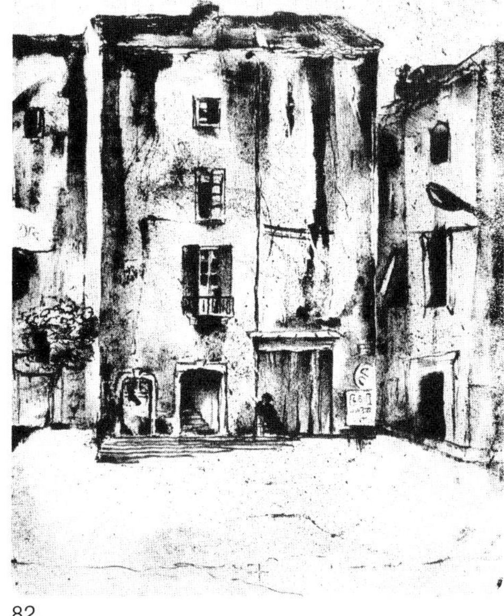

82

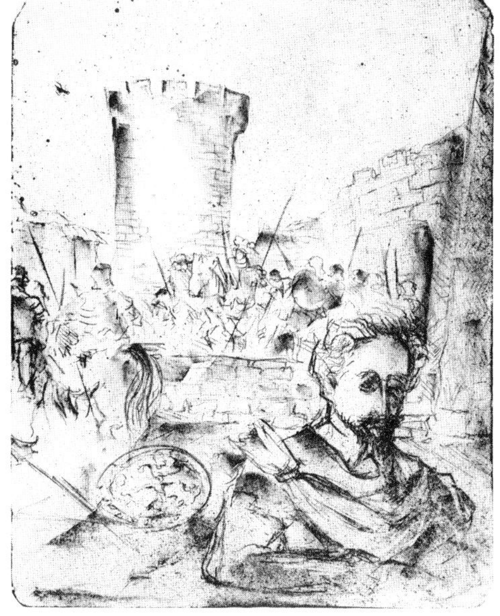

85

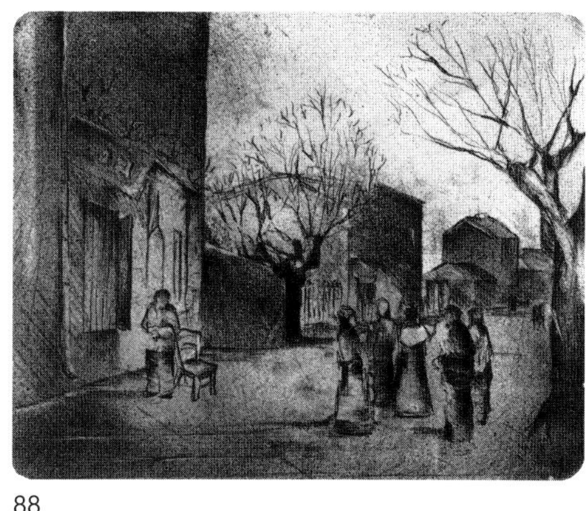

88

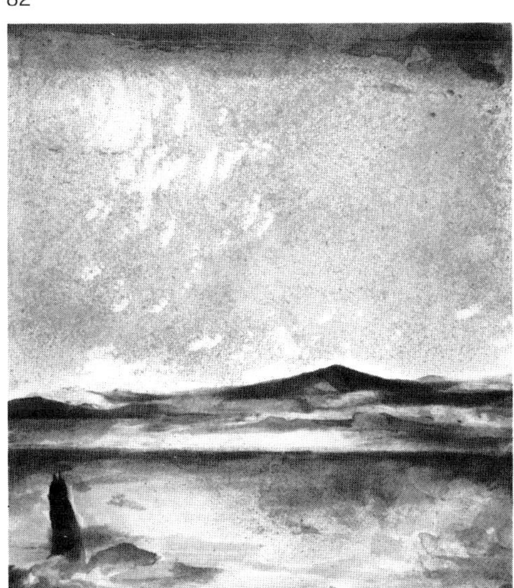

83

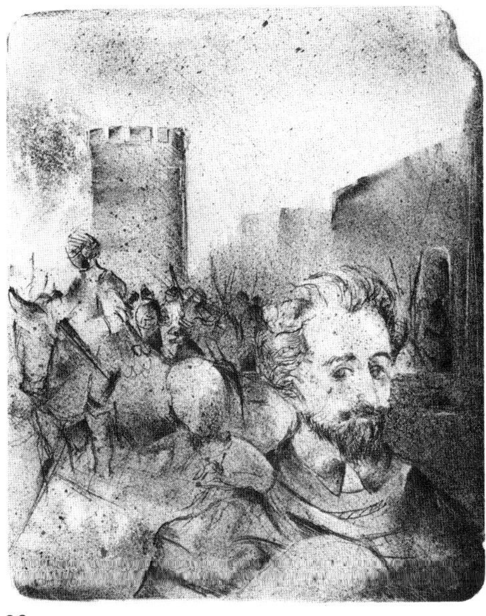

86

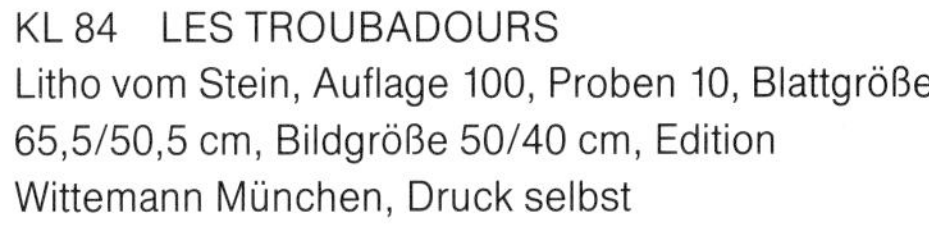

89

KL 84   LES TROUBADOURS
Litho vom Stein, Auflage 100, Proben 10, Blattgröße
65,5/50,5 cm, Bildgröße 50/40 cm, Edition
Wittemann München, Druck selbst

KL 85   ENTWURF ZU HENRI IV
Litho vom Stein, Unicat, Blattgröße 49,5/40,5 cm,
Bildgröße 39,8/32 cm, Druck selbst.
KL 86   HENRI IV
Litho vom Stein, umgedruckt auf Zink in 2 Farben,
Auflage 100, Blattgröße 50/70 cm, Bildgröße 46/
38 cm, Edition Neue Münchner Galerie Dr. R. Hiepe
München, Druck Schäfer Solingen
KL 87   LES FLORETS
Litho vom Stein in 4 Farben, Auflage 100, Proben 10
auf verschiedenen Papieren, Blattgröße 66/51 cm,
Bildgröße 38,5/34,5 cm, Edition Wittemann
München, Druck selbst

KL 88   VALENCE
Litho vom Stein umgedruckt auf Zink in 2 Farben,
Auflage 100, handcoloriert, Proben 10, Blattgröße
50/70 cm, Bildgröße 34/43 cm, Edition Neue
Münchner Galerie Dr. R. Hiepe München, Druck
Schäfer Solingen
KL 89   PLATANENALLEE MIT FRAU
Litho vom Stein umgedruckt auf Zink in 2 Farben,
Auflage 100, handcoloriert, Proben 10, Blattgröße
45,5/56,5 cm, Bildgröße 37,5/48,5 cm, Edition
Neue Münchner Galerie Dr. R. Hiepe München,
Druck Schäfer Solingen

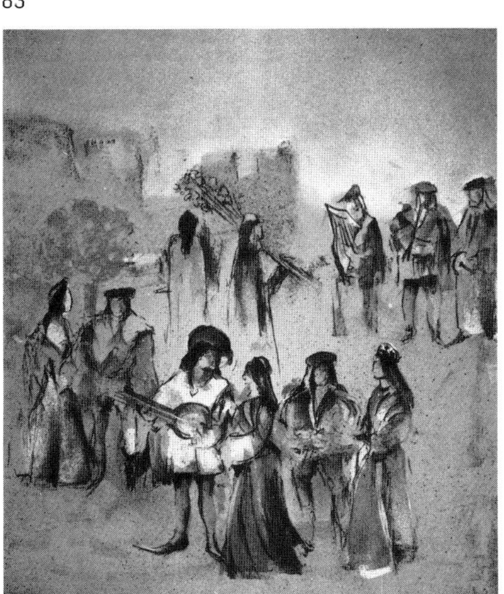

84

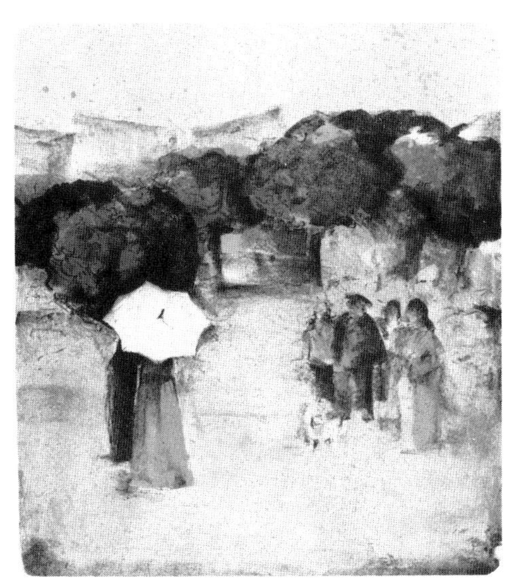

87

1976
KL 90   MONTMIRAIL
Litho vom Stein, Auflage 25, römisch nummeriert,
Proben 5, Unikate, Blattgröße 70,5/53,5 cm, Bild-
größe 37/38,5 cm, Druck selbst

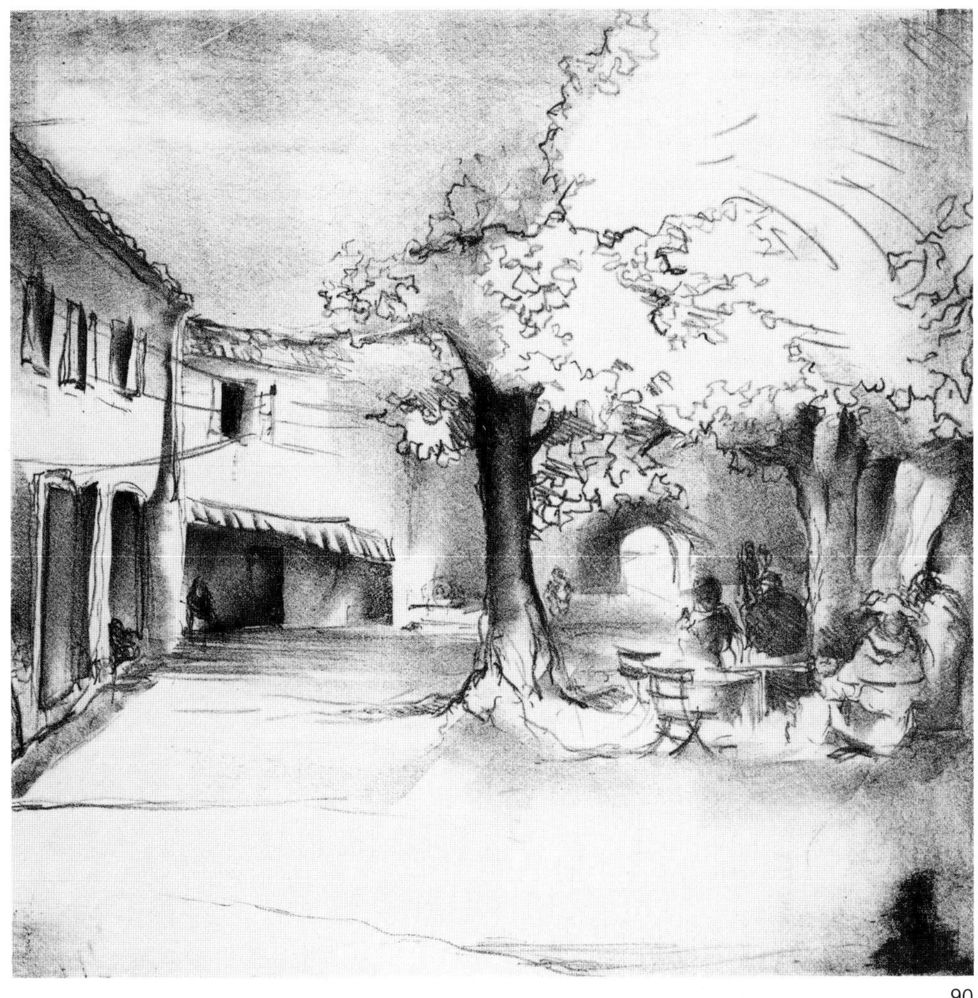

90

KL 91   BOULEPLATZ
Litho vom Stein, Auflage 25, Proben 3, Blattgröße
53,5/39 cm, Bildgröße 20,5/30 cm, Druck selbst

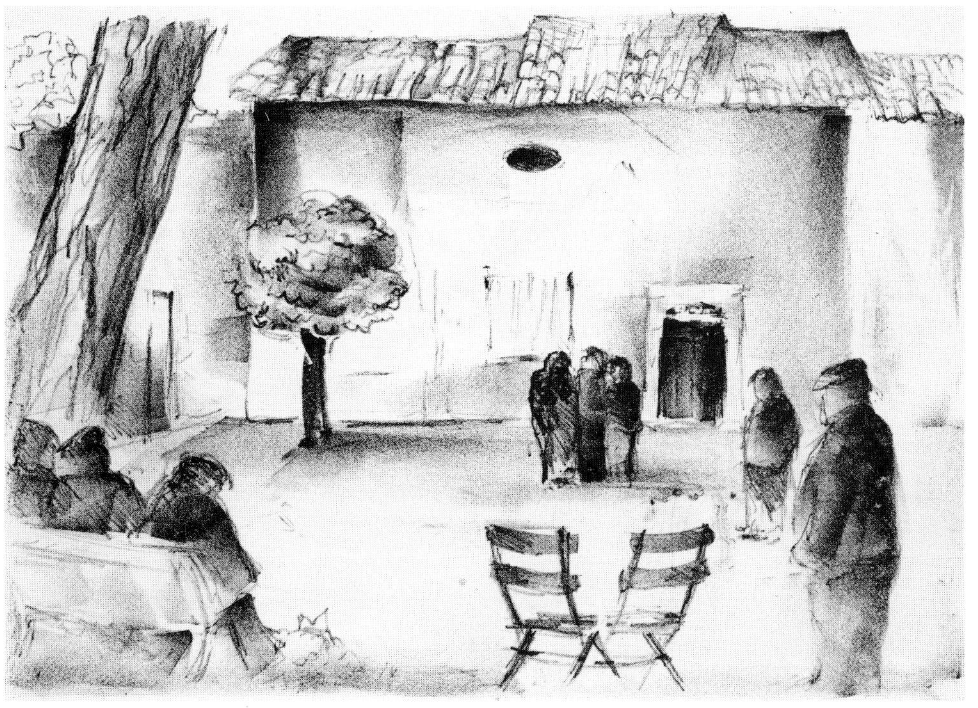

91

106

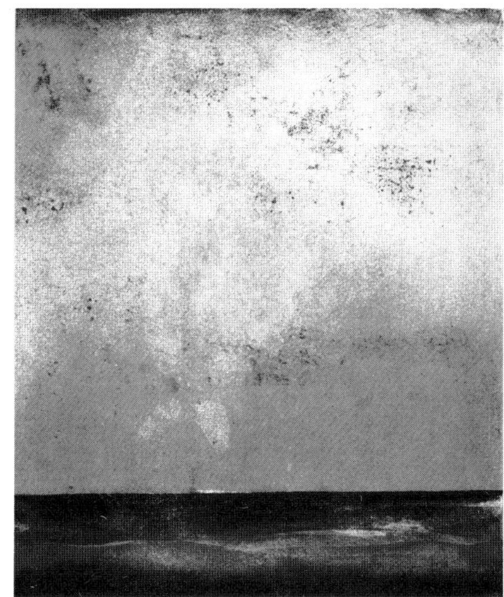

92

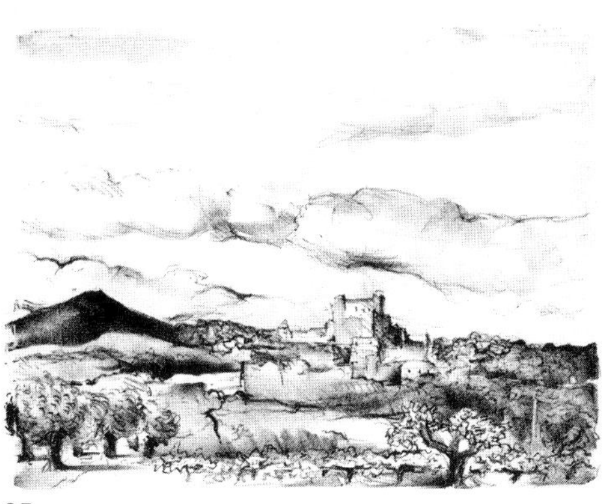

95

KL 92   MEERLANDSCHAFT
Litho vom Stein in 4 Farben, keine Auflage, ca. 10
verschiedene Zustandsdrucke, Blattgröße 67,5/
47 cm, Bildgröße 39/33,5 cm, Druck selbst
KL 93   LE BARROUX
Litho vom Stein, Auflage 15, Proben 2, Blattgröße
71,5/54 cm, Bildgröße 24,5/32,5 cm, Druck selbst

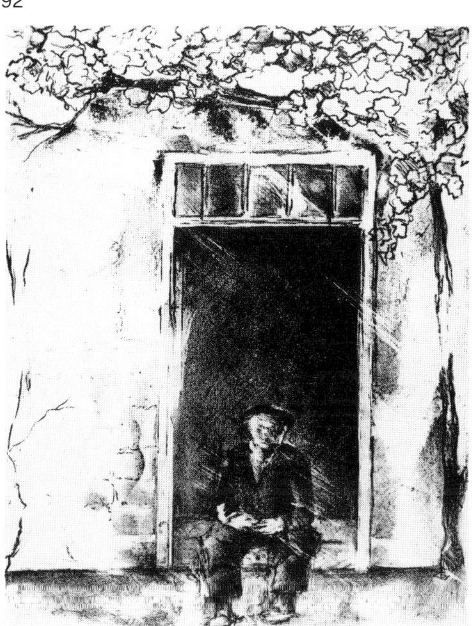

93

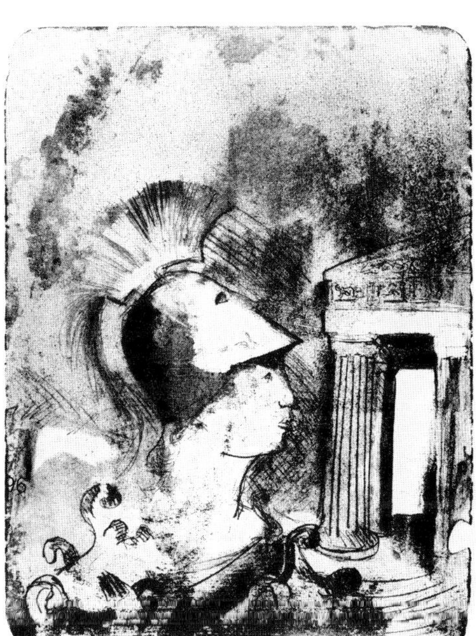

96

1977
KL 94   MONSIEUR PEPIN
Litho vom Stein, keine Auflage, 8 Proben, teilweise
handcoloriert, Blattgröße 53/39 cm, Bildgröße 38/
30 cm, Druck selbst
KL 95   AVIGNON (Richeieu)
Litho vom Stein, Auflage 20, römisch nummeriert,
Proben 5, Zustandsdrucke 5 in 2 Farben,
Blattgröße 65/51 cm, Bildgröße 39,5/34 cm,
Druck selbst
KL 96   SOUVENIR GREC
Litho vom Stein, Auflage 15, Proben 2, Blattgröße
65/51 cm, Bildgröße 39,5/34 cm, Druck selbst

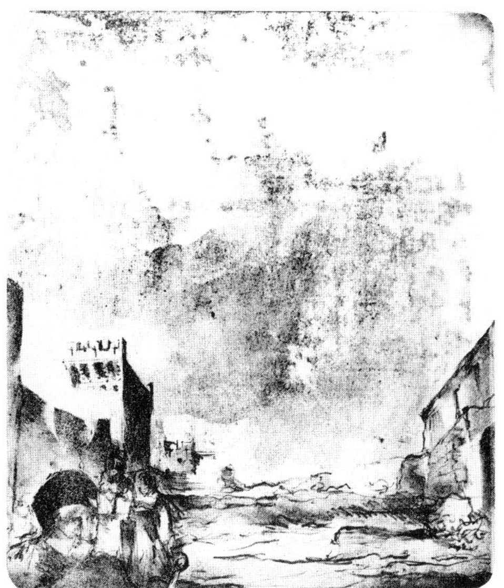

94

1979
KL 97   UCHAUX
Litho auf Zinkfolie in 2 Farben, Auflage 150,
Blattgröße 76/64 cm, Bildgröße 63/56 cm,
Druck Hübner München

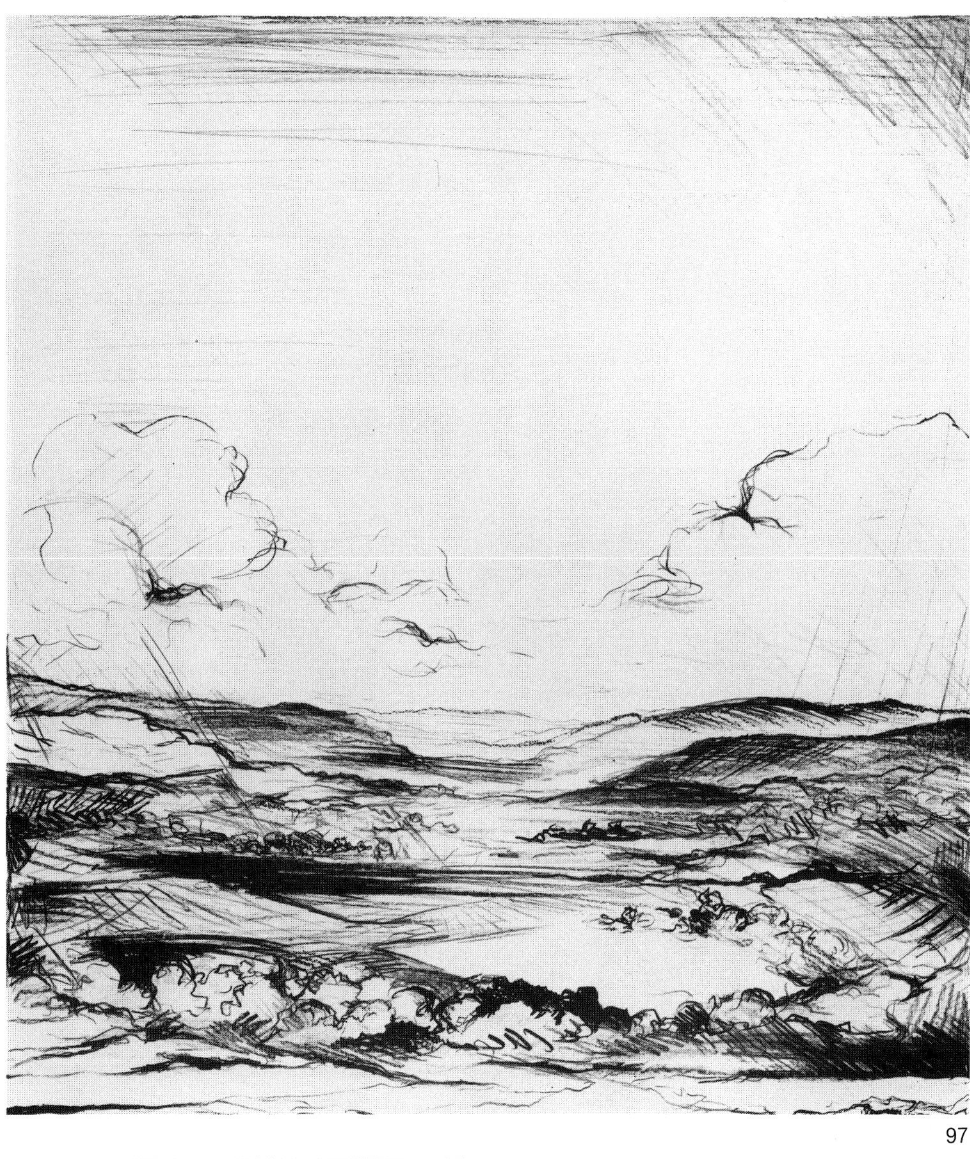

97

KL 98   SOUPE DE POISSON
Litho auf Zinkfolie in 3 Farben, Auflage 150, hand-
coloriert, Blattgröße gleich Bildgröße 70/53 cm,
Edition Kunstverlag Weingarten, Weingarten,
Druck Hübner München
KL 99   RATATOUILLE
Litho auf Zinkfolie in 3 Farben, Auflage 150, hand-
coloriert, Blattgröße gleich Bildgröße 70/53 cm,
Edition Kunstverlag Weingarten, Weingarten,
Druck Hübner München

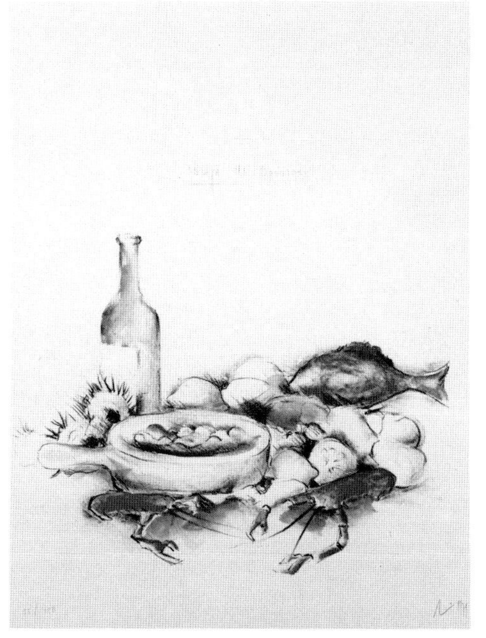

98

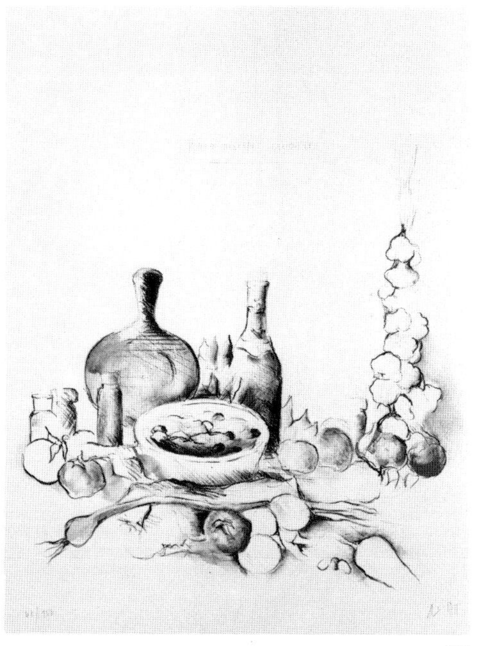

99

108

Radierungen 1969-1983

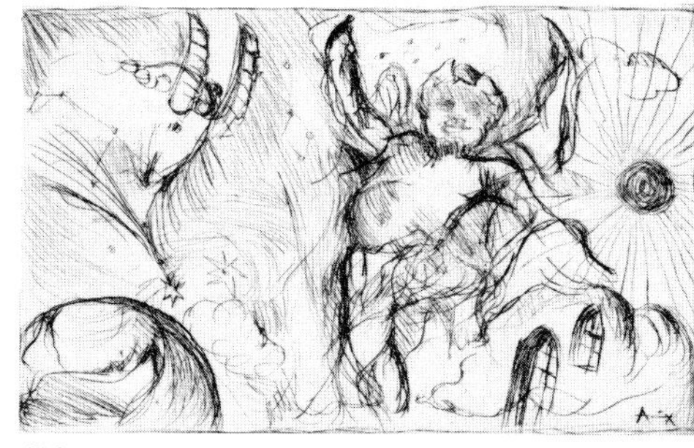

100

1969
KR 100   ZUR GEBURT VON KATHARINA
Kaltnadelradierung/Kupferverstählt, Auflage 120,
Proben 5, Blattgröße 11,5/17,5 cm, Bildgröße 8/
12,5 cm, Druck Dunkes München

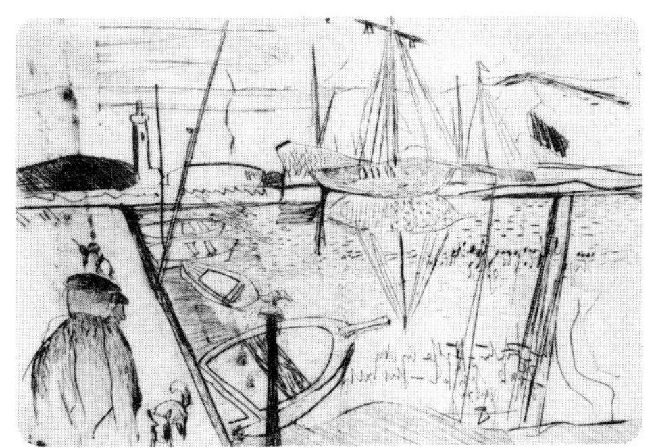

101

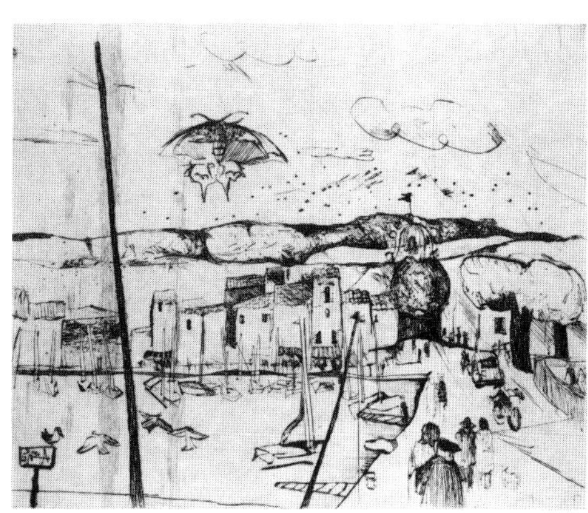

104

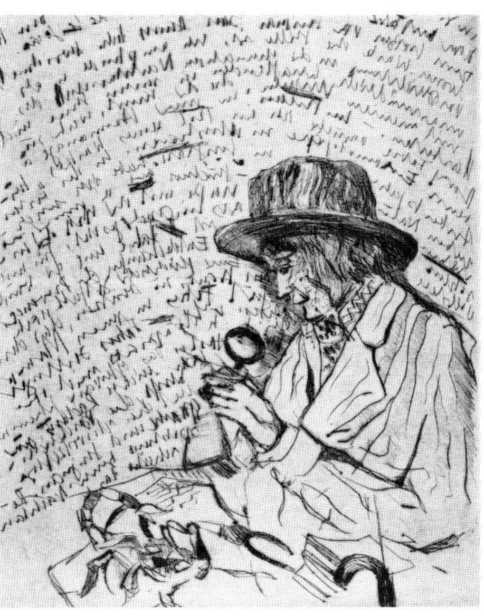

106

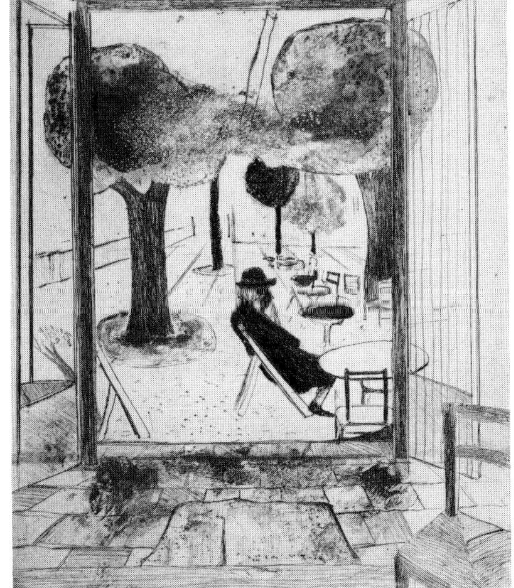

102

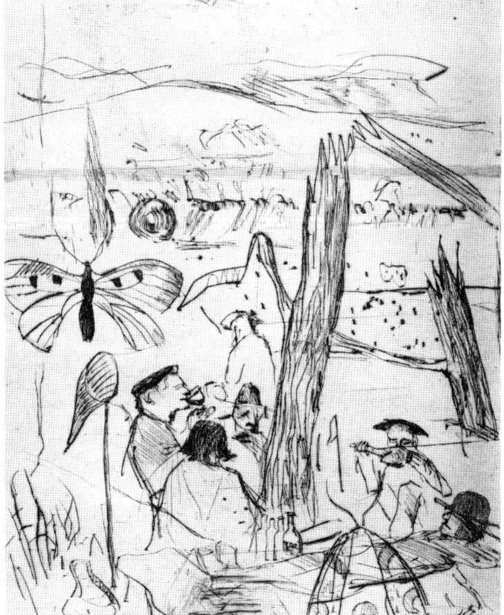

105

1972
KR 101   LE PORT D'ANTIBES
Kaltnadelradierung auf Zink, Auflage 5, teilweise
handcoloriert, Blattgröße 63,5/53 cm, Bildgröße
24,5/30,5 cm, Druck selbst
KR 102   LE JARDIN
Kaltnadelradierung auf Zink, Auflage 10, teilweise
handcoloriert, Zustandsdrucke 5, Blattgröße ver-
schieden, Bildgröße 37,7/32,4 cm, Druck selbst
KR 103   LES PECHEURS
Kaltnadelradierung auf Zink, keine Auflage,
Proben 3, Blattgröße 12,5/18,5 cm, Bildgröße 9/
14 cm, Druck selbst

KR 104   ST. TROPEZ
Kaltnadelradierung auf Zink, Auflage 5, teilweise
handcoloriert, Blattgröße 63,5/53 cm, Bildgröße
24,5/30,5 cm, Druck selbst
KR 105   PIQUE-NIQUE AM MONT VENTOUX
(Zyklus J. H. Fabre)
Kaltnadelradierung auf Zink, keine Auflage,
Proben 5, teilweise handcoloriert, Blattgröße 33/
28 cm, Bildgröße 30,5/24,5 cm, Druck selbst

Die Folge Jean Henri Fabre ist dem in den Jahren
1823-1915 in Serignan wirkenden Naturforscher
gewidmet.
Seine Beschreibungen gehören zu den sprachlich
schönsten Schilderungen von Natur, die zu dieser
Arbeit angeregt haben (Lichtner-Aix).

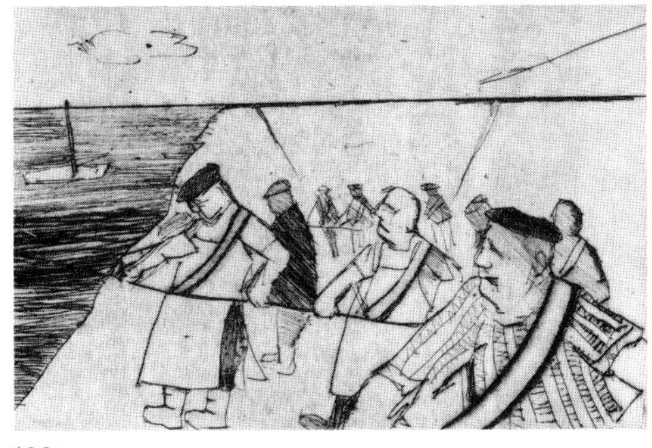

103

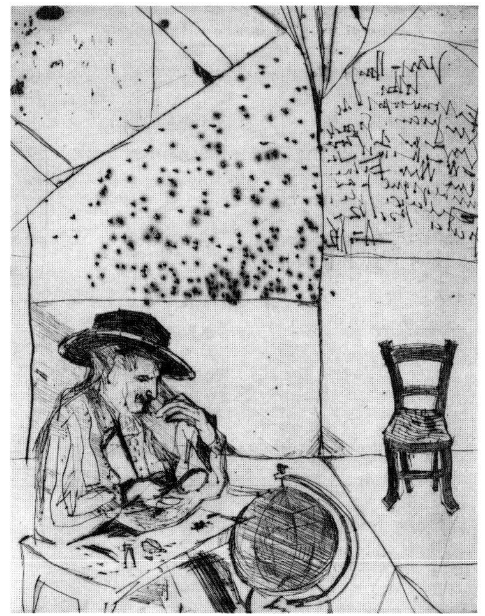

107

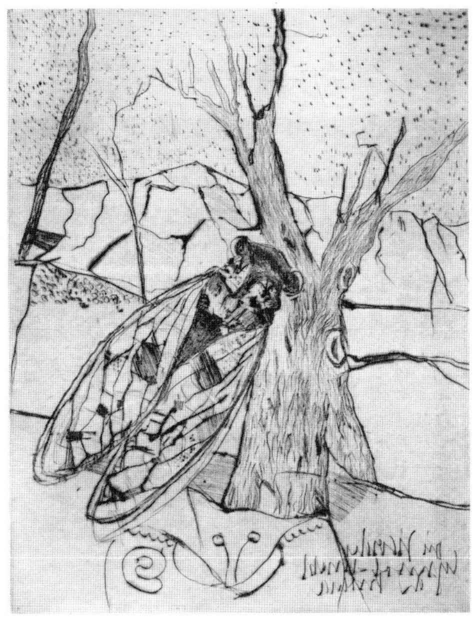

108

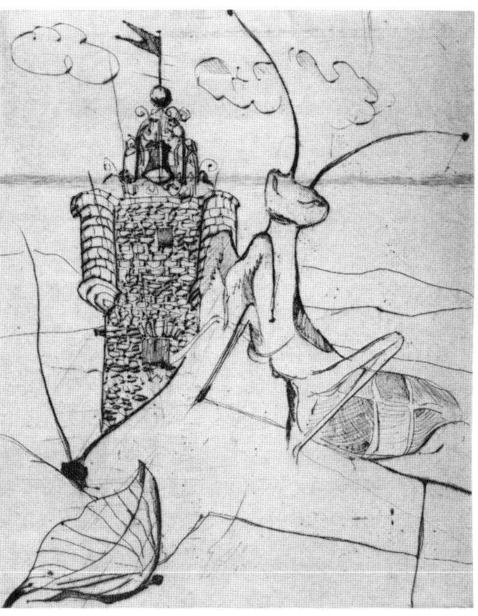

111

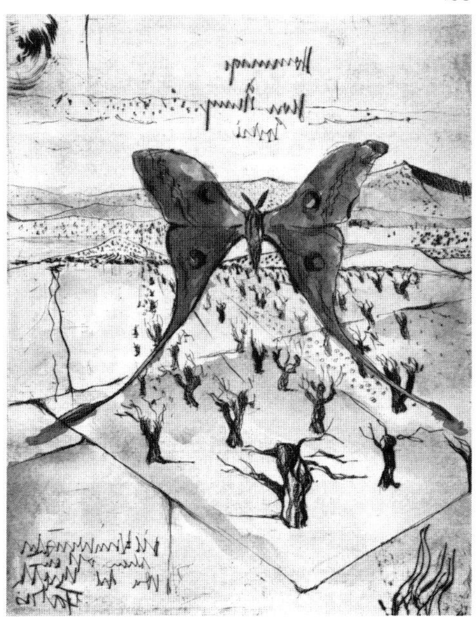

109

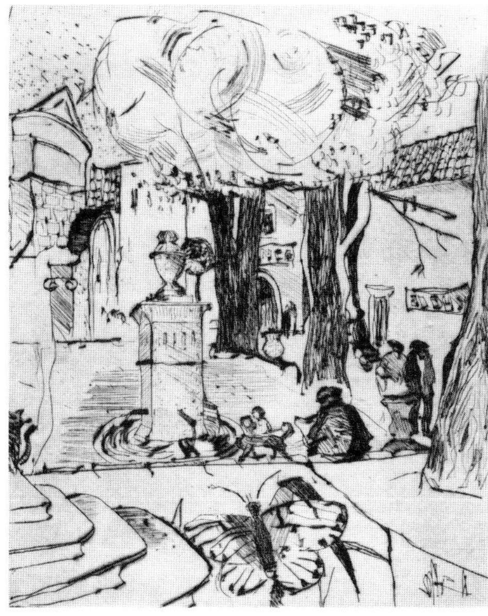

112

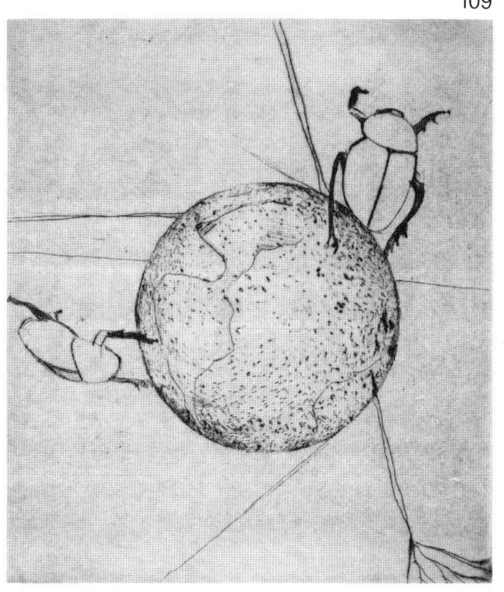

110

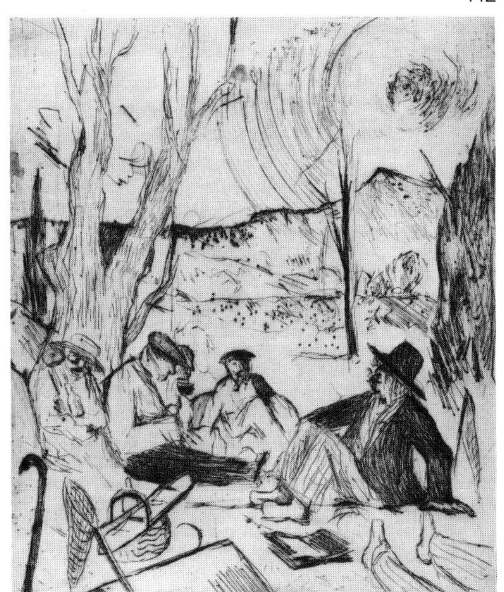

113

KR 106   JEAN-HENRI FABRE (Zyklus J. H. Fabre)
Kaltnadelradierung auf Zink, keine Auflage,
Proben 5, teilweise handcoloriert, Blattgröße 30,5/
25 cm, Bildgröße 21/17,5 cm, Druck selbst

KR 107   JEAN-HENRI FABRE
…in seinem Arbeitszimmer (Zyklus J. H. Fabre)
Kaltnadelradierung auf Zink, keine Auflage,
Proben 2, Blattgröße 33/28 cm, Bildgröße 24/
19,5 cm, Druck selbst

KR 108   LA CIGALE (Zyklus J. H. Fabre)
Kaltnadelradierung auf Zink, keine Auflage,
Proben 5, teilweise handcoloriert, Blattgröße 33/
28 cm, Bildgröße 24,7/18,7 cm, Druck selbst
KR 109   PAPILLON (Zyklus J. H. Fabre)
Kaltnadelradierung auf Zink, keine Auflage,
Proben 5, teilweise handcoloriert, Blattgröße 33/
27 cm, Bildgröße 30,5/24,5 cm, Druck selbst
KR 110   DIE PILLENDREHER (Zyklus J. H. Fabre)
Kaltnadelradierung auf Zink, keine Auflage,
Proben 5, teilweise handcoloriert, Blattgröße 33/
28 cm, Bildgröße 21,6/19,2 cm, Druck selbst

KR 111   LA MANTE RELIGIEUSE –
DIE GOTTESANBETERIN (Zyklus J. H. Fabre)
Kaltnadelradierung auf Zink, keine Auflage,
Proben 5, teilweise handcoloriert, Blattgröße 33/
28 cm, Bildgröße 30,5/24,5 cm, Druck selbst
KR 112   DORFPLATZ IN SERIGNAN
(Zyklus J. H. Fabre)
…da wo Fabre saß
Kaltnadelradierung auf Zink, keine Auflage,
Proben 5, teilweise handcoloriert, Blattgröße 33/
28 cm, Bildgröße 20,7/17 cm, Druck selbst
KR 113   PIQUE-NIQUE II (Zyklus J. H. Fabre)
Kaltnadelradierung auf Zink, keine Auflage,
Proben 2, handcoloriert, Blattgröße 33/28 cm,
Bildgröße 19,8/17 cm, Druck selbst

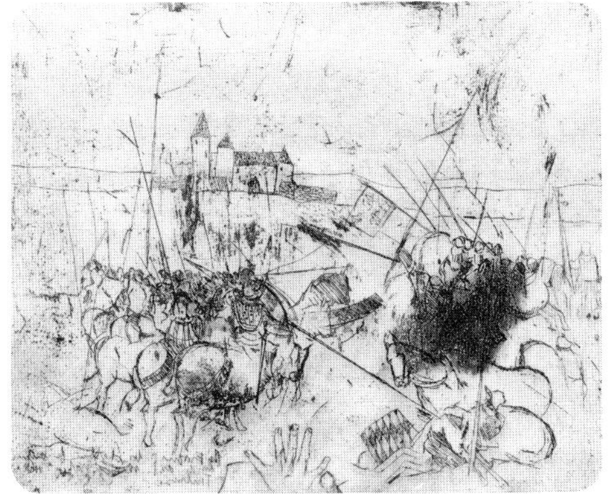

114

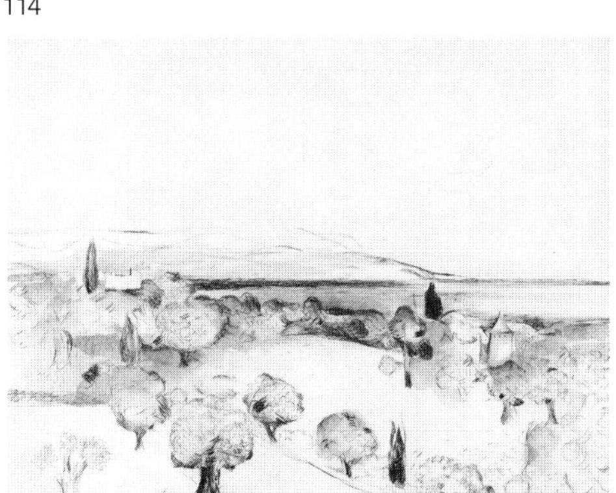

115

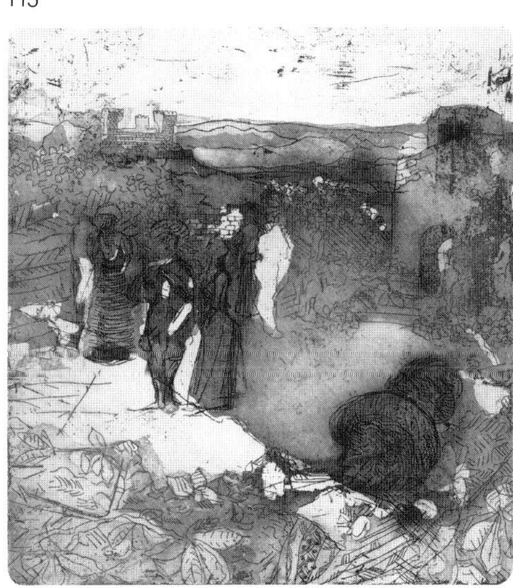

119

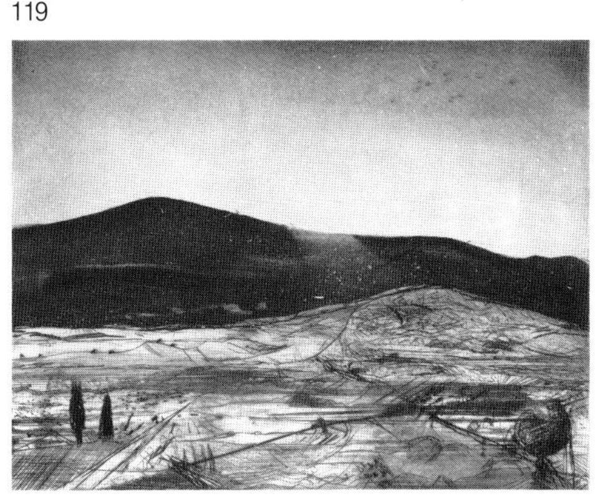

120

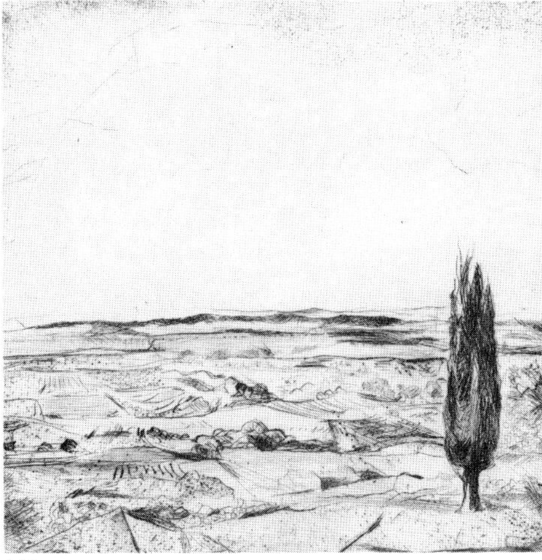

116

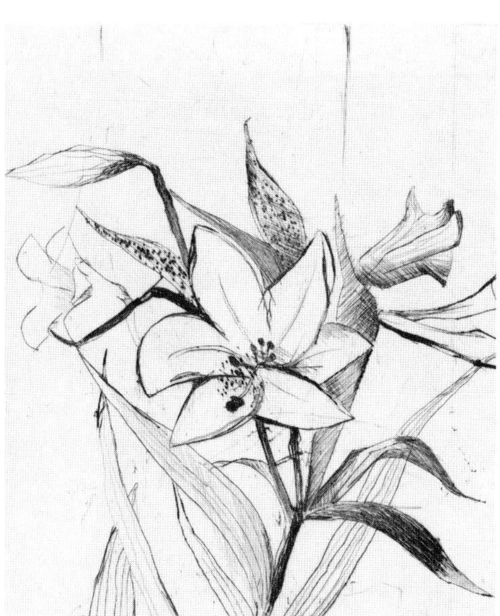

117

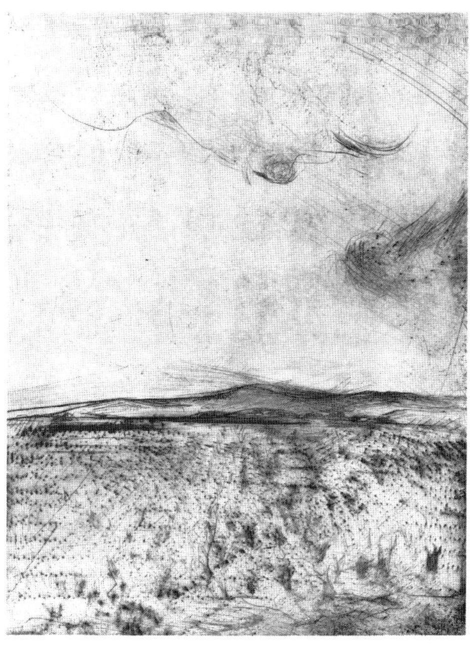

118

1974
KR 114   LA BATEILLE
Kaltnadelradierung auf Zink, 1 Platte 3 Farben, erste
farbige Radierung auf einer Lithopresse gedruckt,
keine Auflage, Proben 5, Blattgröße 39/53 cm,
Bildgröße 30,8/37,6 cm, Druck selbst

1975
KR 115   ANTIBES
Kaltnadelradierung auf Zink, Auflage 20, teilweise
handcoloriert, Blattgröße 30,5/35,4 cm, Bildgröße
24,7/29,5 cm, Druck selbst
KR 116   VAUCLUSE
Kaltnadelradierung auf Zink, Auflage 15, Proben 5,
Blattgröße 53/39 cm, Bildgröße 19,8/19,8 cm,
Druck selbst
KR 117   LILIENBLÜTE
Kaltnadelradierung auf Zink, Auflage 15, Blattgröße
53/39 cm, Bildgröße 21,5/17,3 cm, Druck selbst
KR 118   LA VIGNE
Kaltnadelradierung mit Aquatinta auf Zink, 1 Platte,
2 Farben, Auflage 15, Proben 4, Blattgröße 50/39 cm,
Bildgröße 32,5/30,5 cm, Druck selbst

1976
KR 119   SUZE-LA-ROUSSE
Kaltnadelradierung mit Aquatinta auf Zink, 1 Platte,
2 Farben, Auflage 25, Zustandsdrucke 3, Blatt-
größe 73/53 cm, Bildgröße 37,5/35 cm,
Druck Werner München
KR 120   LES COLLINES
Kaltnadelradierung mit Aquatinta auf Zink, 1 Platte,
3 Farben, Auflage 25, Zustandsdrucke 5, Blattgröße
39/53 cm, Bildgröße 24,7/32 cm, Druck Werner
München

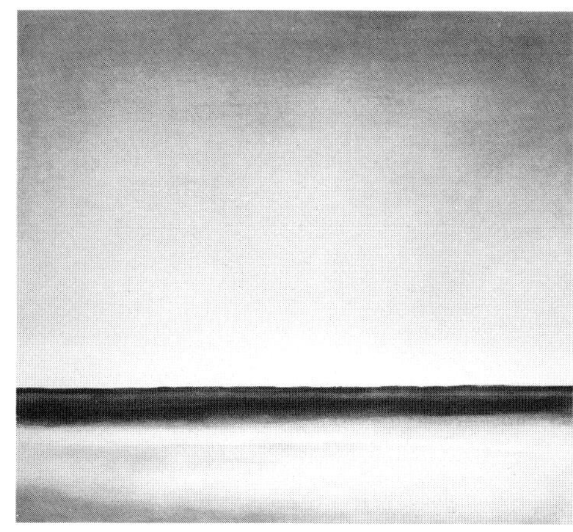

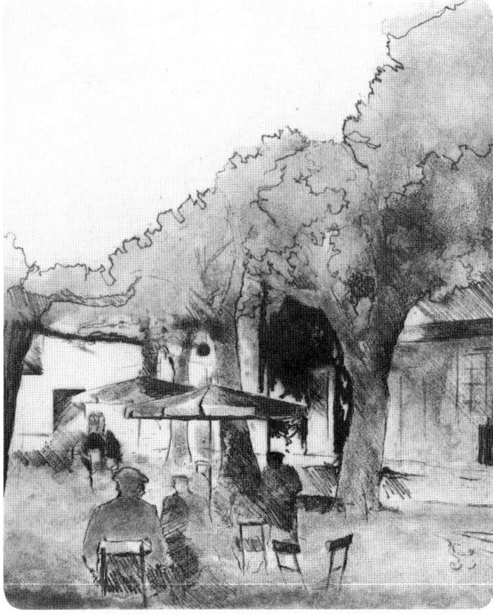

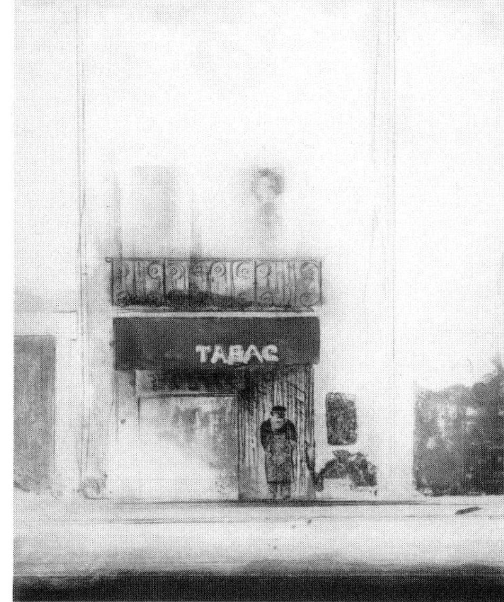

128

1977
KR 128   L'ESPIGUETTE
Kaltnadelradierung mit offener Ätzung auf eloxiertem
Aluminium, 1 Platte, 5 Farben. Geplante Auflage 50,
gedruckt 10, Proben 5, Blattgröße 72/53 cm, Bild-
größe 35,5/39,5 cm, Druck Werner München
KR 129   LA PLACE
Kaltnadelradierung mit offener Ätzung auf eloxiertem
Aluminium, 1 Platte, 4 Farben, Auflage 50, Proben 8,
Blattgröße 53/39 cm, Bildgröße 29,5/25 cm,
Druck Werner München

1978
KR 130   MARCHE I
Kaltnadelradierung mit offener Ätzung auf eloxiertem
Aluminium, 1 Platte, 4 Farben, Auflage 50, Proben 8,
Blattgröße 53/39 cm, Bildgröße 29,5/25 cm,
Druck Werner München
KR 131   MARCHE II
Kaltnadelradierung mit offener Ätzung auf eloxiertem
Aluminium, 1 Platte, 3 Farben, Auflage 50, Proben 8,
Blattgröße 53/39 cm, Bildgröße 29,5/25 cm,
Druck Werner München

KR 132   BUREAU DE TABAC
Kaltnadelradierung mit offener Ätzung auf eloxiertem
Aluminium, 1 Platte, 3 Farben, Auflage 50, Proben 10,
Zustandsdrucke 22, teilweise handcoloriert, Blatt-
größe 53/39 cm, Bildgröße 29,5/25 cm,
Druck Werner München
KR 133   FERRASSIERES I
Kaltnadelradierung mit offener Ätzung auf eloxiertem
Aluminium, 1 Platte, 2 Farben, Auflage 50, Proben 3,
Blattgröße 53/39 cm, Bildgröße 14,8/20,8 cm,
Druck Werner München
KR 134   FERRASSIERES II
Kaltnadelradierung mit offener Ätzung auf eloxiertem
Aluminium, 1 Platte, 2 Farben, Auflage 50, Proben 5,
Blattgröße 53/39 cm, Bildgröße 14,8/20,8 cm,
Druck Werner München
KR 135   FERRASSIERES III
Kaltnadelradierung mit offener Ätzung auf eloxiertem
Aluminium, 1 Platte, 4 Farben, Auflage 50, Proben 5,
Blattgröße 53/39 cm, Bildgröße 14,8/20,8 cm,
Druck Werner München

129

132

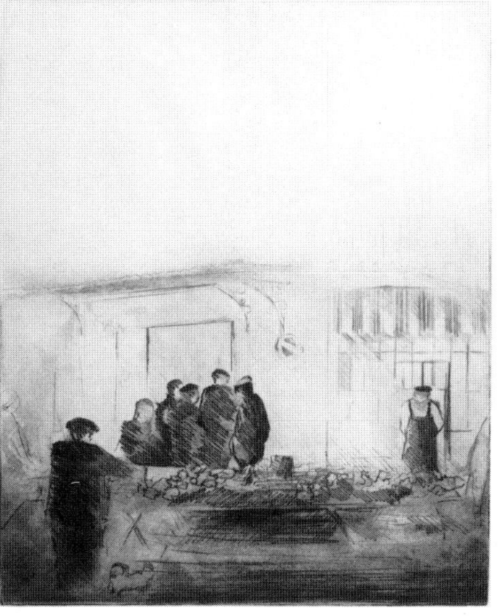

130

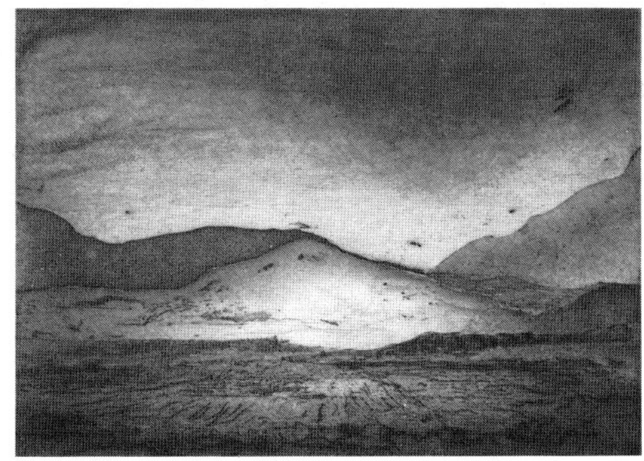

133

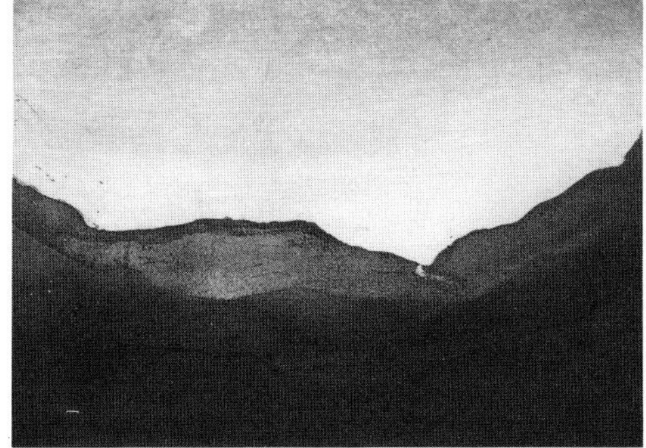

134

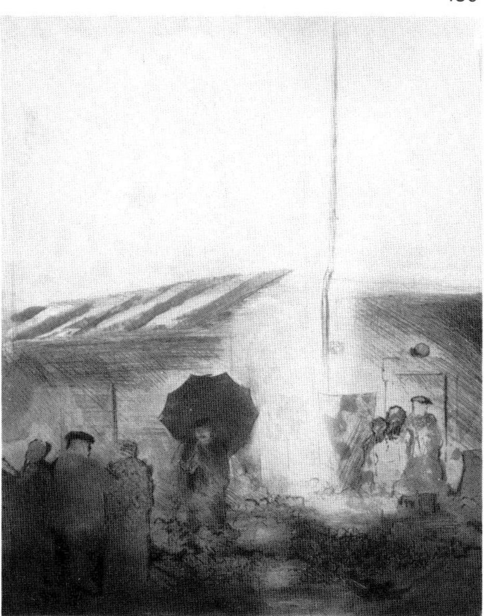

131

135

121

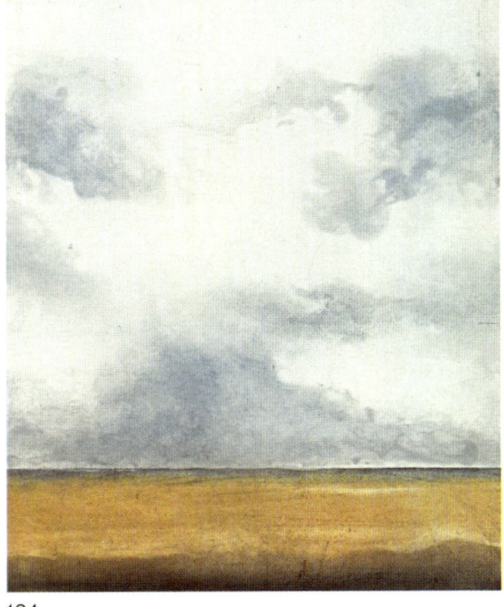

124

122

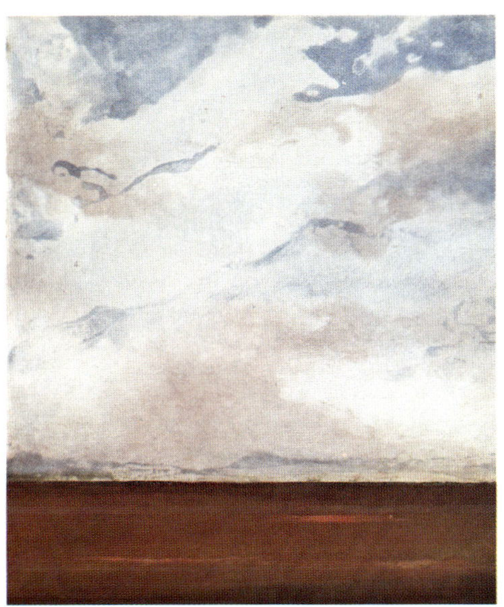

125

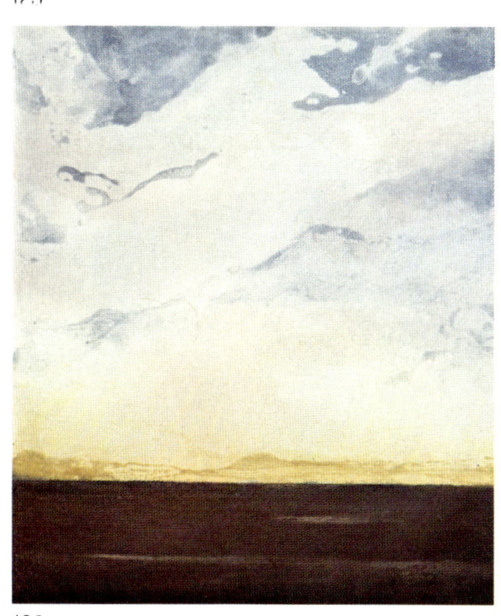

123

126

1977
CAMARGUE – VARIATIONEN EINER
MEERLANDSCHAFT
6 Kaltnadelradierungen mit offener Ätzung auf
eloxiertem Aluminium auf Bütten gedruckt, Auf-
lage 40, Proben jeweils 3, Blattgröße 53/39 cm,
Bildgröße 23,5/20,5 cm. Alle Blätter sind in einer
Leinenkassette zusammengefaßt; Edition Ludwig
Lange Berlin, Druck Werner München

An Hand der Folge „Variationen einer Meerlandschaft" werden die verschiedenen Arbeitsstufen bis
hin zum gewünschten Ergebnis in den verschiedenen Zuständen festgehalten und als Auflage
gedruckt. Diese Suite ist gleichzeitig das erste
positive Ergebnis der Umsetzung eines Aquarells in
die Radierung mittels einer offenen Ätzung ohne die
zur Erstarrung neigende Aquatinta.
Die Arbeitsweise ähnelt mehr der Malerei als der
Graphik. Eisenchlorid gelöst in Wasser wird male-
risch auf die Aluminiumplatte aufgetragen und
bewirkt eine Ätzung. Im selben Arbeitsgang wird die
Kaltnadel eingesetzt, sodaß ein homogenes
Arbeitsbild entsteht. Nach erfolgten Andrucken wird
die Platte eloxiert und gedruckt.

KR 121   CAMARGUE I
Kaltnadelradierung mit offener Ätzung auf eloxiertem
Aluminium, 1 Platte, 1 Farbe
KR 122   CAMARGUE II
Kaltnadelradierung mit offener Ätzung auf eloxiertem
Aluminium, 2. Platte, 1 Farbe, Auflage 40, Proben 3,
Blattgröße 53/39 cm, Bildgröße 23,5/20,5 cm,
Druck Werner München
KR 123   CAMARGUE III
Kaltnadelradierung mit offener Ätzung auf eloxiertem
Aluminium, 2 Platten, 4 Farben, Auflage 40, Proben 3,
Blattgröße 53/39 cm, Bildgröße 23,5/20,5 cm,
Druck Werner München

KR 124   CAMARGUE IV
Kaltnadelradierung mit offener Ätzung auf eloxiertem
Aluminium, 1 Platte, 3 Farben, Auflage 40, Proben 3,
Blattgröße 53/39 cm, Bildgröße 23,5/20,5 cm,
Druck Werner München
KR 125   CAMARGUE V
Kaltnadelradierung mit offener Ätzung auf eloxiertem
Aluminium, 2 Platten, 6 Farben, Auflage 40, Proben 3,
Blattgröße 53/39 cm, Bildgröße 23,5/20,5 cm,
Druck Werner München
KR 126   CAMARGUE VI
Kaltnadelradierung mit offener Ätzung auf eloxiertem
Aluminium, 2 Platten, 6 Farben, Auflage 40, Proben 3,
Blattgröße 53/39 cm, Bildgröße 23,5/20,5 cm,
Druck Werner München

1977
KR 127   LE MONT VENTOUX
Kaltnadelradierung mit offener Ätzung auf eloxiertem
Aluminium, 1 Platte, 4 Farben, geplante Auflage 50,
gedruckt 5 Proben, danach wurde die Platte zer-
stört, Blattgröße 68/53 cm, Bildgröße 39,8/35 cm,
Druck Werner München

1978
KR 136   PLATEAU ALBION
Kaltnadelradierung mit offener Ätzung auf eloxiertem
Aluminium, 1 Platte, 9 Farben, Auflage 50, Proben 10,
Zustandsdrucke 2, Blattgröße 73,5/53 cm, Bild-
größe 35,5/39,5 cm, Druck Werner München

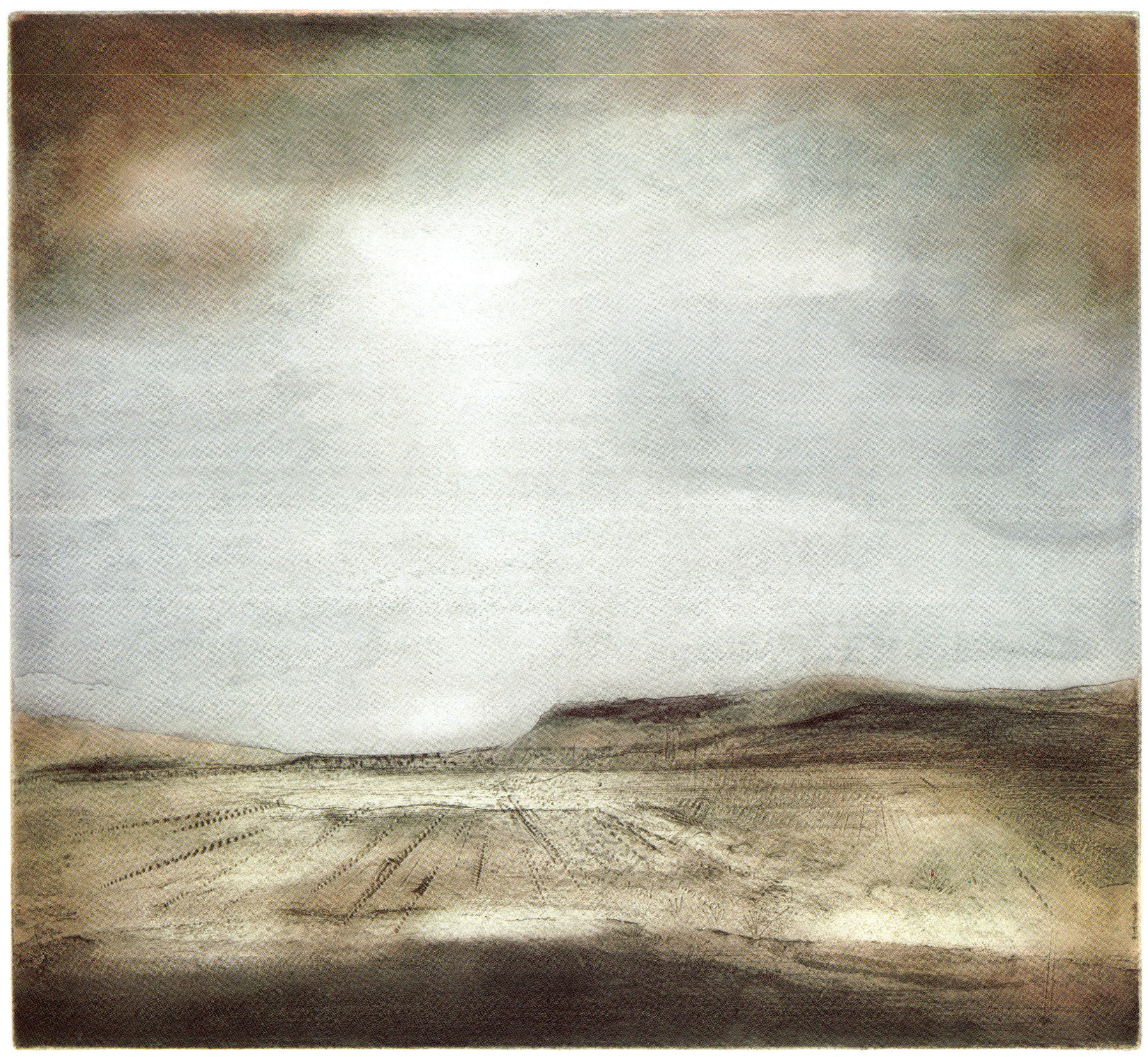

136

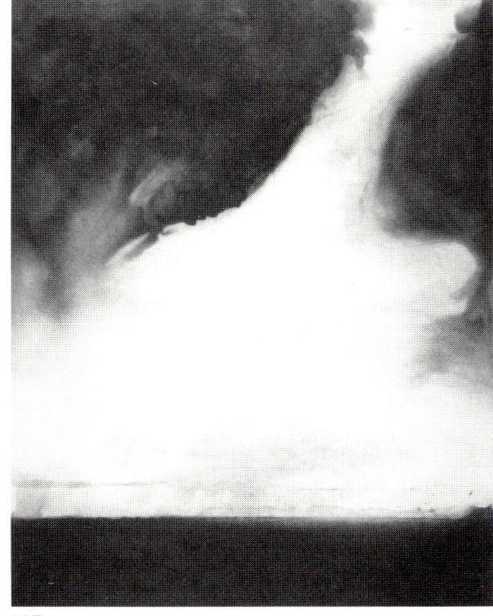

137

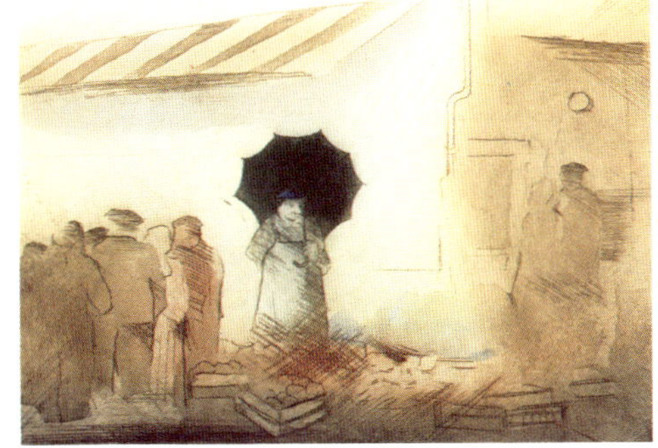

140

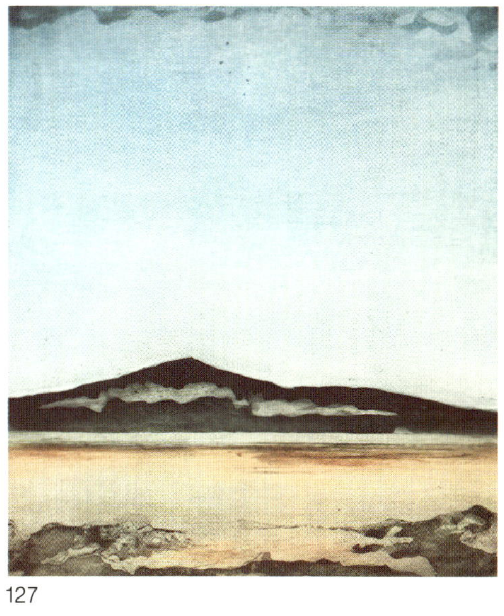

127

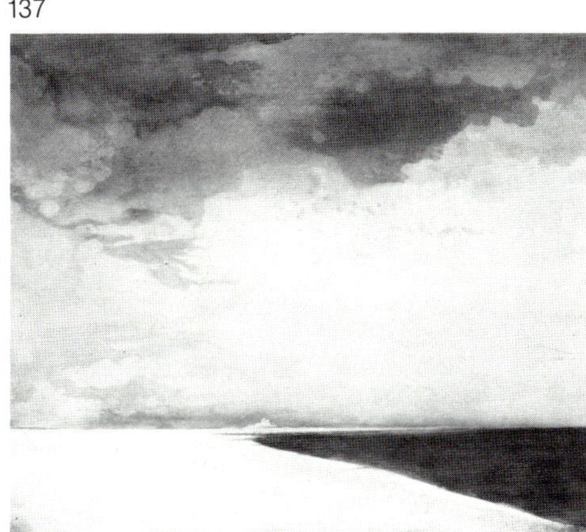

138

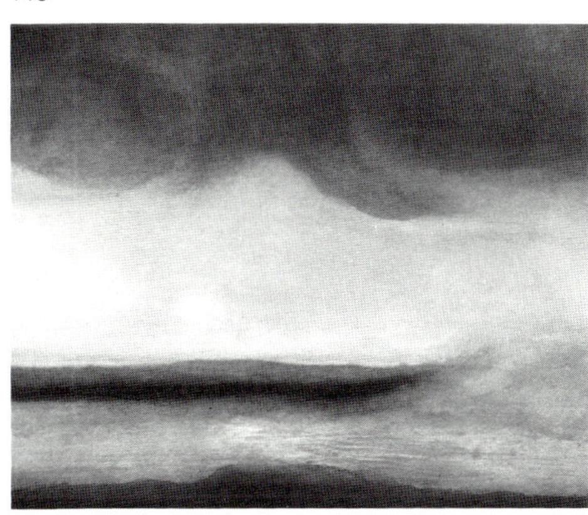

141

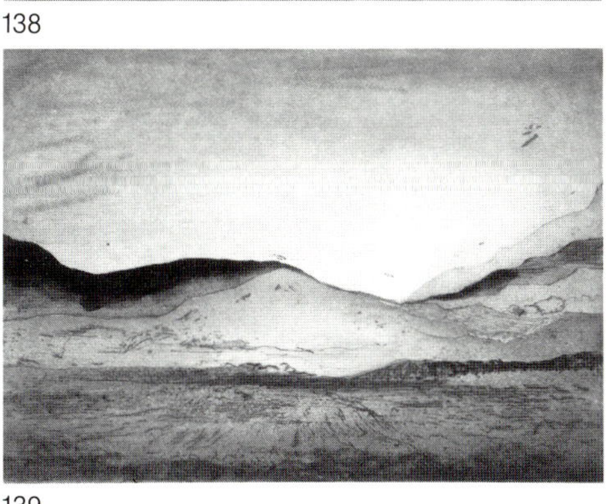

139

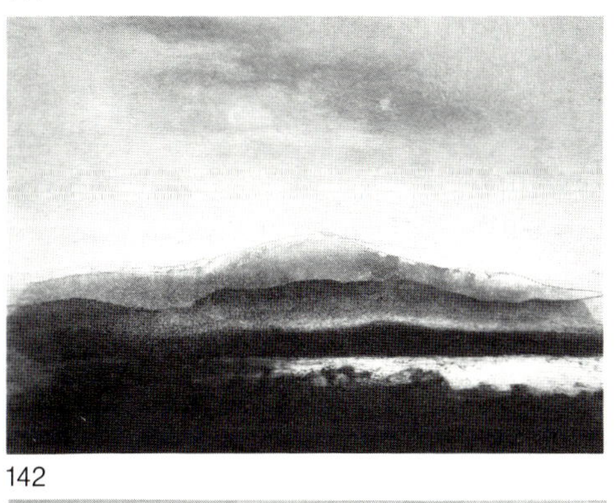

142

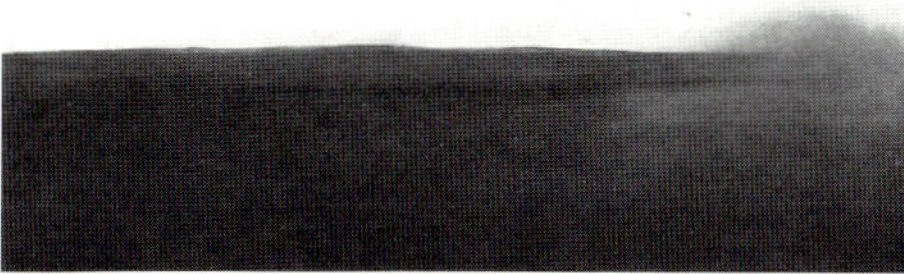

143

KR 137   WOLKENLANDSCHAFT I
KR 137   WOLKENLANDSCHAFT II
Kaltnadelradierung mit offener Ätzung auf eloxiertem
Aluminium, 1 Platte, 6 Farben, Auflage jeweils 50,
Blattgröße 72/53 cm, Bildgröße 57,5/46,5 cm, beide
Blätter sind von derselben Platte gedruckt. Wolken-
landschaft I zeigt Farben in ocker/braun, Wolken-
landschaft II zeigt Farben in schwarz/blau
Druck Werner München

KR 138   LA PLAGE I
Kaltnadelradierung mit offener Ätzung auf eloxiertem
Aluminium, 1 Platte, 6 Farben, Auflage 50, Proben 10
Blattgröße 73,5/53 cm, Bildgröße 35,3/39,5 cm,
Druck Werner München

KR 139   FERRASSIERES IV
Kaltnadelradierung mit offener Ätzung auf eloxiertem
Aluminium, 1 Platte, 6 Farben, Auflage 50, zusätzlich
handcoloriert, Proben 2, Blattgröße 53/39 cm,
Bildgröße 14,8/20,8 cm, Druck Werner München

KR 140   MARCHE III
Kaltnadelradierung mit offener Ätzung auf eloxiertem
Aluminium, 1 Platte, 4 Farben, Auflage 100, zusätz-
lich handcoloriert, Proben 5, Blattgröße 53/39 cm,
Bildgröße 29,5/25 cm, Druck Werner München

1979
KR 141   ABENDLANDSCHAFT
Kaltnadelradierung mit offener Ätzung auf eloxiertem
Aluminium, 3 Platten, 14 Farben, geplante Auflage
50, gedruckt 30, Proben 4, Zustandsdrucke 5,
Blattgröße 57/72,5 cm, Bildgröße 46,5/57,7 cm,
Druck Werner München

KR 142   LE MONT VENTOUX II
Kaltnadelradierung mit offener Ätzung auf eloxiertem
Aluminium, 1 Platte, 9 Farben, Auflage 50, Proben 5,
Blattgröße 53/39 cm, Bildgröße 15/21 cm,
Druck Werner München

KR 143   MORGENLANDSCHAFT
Kaltnadelradierung mit offener Ätzung auf eloxiertem
Aluminium, 3 Platten, 12 Farben, keine Auflage,
Proben 4, Zustandsdrucke 2, Blattgröße ver-
schieden, Bildgröße 56/67,4 cm,
Druck Werner München

RADIERFOLGE „AIOLI"
Eine Folge von 12 Kaltnadelradierungen mit offener
Ätzung auf eloxiertem Aluminium. Auflage ins-
gesamt 75, Proben 15. Die Blätter 1-30 sind römisch
numeriert und einer geschlossenen Kassette vor-
behalten.
Die Blätter 31-75 sind arabisch numeriert und als
Einzelblätter im Handel.
Blattgröße 39/53 cm, Bildgröße 18,5/20 cm,
Edition Kunstverlag Weingarten
Druck Werner München

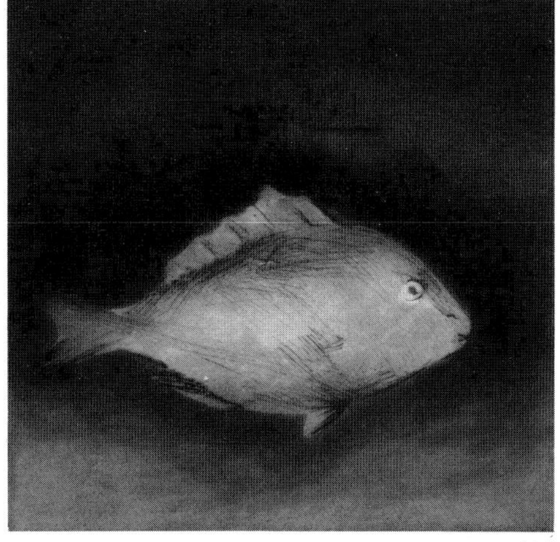

144

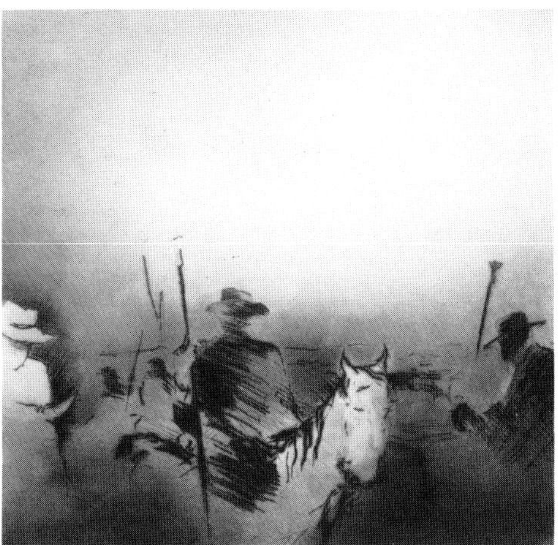

147

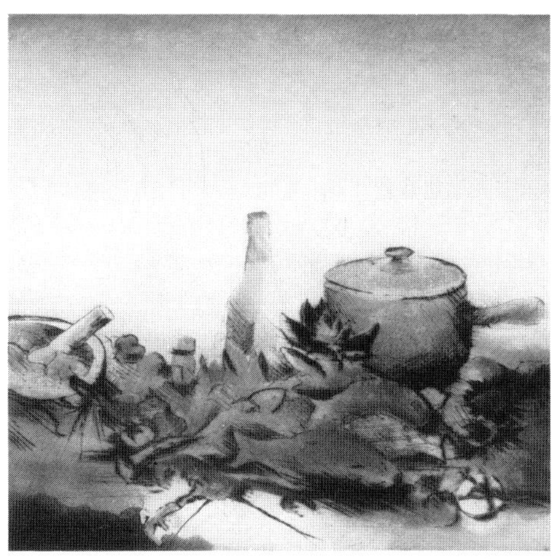

145

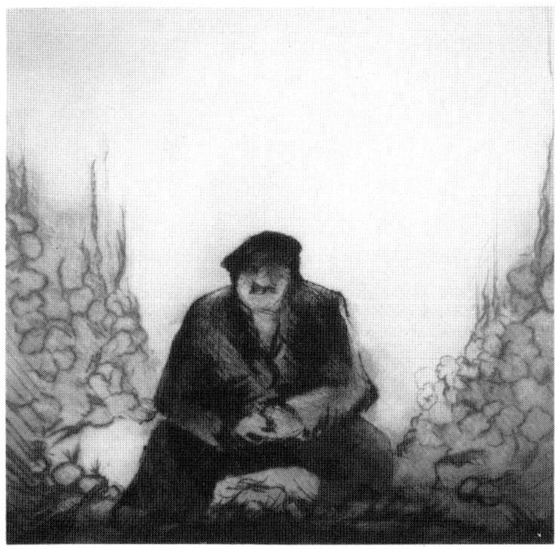

148

KR 144   LE POISSON
1 Platte, 5 Farben
KR 145   LA BOUILLABAISSE
2 Platten, 7 Farben
KR 146   L'AIOLI GEANT
1 Platte, 8 Farben
KR 147   LES GARDIANS
1 Platte, 7 Farben
KR 148   MARCHAND D'AIL
2 Platten, 6 Farben
KR 149   ROUSSILLON
2 Platten, 7 Farben

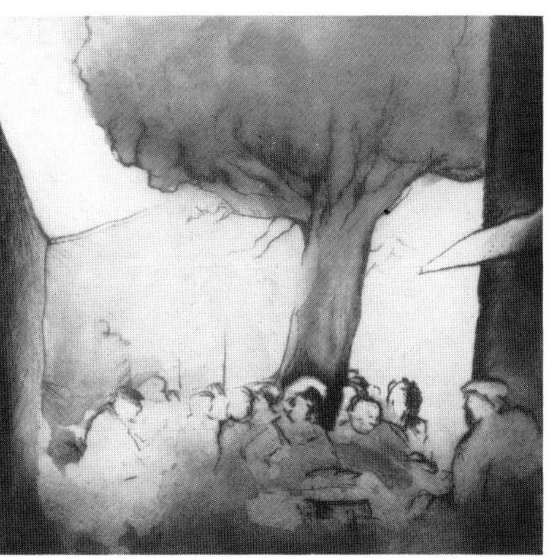

146

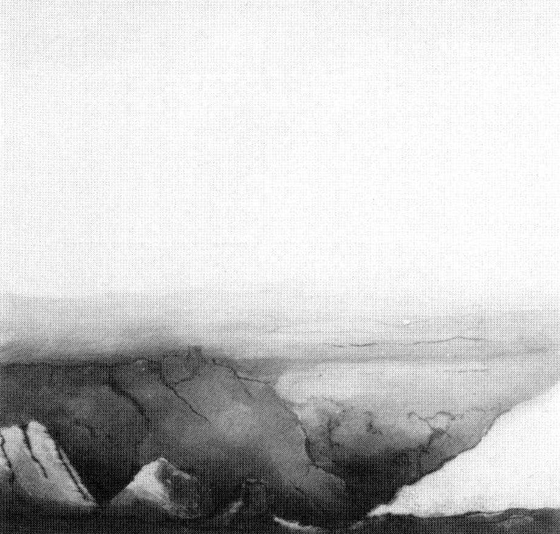

149

116

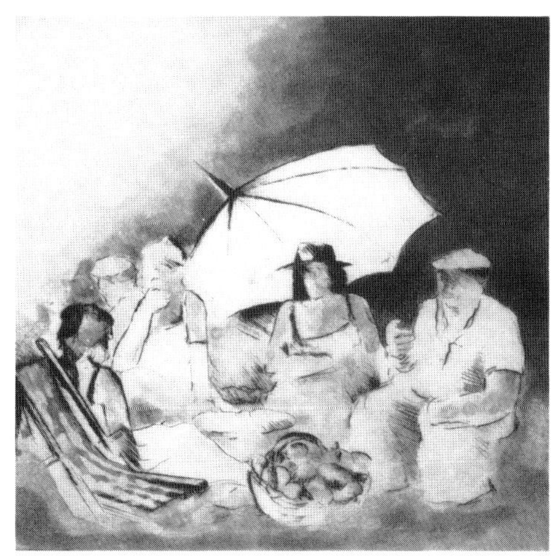

150

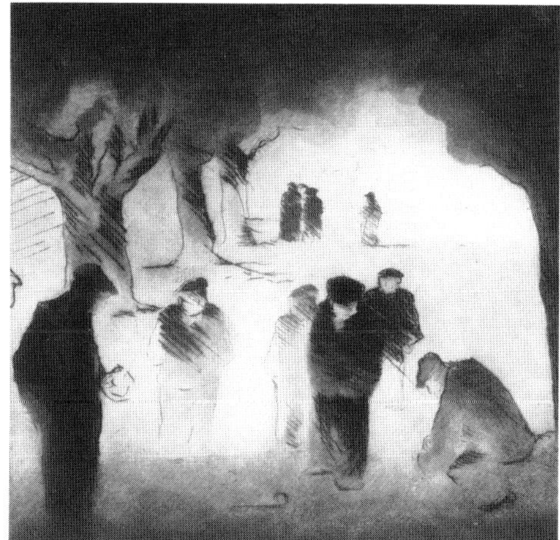

153

Die Radierungen „Aïoli" entstehen nach den
Zeichnungen zu „La cuisine provençale". Alle 12
Blätter werden als Gesamtwerk gleichzeitig fertig-
gestellt.
Die genauen Farbabstimmungen werden an einem
Regentag im Freien vorgenommen und anschließend
gedruckt (Lichtner-Aix).

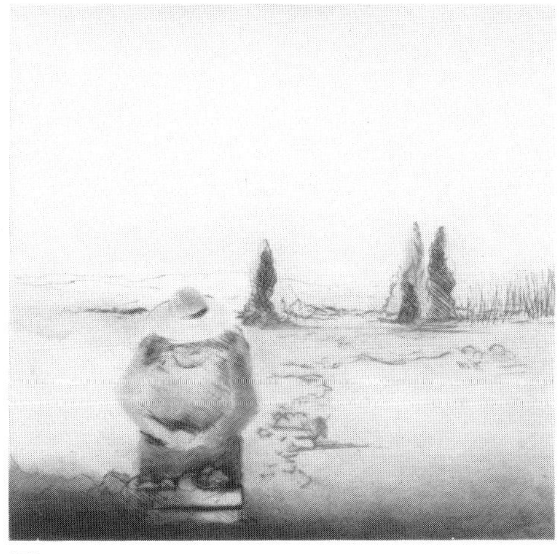

151

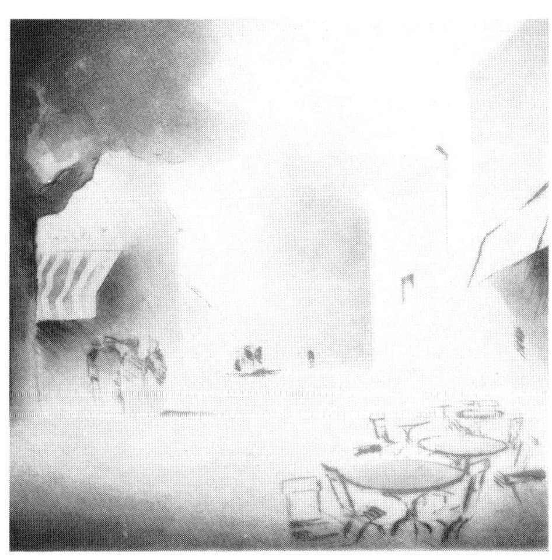

154

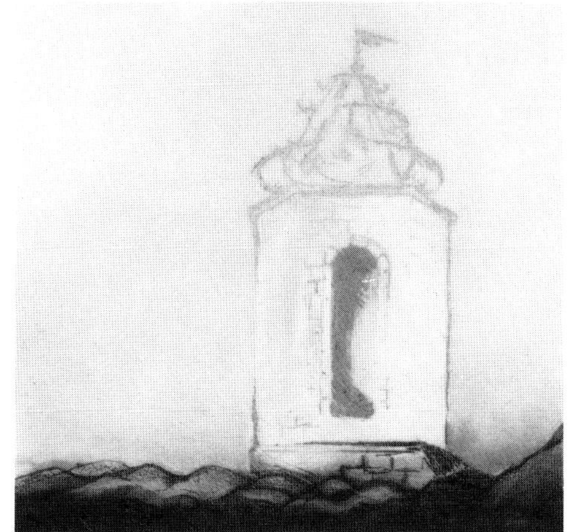

152

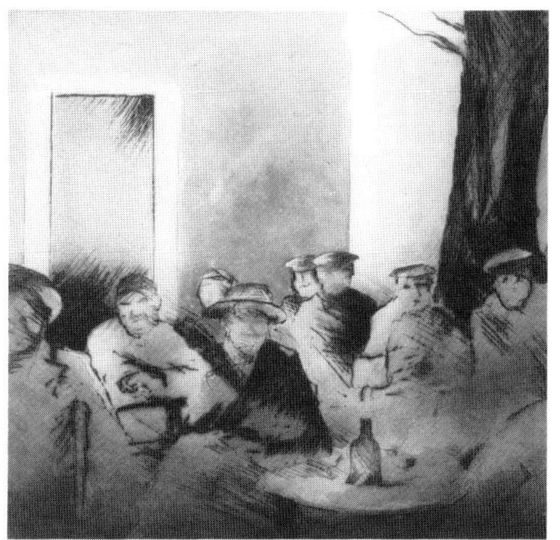

155

KR 150   PIQE-NIQUE
1 Platte, 7 Farben
KR 151   MONSIEUR ANTOINNE
1 Platte, 5 Farben
KR 152   LA CAMPANILE
1 Platte, 5 Farben
KR 153   BOULES
1 Platte, 6 Farben
KR 154   MIDI
2 Platten, 6 Farben
KR 155   CAFE DU COMMERCE
2 Platten, 6 Farben

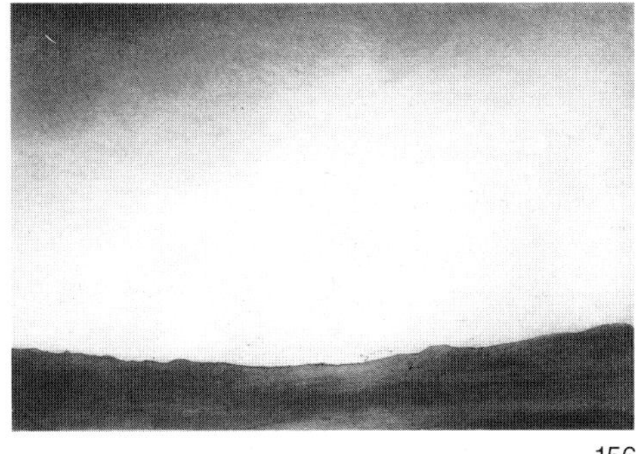

156

KR 156   LA ROSINE
Kaltnadelradierung mit offener Ätzung auf eloxiertem
Aluminium, 1 Platte, 4 Farben, keine Auflage,
Proben 5, Blattgröße verschieden, Bildgröße 13,2/
19,8 cm, Druck Werner München

KR 157   PROVENZALISCHE LANDSCHAFT,
LE MONT VENTOUX PAR BEDOIN
Kaltnadelradierung mit offener Ätzung auf eloxiertem
Aluminium, 1 Platte, 4 Farben, Auflage 50, Proben 4,
Blattgröße 32/26,5 cm, Bildgröße 15/16,6 cm,
Edition Kunstverein Paderborn, Jahresausgabe 1979
Druck Werner München

KR 158   LAVENDELLANDSCHAFT
überarbeiteter Ausschnitt aus der Platte „Plateau
Albion",
Kaltnadelradierung mit offener Ätzung auf eloxiertem
Aluminium, 1 Platte, 6 Farben, Auflage 50, zusätzlich
handaquarelliert, Proben 10, Blattgröße 53/39 cm,
Bildgröße 21/26 cm, Druck Werner München

KR 159   L'ESPIGUETTE II
überarbeiteter Ausschnitt aus der Platte
„L'Espiguette 1", Kaltnadelradierung mit offener
Ätzung auf eloxiertem Aluminium, 1 Platte, 6 Farben,
Auflage 75, Proben 10, Blattgröße 53/39 cm, Bild-
größe 21,5/27,2 cm, Druck Werner München

KR 160   LA PLAGE II
überarbeiteter Ausschnitt aus der Platte „La plage 1"
Kaltnadelradierung mit offener Ätzung auf eloxiertem
Aluminium, 1 Platte, 4 Farben, Auflage 75, Proben 10,
Blattgröße 53/39 cm, Bildgröße 21,5/27,2 cm,
Druck Werner München

KR 161   ....UND ES WAREN HIRTEN AUF DEM
FELDE
Kaltnadelradierung mit offener Ätzung auf eloxiertem
Aluminium, 1 Platte, 4 Farben, Auflage 30, Proben 8,
Zustandsdrucke 8, Blattgröße 29,5/21 cm, Bild-
größe 14,5/14,5 cm, Edition Kunststudio Westfalen-
blatt, Bielefeld, Jahresgabe 1978, Druck Werner
München

KR 162   KLEINE STRANDLANDSCHAFT
Kaltnadelradierung mit offener Ätzung auf eloxiertem
Aluminium, 1 Platte, 4 Farben, Auflage 40, Proben 5,
Blattgröße 32/26,5 cm, Bildgröße 10,5/9,5 cm,
Druck Werner München

KR 163   LICHT UND SCHATTEN (MIDI)
Kaltnadelradierung mit offener Ätzung auf eloxiertem
Aluminium, 1 Platte, 4 Farben, Auflage 50, Proben 4,
Blattgröße 53/39 cm, Bildgröße 29,5/24,8 cm,
Druck Werner München

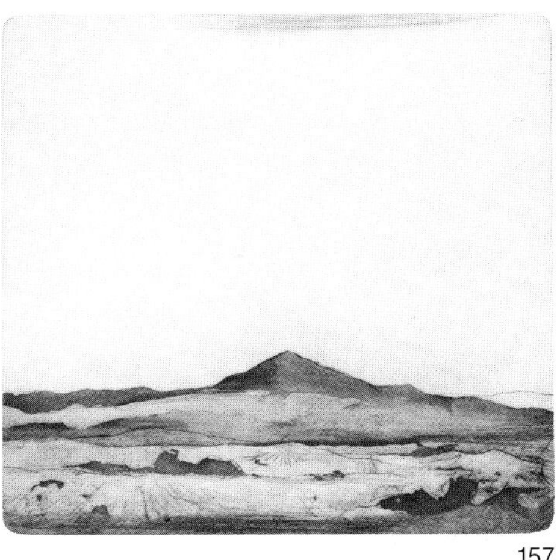

157

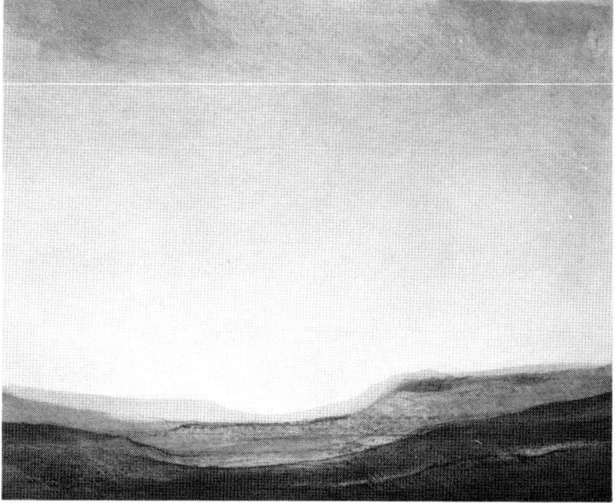

158

159

160

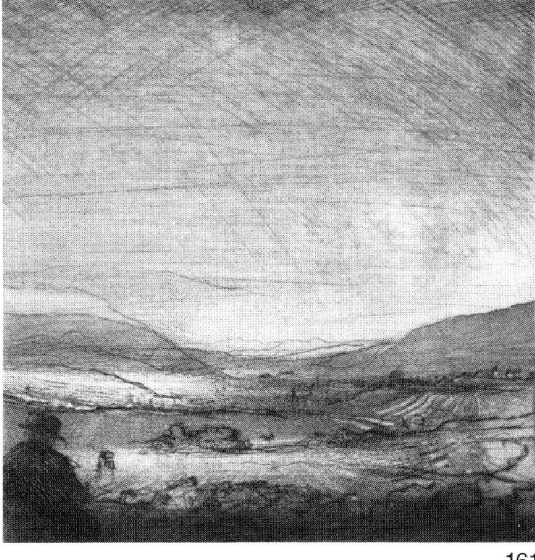

161

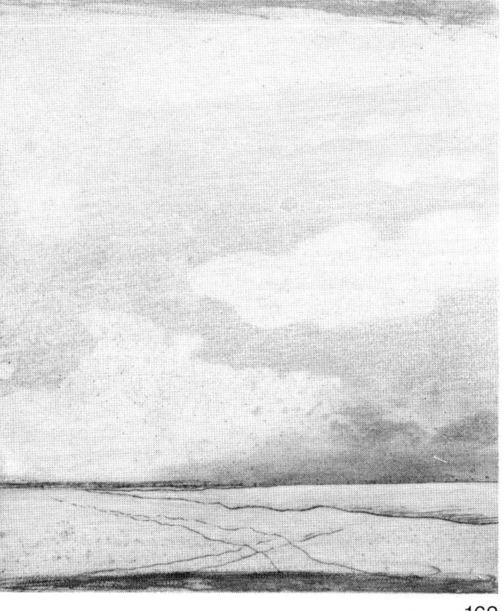

162

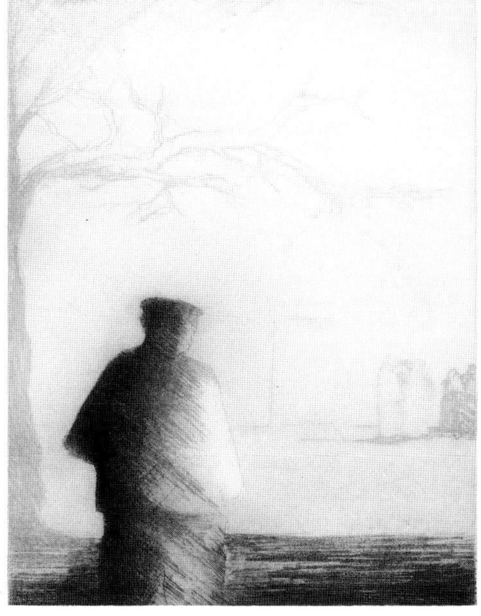

163

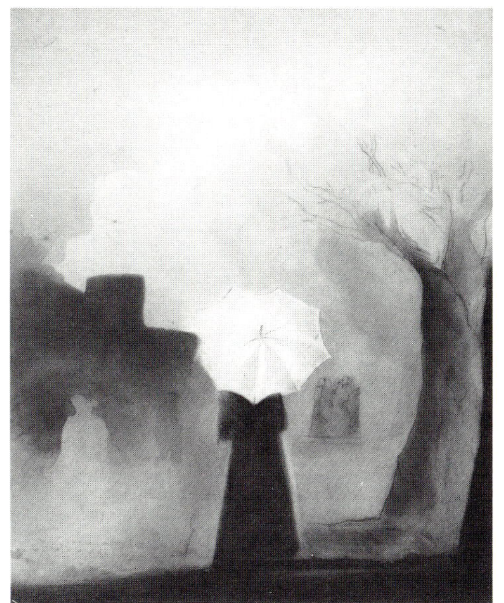
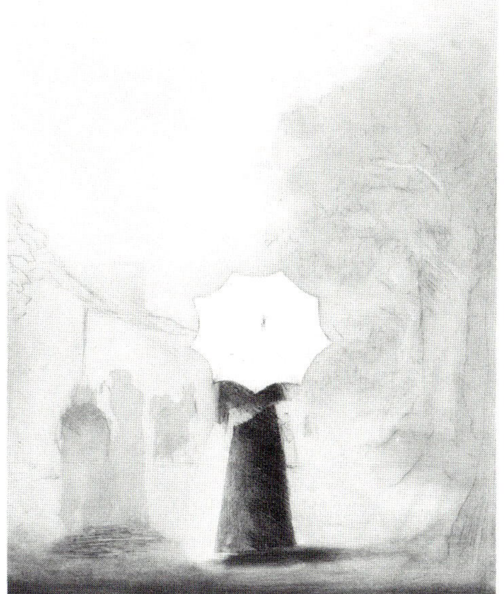
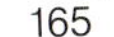

164

165

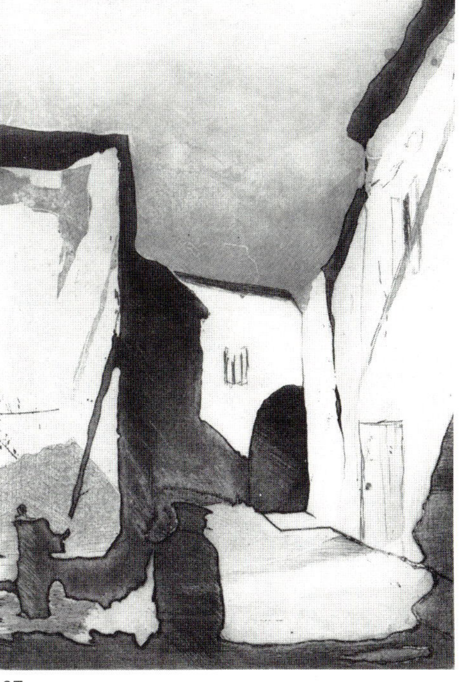

167

KR 164   FEMME AVEC L'OMBRELLE
(Fassung 1) Kaltnadelradierung mit offener Ätzung
auf eloxiertem Aluminium, 2 Platten, 8 Farben,
Auflage 100, Proben 10, Blattgröße 53/39 cm, Bild-
größe 29,7/24,8 cm, Edition SW (Schöner Wohnen)
Hamburg, Druck Werner München
KR 165   FEMME AVEC PARASOL
(Fassung 2) Kaltnadelradierung mit offener Ätzung
auf eloxiertem Aluminium, 1 Platte, 4 Farben, Auf-
lage 75, Proben 12, Zustandsdruck, Blattgröße 53/
39 cm, Bildgröße 29,5/24,5 cm, Druck Werner
München

1980
KR 166   SALIN
Kaltnadelradierung mit offener Ätzung auf eloxiertem
Aluminium, 1 Platte, Auflage insgesamt 50, davon
15 in 1 Farbe (schwarz) und die restlichen Blätter in
6 Farben, Proben 5, Blattgröße 53/39 cm, Bildgröße
26,5/21,8 cm, Druck Werner München
KR 167   MAZAN
Kaltnadelradierung mit offener Ätzung auf eloxiertem
Aluminium, 2 Platten, 7 Farben, Auflage 100,
Proben 10, Blattgröße 53/39 cm, Bildgröße 18,7/
13,2 cm, Druck Werner München

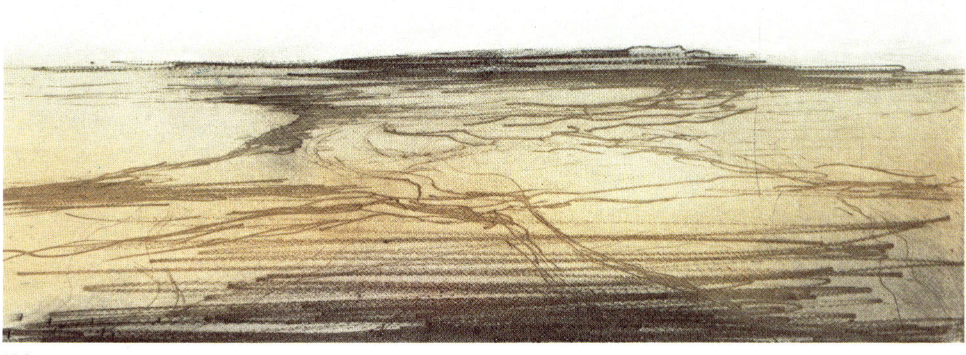

166

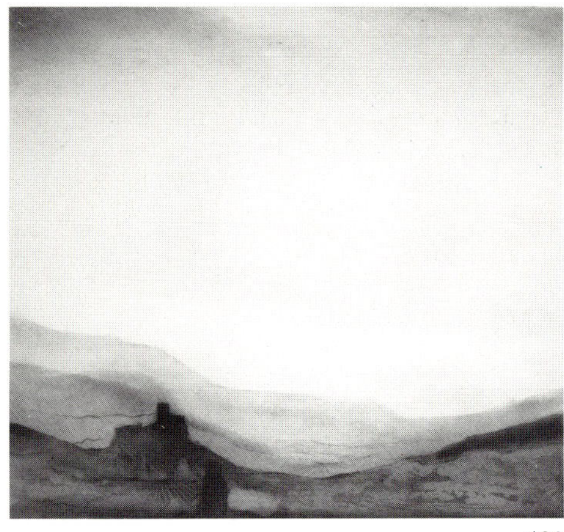

168

KR 168   PAYSAGE HAUTE PROVENCE I
Kaltnadelradierung mit offener Ätzung auf eloxiertem
Aluminium, 2 Platten, 7 Farben, Auflage 120,
Proben 10, Blattgröße 70/50, Bildgröße 34,3/38,3 cm,
Edition S (Sparkassen-Verlag) Stuttgart,
Druck Werner München

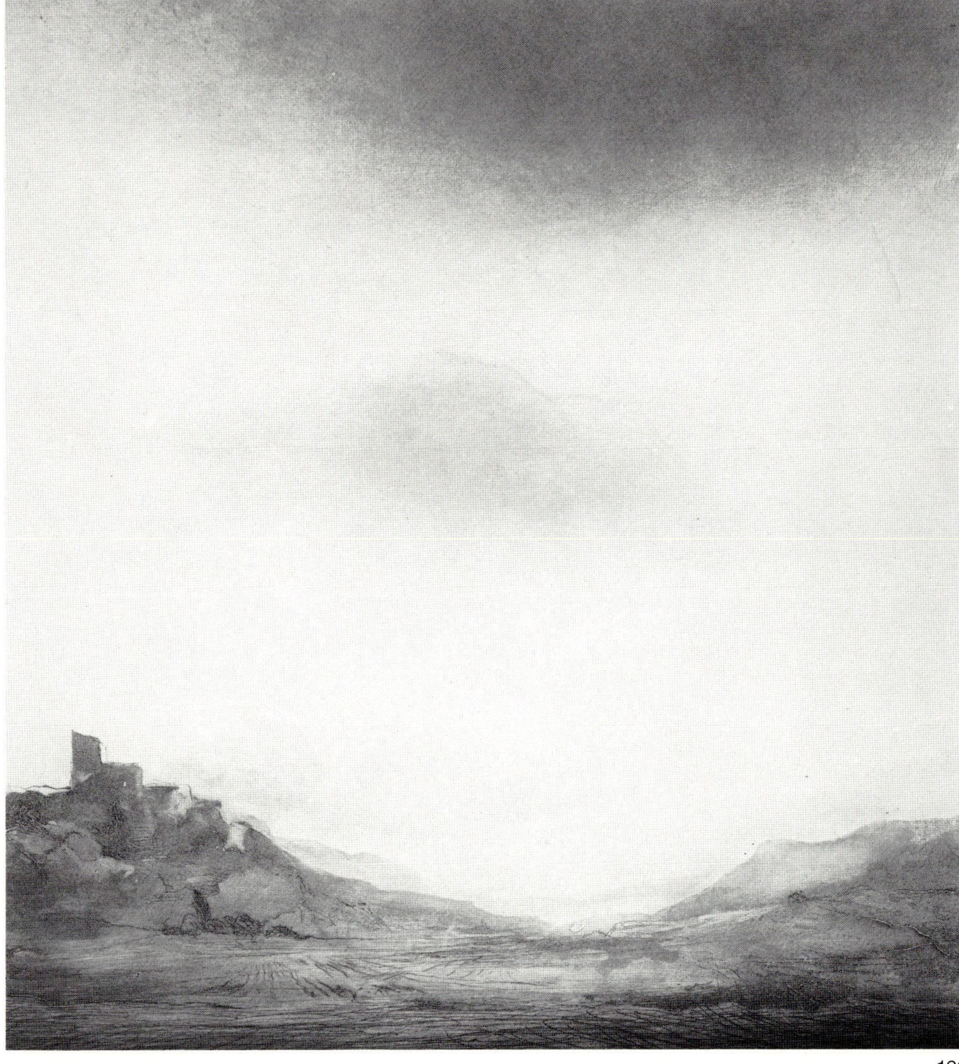

169

KR 169   BEAUMONT
Kaltnadelradierung mit offener Ätzung auf eloxiertem
Aluminium, 2 Platten, 10 Farben, Auflage 90,
Proben 10, Blattgröße 70/50 cm, Bildgröße 42/
39 cm, Druck Werner München

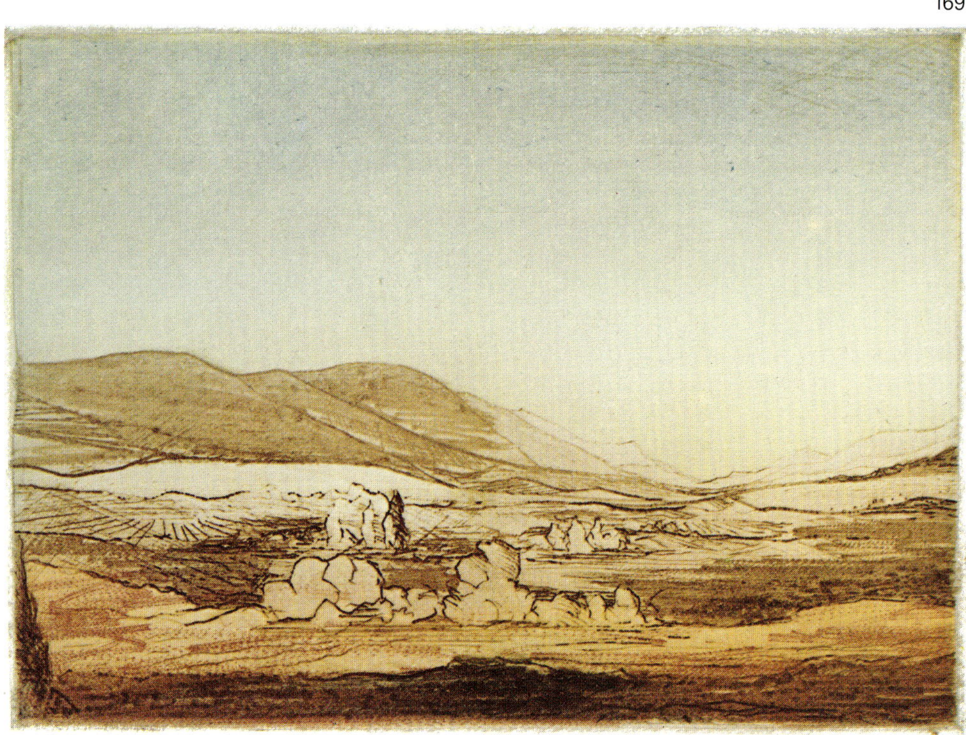

170

KR 170   HAUTE PROVENCE II
Kaltnadelradierung mit offener Ätzung auf eloxiertem
Aluminium, 2 Platten, 7 Farben, Auflage 120,
Proben 10, Blattgröße 39,8/29 cm, Bildgröße 8,5/
11,9 cm, Edition Goyert Köln, Druck Werner
München

KR 171   LA GABELLE
Kaltnadelradierung mit offener Ätzung auf eloxiertem
Aluminium, 2 Platten, 9 Farben, Auflage 75, Proben 5,
Blattgröße 68/50 cm, Bildgröße 45,8/41,8 cm,
Druck Werner München

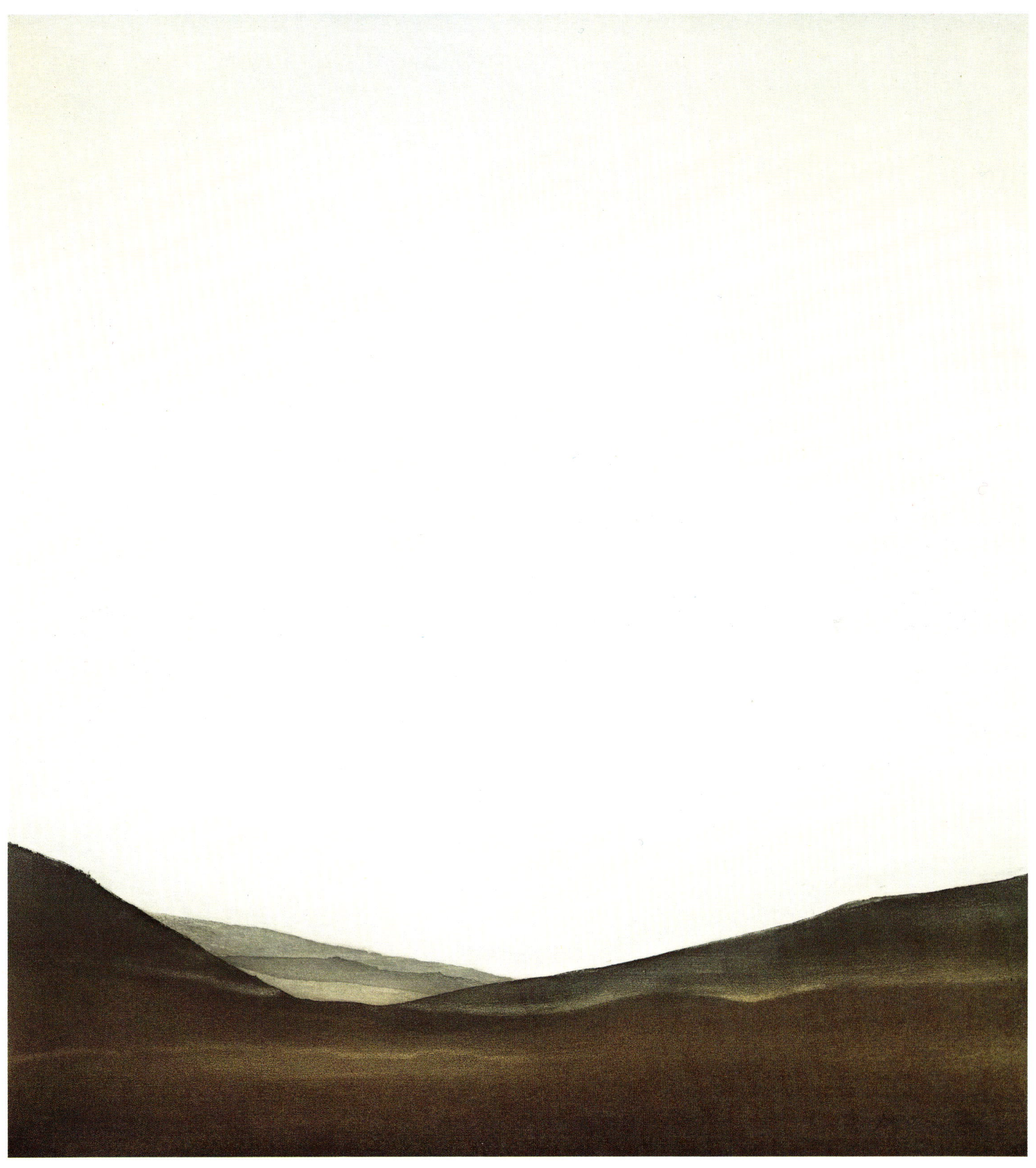

KR 172   MARCHE D'ORANGE
Kaltnadelradierung mit offener Ätzung auf eloxiertem
Aluminium, 1 Platte, 7 Farben, Auflage 75, Proben 5,
Blattgröße 68,5/49,5 cm, Bildgröße 34,7/32 cm,
Druck Werner München

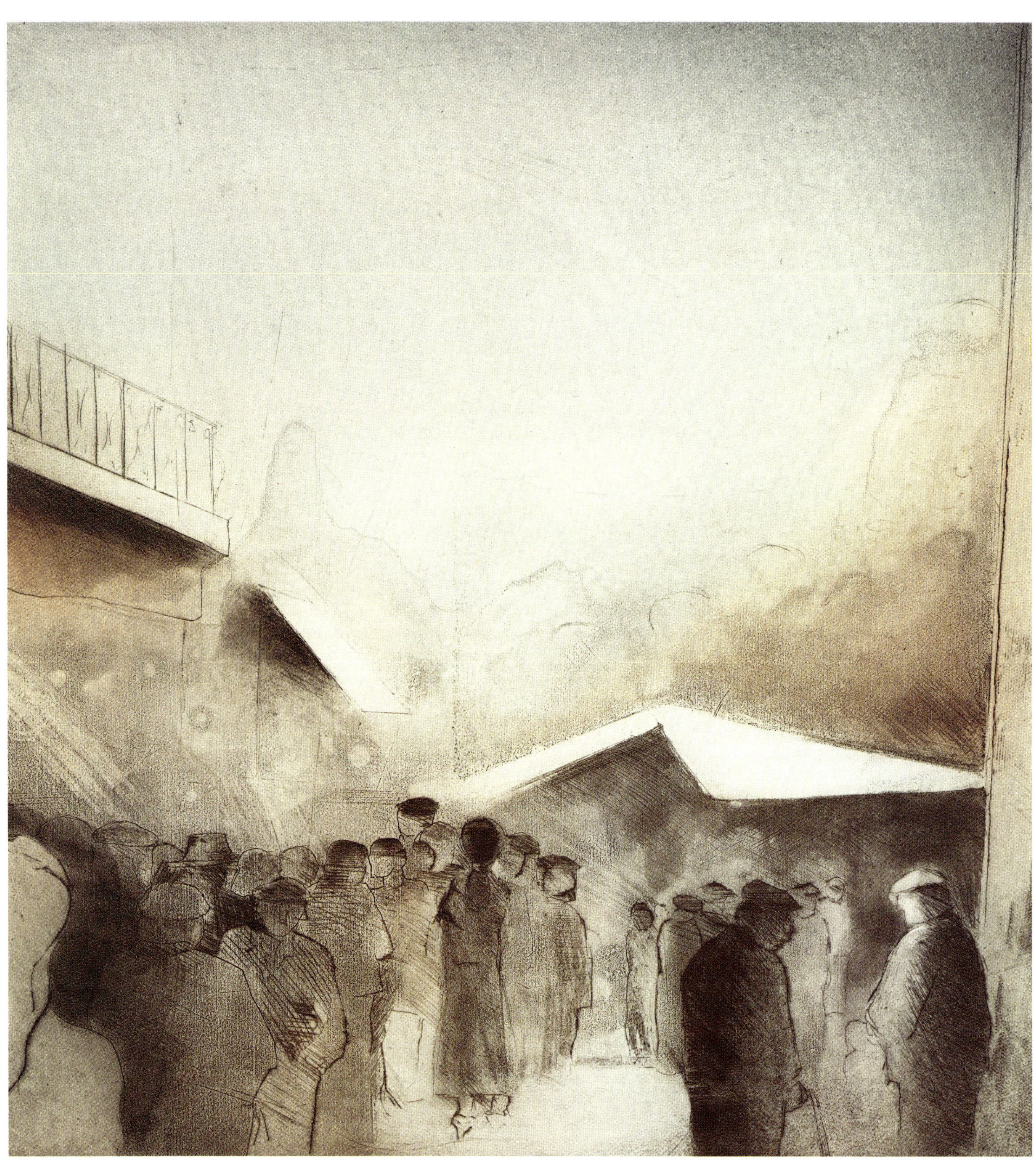

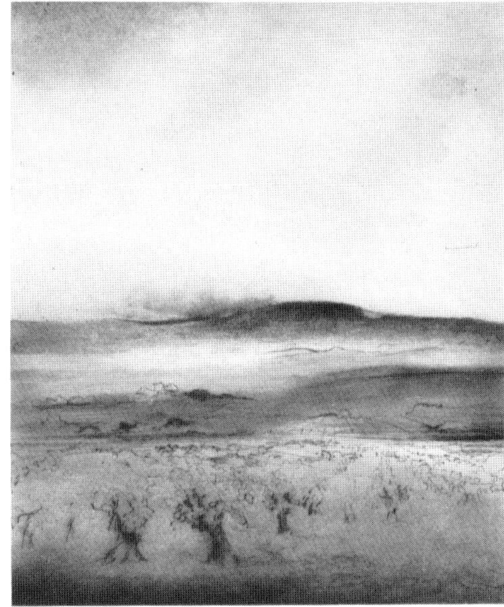

173

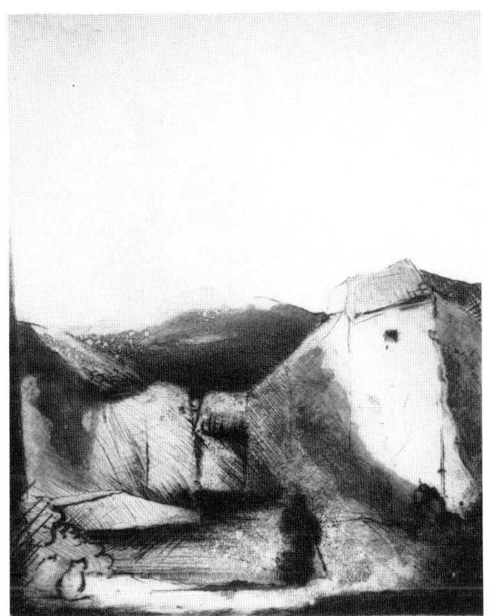

174

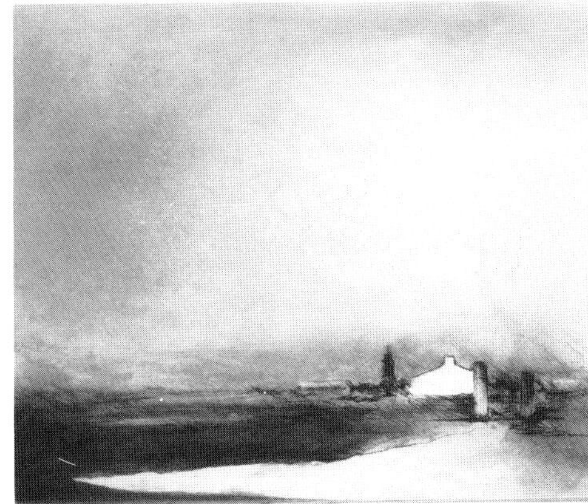

175

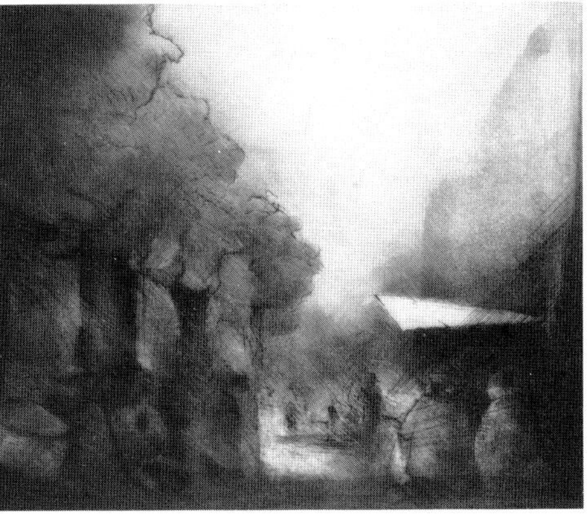

176

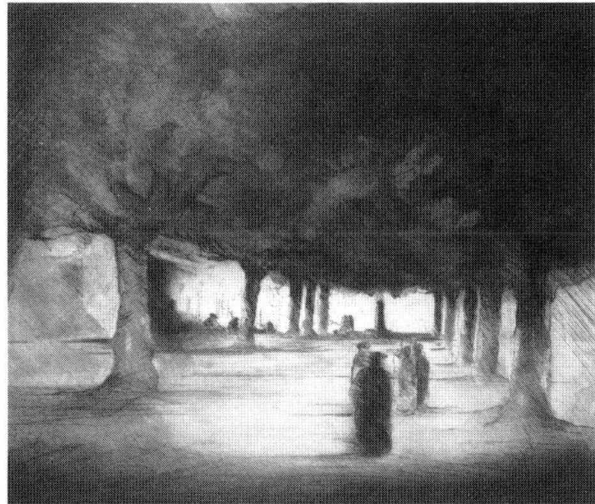

177

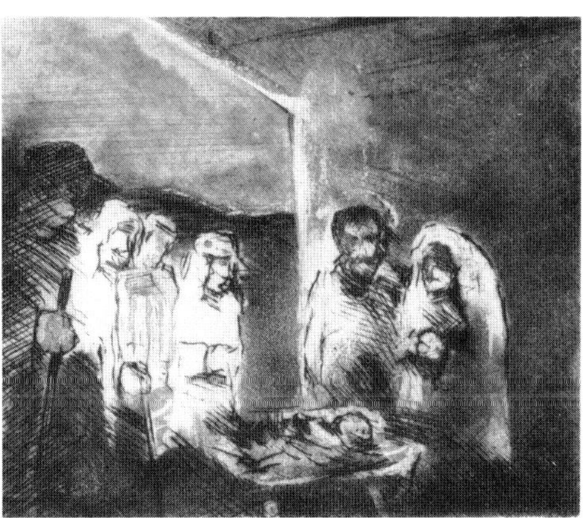

178

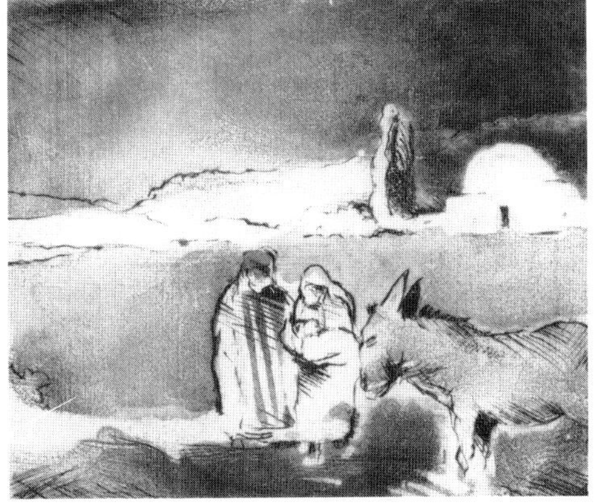

179

KR 173   PLAN DIEU
Kaltnadelradierung mit offener Ätzung auf eloxiertem
Aluminium, 1 Platte, 4 Farben, Auflage 50, Proben 10,
Blattgröße 53/39 cm, Bildgröße 29,4/24,7 cm,
Druck Werner München

1981
KR 174   SERRES
Kaltnadelradierung mit offener Ätzung auf eloxiertem
Aluminium, 1 Platte, 7 Farben, geplante Auflage 190,
gedruckt 150, Proben 10, Blattgröße 53/39 cm,
Bildgröße 19,5/15,5 cm, Druck Werner München
KR 175   CACHAREL I
Kaltnadelradierung mit offener Ätzung auf eloxiertem
Aluminium, 2 Platten, 7 Farben, Auflage 90,
Proben 10, Blattgröße 64,5/49,5 cm, Bildgröße 24,5/
29,5 cm, Edition M Taunusstein, Druck Werner
München

KR 176   BEAUCAIRE
Kaltnadelradierung mit offener Ätzung auf eloxiertem
Aluminium, 2 Platten, 11 Farben, Auflage 90,
Proben 10, Blattgröße 64,5/49,5 cm, Bildgröße 24,5/
29,5 cm, Edition M Taunusstein, Druck Werner
München
KR 177   ST. CECILE LES VIGNES
Kaltnadelradierung mit offener Ätzung auf eloxiertem
Aluminium, 2 Platten, 8 Farben, Auflage 90,
Proben 10, Blattgröße 64,5/49,5 cm, Bildgröße 24,5/
29,5 cm, Edition M Taunusstein, Druck Werner
München
KR 178   KRIPPE
Kaltnadelradierung mit offener Ätzung auf eloxiertem
Aluminium, 1 Platte, 4 Farben, Auflage 120, zusätz-
lich handaquarelliert, Proben 10, Blattgröße Auflage
27/19,5 cm, Proben 39,4/26,7 cm, Bildgröße 7,8/
9,1 cm, Edition Stadtwerke Paderborn, Weihnachts-
graphik, Druck Telschik München
KR 179   AUF DEM WEGE NACH BETHLEHEM
Kaltnadelradierung mit offener Ätzung auf eloxiertem
Aluminium, 1 Platte, 4 Farben, Auflage 120, zusätzlich handaquarelliert, Proben 10, Blattgröße Auflage
27/19,5 cm, Proben 39,4/26,7 cm, Bildgröße 7,8/
9,1 cm, Edition Stadtwerke Paderborn, Weihnachtsgraphik, Druck Telschik München

KR 180   DIE HEILIGEN DREI KÖNIGE
Kaltnadelradierung mit offener Ätzung auf eloxiertem
Aluminium, 1 Platte, 4 Farben, Auflage 120, zusätz-
lich handaquarelliert, Proben 10, Blattgröße Auflage
27/19,5 cm, Proben 39,4/26,7 cm, Bildgröße 7,8/
91 cm, Edition Stadtwerke Paderborn, Weihnachts-
graphik, Druck Telschik München
KR 181   ROQUEMAURE
Kaltnadelradierung mit offener Ätzung auf eloxiertem
Aluminium, 1 Platte, 8 Farben, Auflage 90, Proben 10,
Blattgröße 64,5/49,5 cm, Bildgröße 24,5/29,5 cm,
Edition M Taunusstein, Druck Werner München
KR 183   SIMIANE
Kaltnadelradierung mit offener Ätzung auf eloxiertem
Aluminium, 2 Platten, 11 Farben, Auflage 90,
Proben 10, Blattgröße 64,5/49,5 cm, Bildgröße 24,5/
29,5 cm, Edition M Taunusstein, Druck Werner
München

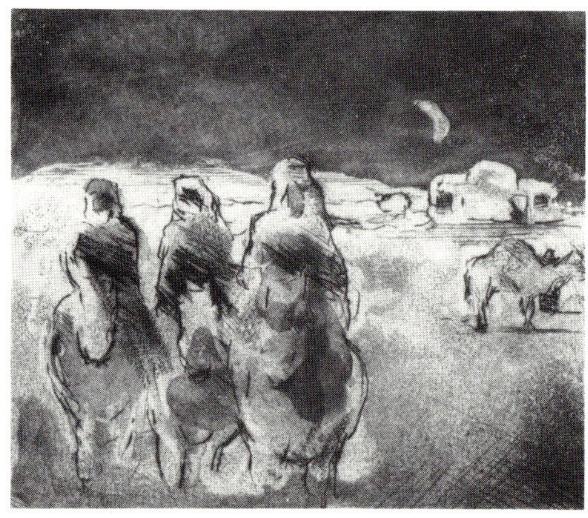

180

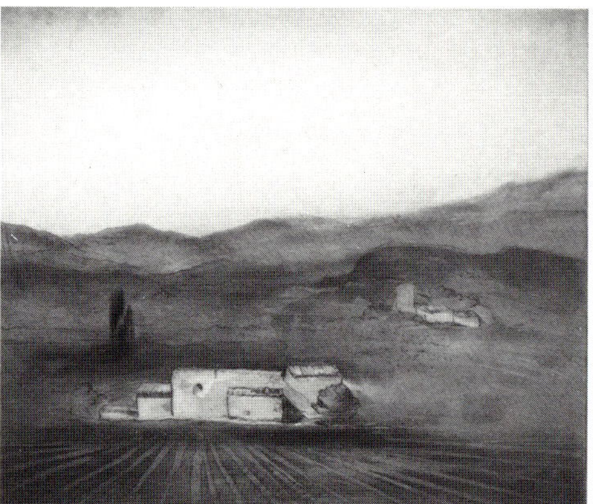

183

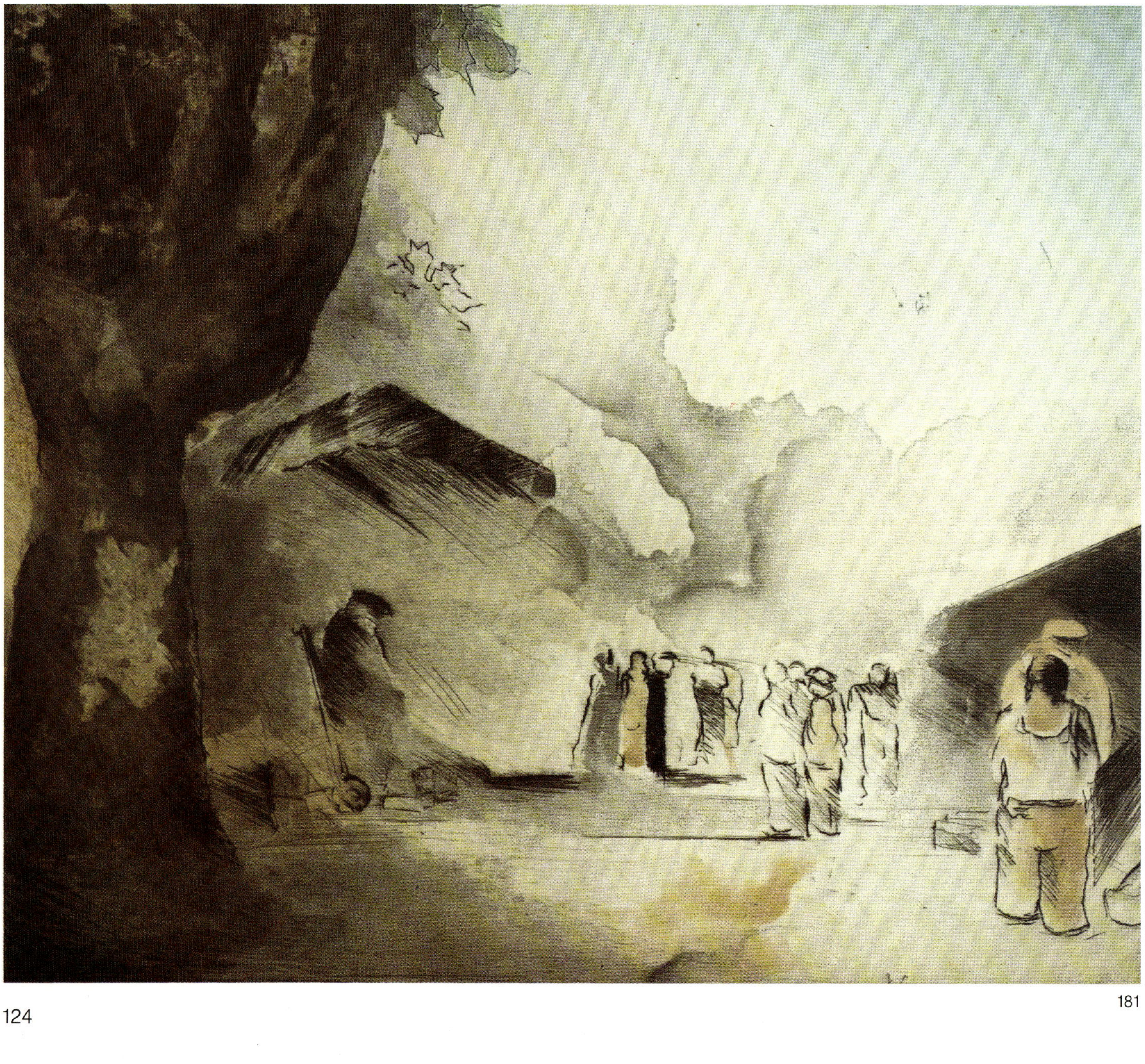

181

184

185

KR 182   FORCALQUIER
Kaltnadelradierung mit offener Ätzung auf eloxiertem
Aluminium, 2 Platten, 9 Farben, Auflage 90,
Proben 10, Blattgröße 64,5/49,5 cm, Bildgröße 24,5/
29,5 cm, Edition M Taunusstein, Druck Werner
München

1982
KR 184   MEJANNES II
Kaltnadelradierung mit offener Ätzung auf eloxiertem
Aluminium, 2 Platten, 7 Farben, Auflage 60, Proben 5,
Blattgröße 39,7/30 cm, Bildgröße 10,5/9,5 cm,
Druck Preisler Berlin
KR 185   MEJANNES I
Kaltnadelradierung mit offener Ätzung auf eloxiertem
Aluminium, 2 Platten, 7 Farben, Auflage 60,
Proben 5, Blattgröße 39,7/30 cm, Bildgröße 10,5/
9,5 cm, Druck Preisler Berlin

182

KR 186   BANON
Kaltnadelradierung mit offener Ätzung auf eloxiertem
Aluminium, 2 Platten, 7 Farben, Auflage 90,
Proben 10, Blattgröße 65/50 cm, Bildgröße 24,7/
29,5 cm, Edition M Taunusstein, Druck Preisler Berlin

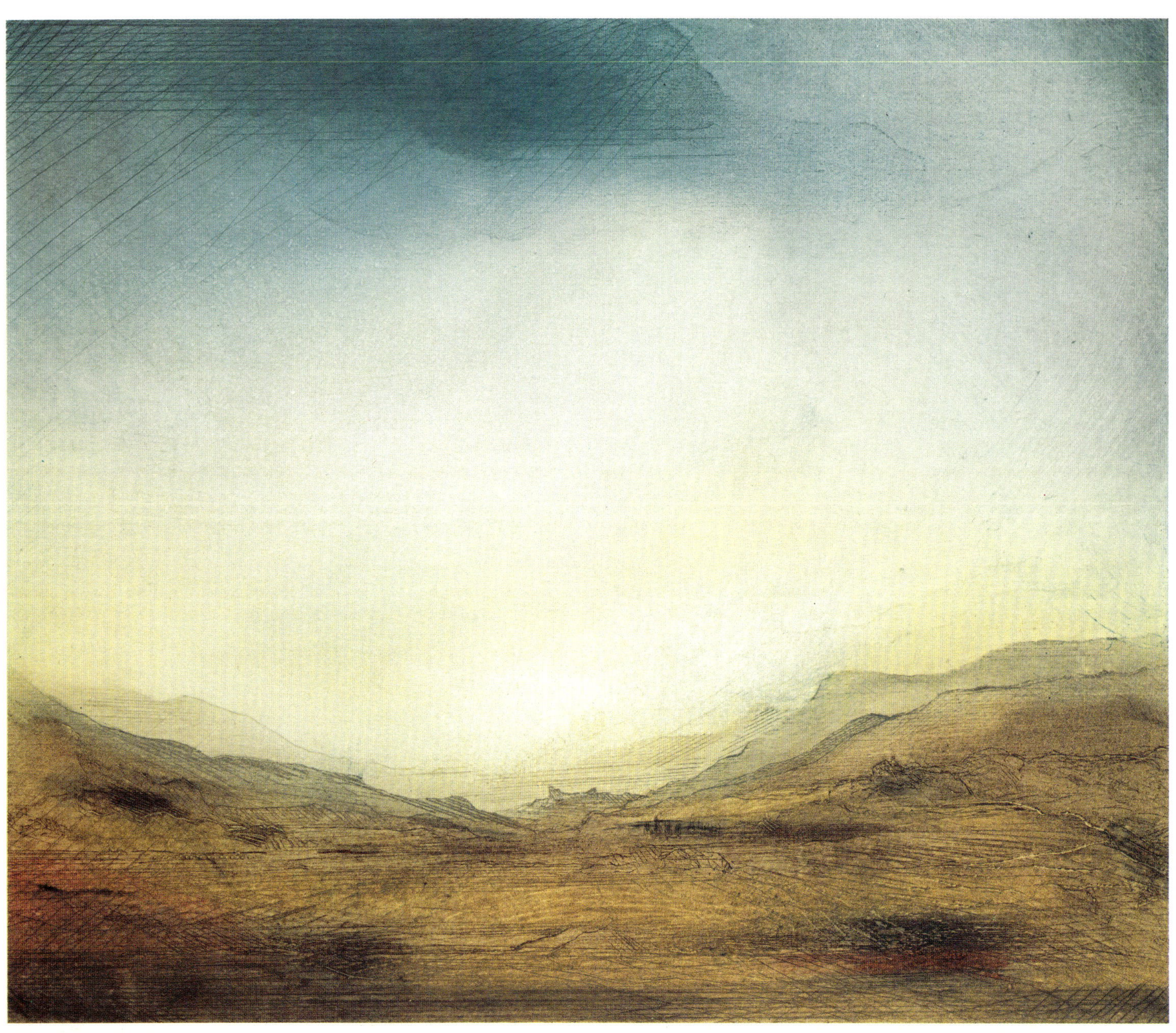

KR 187   KNOBLAUCH, KRÄUTER UND OLIVEN
Kaltnadelradierung mit offener Ätzung auf eloxiertem
Aluminium, 2 Platten, 12 Farben, Auflage 90,
Proben 10, Zustandsdrucke 17, Blattgröße 53/60 cm,
Bildgröße 34,5/39,5 cm, Druck Preisler Berlin

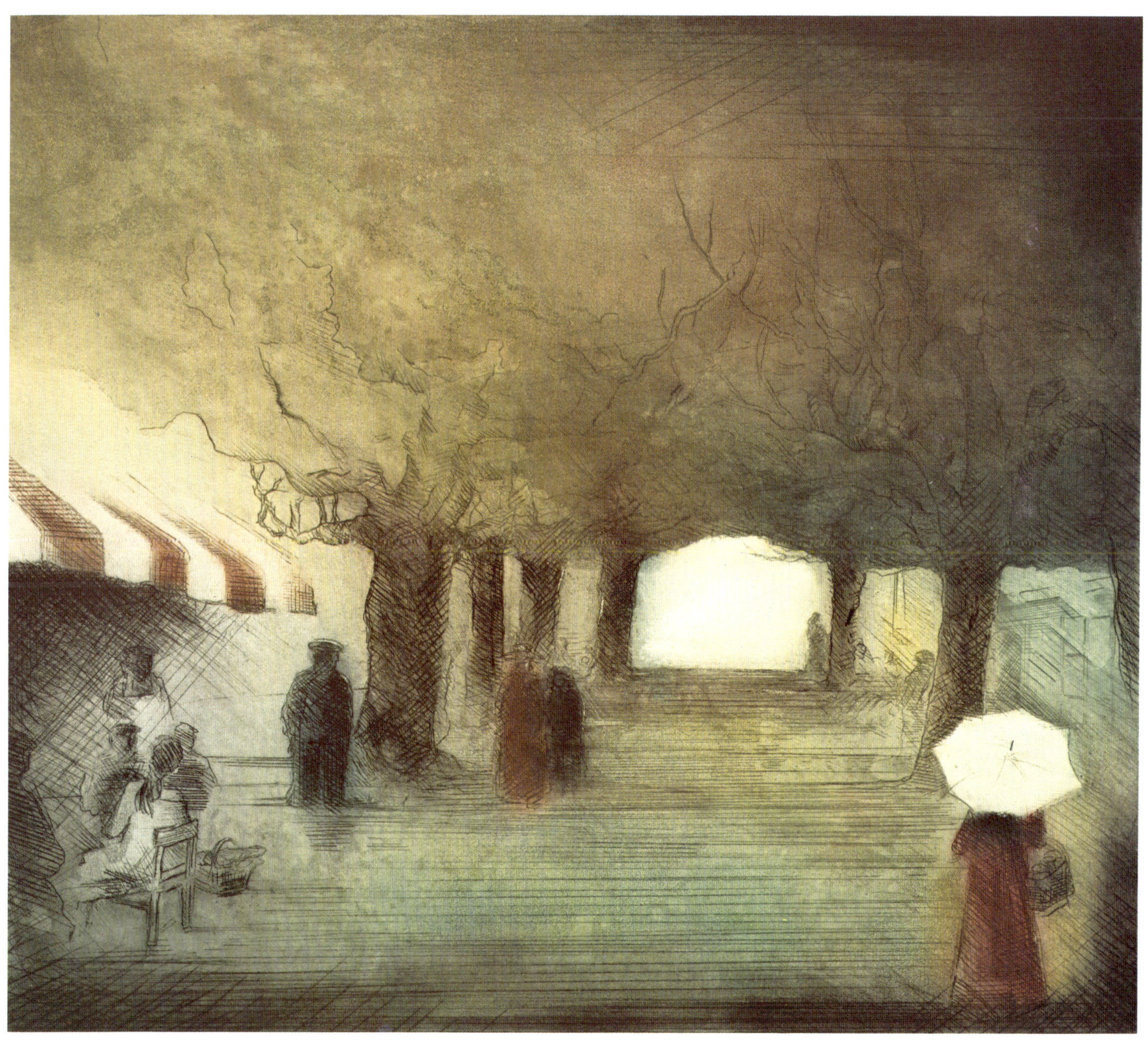

KR 188   CACHAREL II
Kaltnadelradierung mit offener Ätzung auf eloxiertem
Aluminium, 2 Platten, 7 Farben, Auflage 90,
Proben 10, Blattgröße 65/50 cm, Bildgröße 24,7/
29,5 cm, Edition M Taunusstein, Druck Preisler Berlin

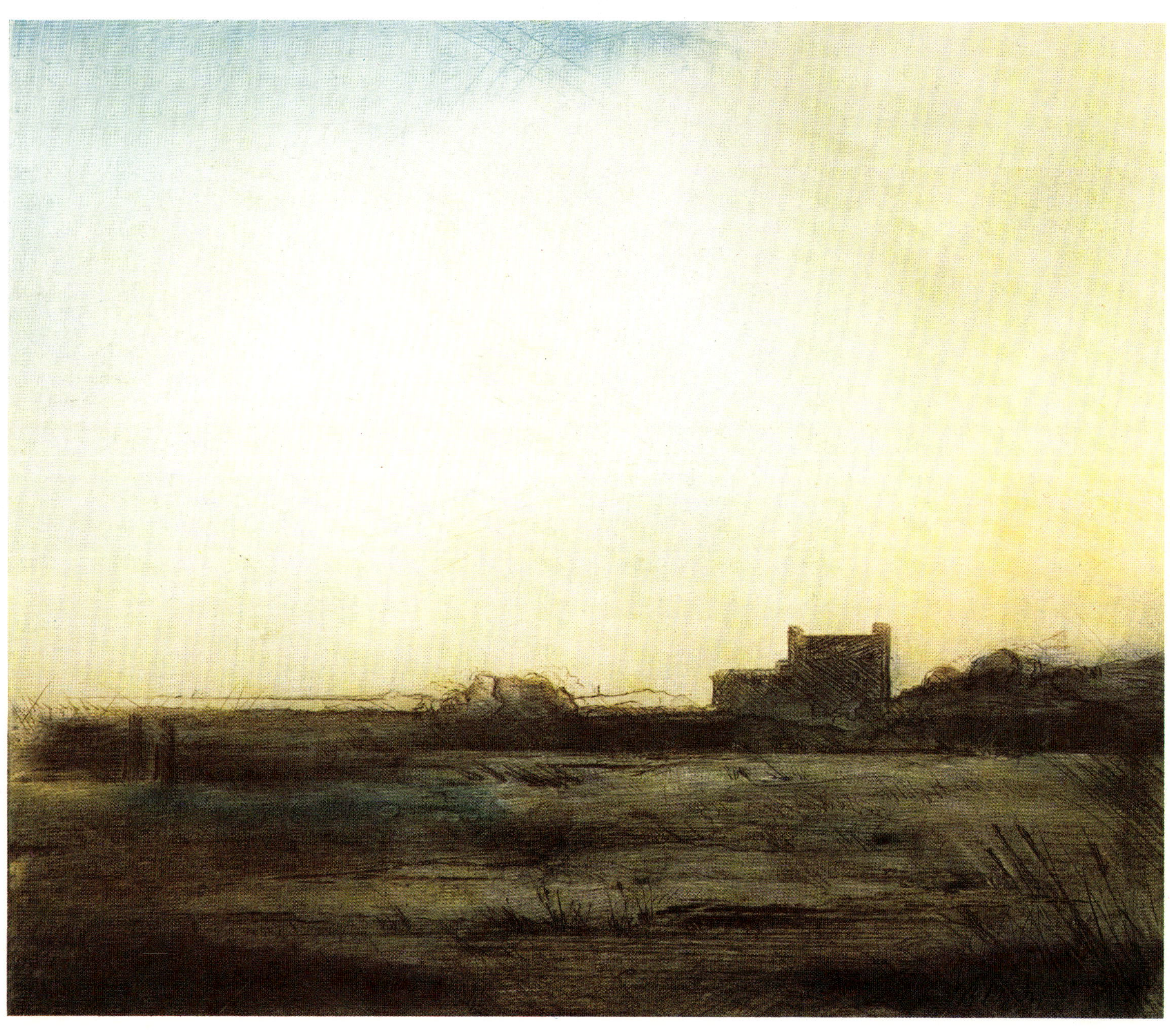

KR 188   CACHAREL II

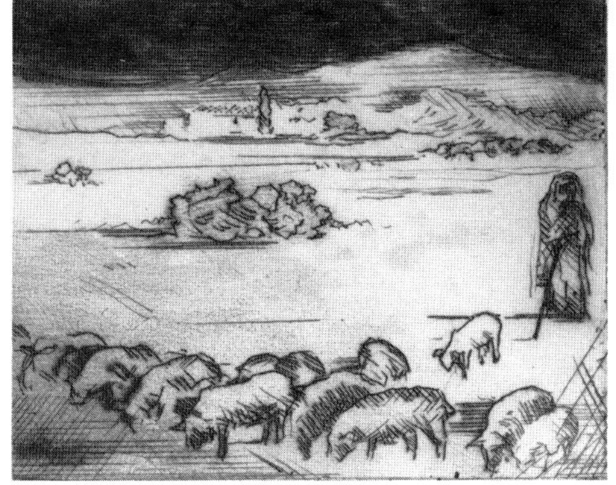

189

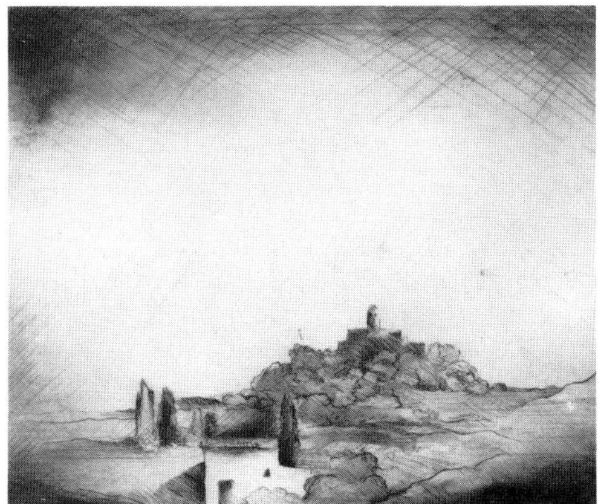

190

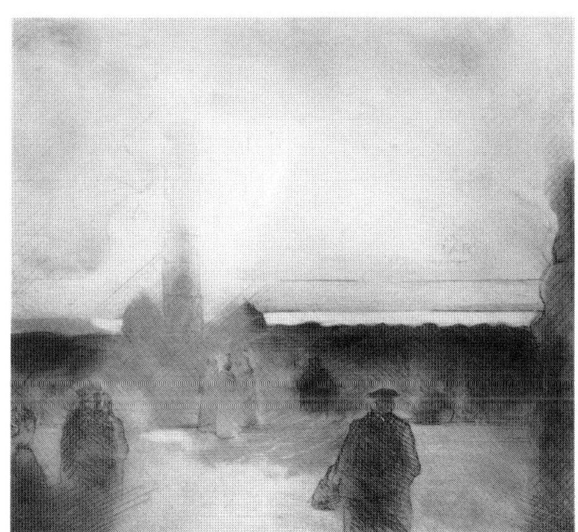

191

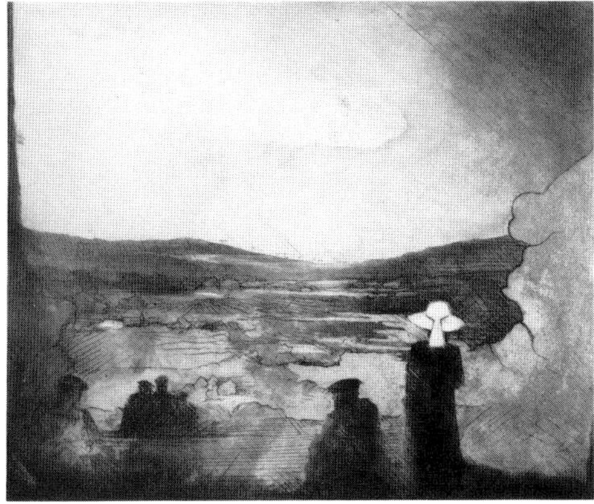

192

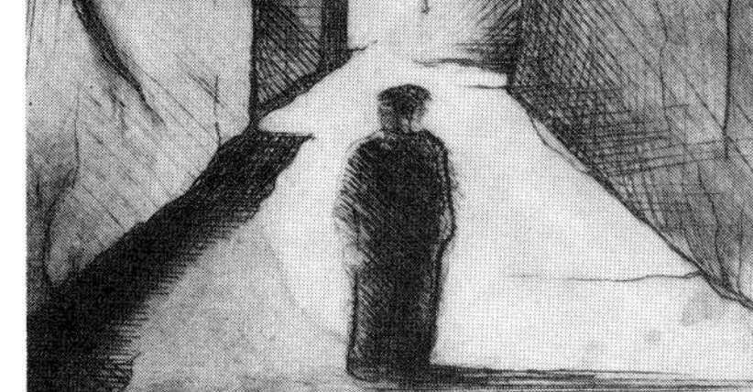

193

194

KR 189   ....UND WEIDETEN DES NACHTS DIE
SCHAFE
Kaltnadelradierung mit offener Ätzung auf eloxiertem
Aluminium, 1 Platte, 4 Farben, Auflage 120, zusätz-
lich handcoloriert, Proben 10, Blattgröße Auflage
27/19,5 cm, Proben 39,4/26,7 cm, Bildgröße 7/9 cm,
Edition Stadtwerke Paderborn, Weihnachtsgraphik
Druck Telschik München
KR 190   LAGARDE
Kaltnadelradierung mit offener Ätzung auf eloxiertem
Aluminium, 2 Platten, 9 Farben, Auflage 90,
Proben 10, Blattgröße 65/50 cm, Bildgröße 24,7/
29,5 cm, Edition M Taunusstein, Druck Preisler Berlin
KR 191   MANOSQUE
Kaltnadelradierung mit offener Ätzung auf eloxiertem
Aluminium, 2 Platten, 7 Farben, Auflage 75,
Proben 10, Blattgröße 65/50 cm, Bildgröße 24,7/
29,5 cm, Edition M Taunusstein, Druck Preisler Berlin
KR 192   VENASQUE
Kaltnadelradierung mit offener Ätzung auf eloxiertem
Aluminium, 2 Platten, 12 Farben, Auflage 100,
Proben 10, Zustandsdrucke 20, Blattgröße 65/50 cm,
Bildgröße 24,7/29,5 cm, Edition SW Hamburg
Druck Preisler Berlin

KR 193   SERIGNAN
Kaltnadelradierung mit offener Ätzung auf eloxiertem
Aluminium, 2 Platten, 8 Farben, Auflage 120,
Proben 10, Zustandsdrucke 5, Blattgröße 53/39 cm,
Bildgröße 19,7/15,2 cm, Druck Preisler Berlin

1983
KR 194   PAYS D'APT
Graphik zur Vorzugsausgabe – Werner Lichtner-Aix,
Malerei und Graphik
Kaltnadelradierung mit offener Ätzung auf eloxiertem
Aluminium, 2 Platten, 7 Farben, Auflage 120,
Proben 10,
Blattgröße 28/24 cm, Bildgröße 19/16,5 cm,
Druck Preisler Berlin

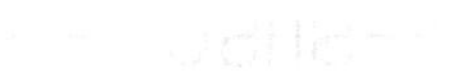

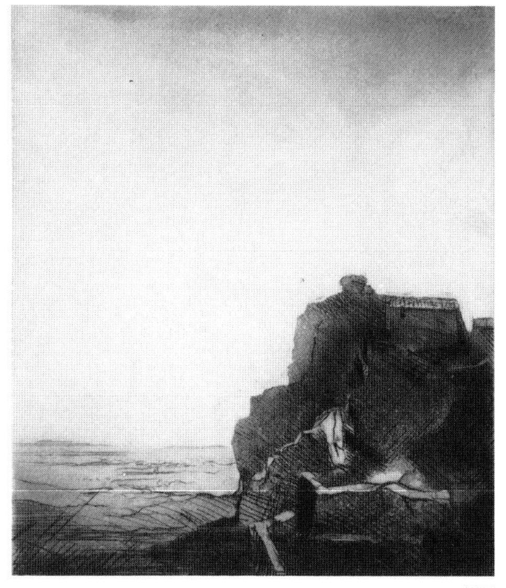

195

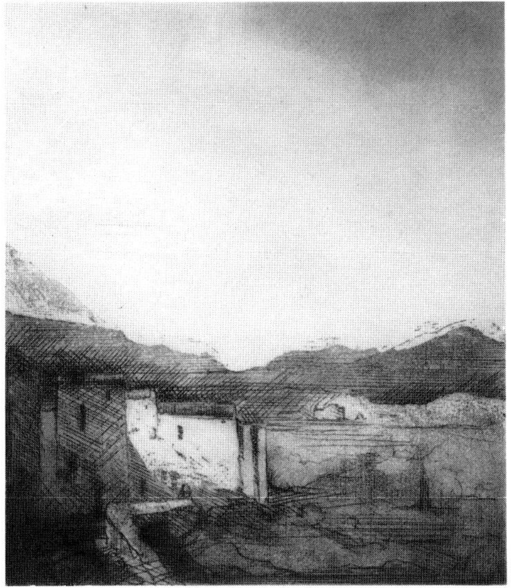

198

KR 195   MITTELMEERLANDSCHAFT I
Kaltnadelradierung mit offener Ätzung auf eloxiertem
Aluminium, 2 Platten, 7 Farben, Auflage 90,
Proben 10, Blattgröße 39/30 cm, Bildgröße 19/
16,8 cm, Edition Deutsche Bank, Druck Preisler
Berlin
KR 196   MITTELMEERLANDSCHAFT II
Kaltnadelradierung mit offener Ätzung auf eloxiertem
Aluminium, 2 Platten, 7 Farben, Auflage 90,
Proben 10, Blattgröße 39/30 cm, Bildgröße
19/16,8 cm, Edition Deutsche Bank, Druck Preisler
Berlin
KR 197   MITTELMEERLANDSCHAFT III
Kaltnadelradierung mit offener Ätzung auf eloxiertem
Aluminium, 2 Platten, 7 Farben, Auflage 90,
Proben 10, Blattgröße 39/30 cm, Bildgröße
19/16,8 cm, Edition Deutsche Bank, Druck Preisler
Berlin
KR 198   MITTELMEERLANDSCHAFT IV
Kaltnadelradierung mit offener Ätzung auf eloxiertem
Aluminium, 2 Platten, 7 Farben, Auflage 90,
Proben 10, Blattgröße 39/30 cm, Bildgröße
19/16,8 cm, Edition Deutsche Bank, Druck Preisler
Berlin
KR 199   MITTELMEERLANDSCHAFT V
Kaltnadelradierung mit offener Ätzung auf eloxiertem
Aluminium, 2 Platten, 7 Farben, Auflage 90,
Proben 10, Blattgröße 39/30 cm, Bildgröße
19/16,8 cm, Edition Deutsche Bank, Druck Preisler
Berlin
KR 200   MITTELMEERLANDSCHAFT VI
Kaltnadelradierung mit offener Ätzung auf eloxiertem
Aluminium, 2 Platten, 7 Farben, Auflage 90,
Proben 10, Blattgröße 39/30 cm, Bildgröße
19/16,8 cm, Edition Deutsche Bank, Druck Preisler
Berlin

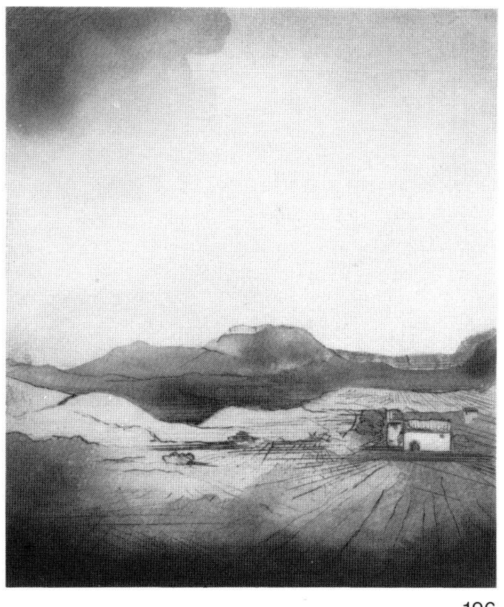

196

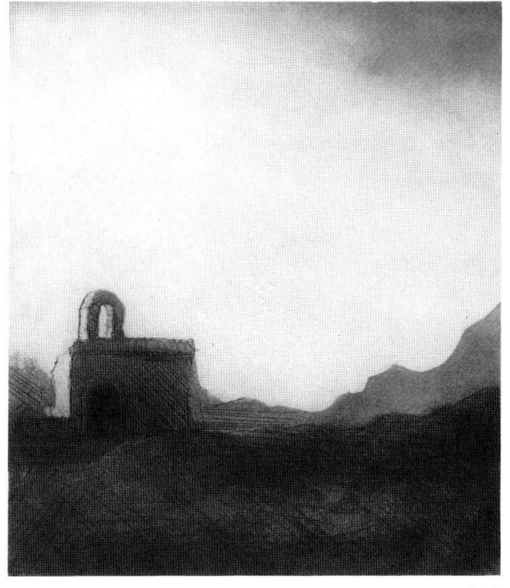

199

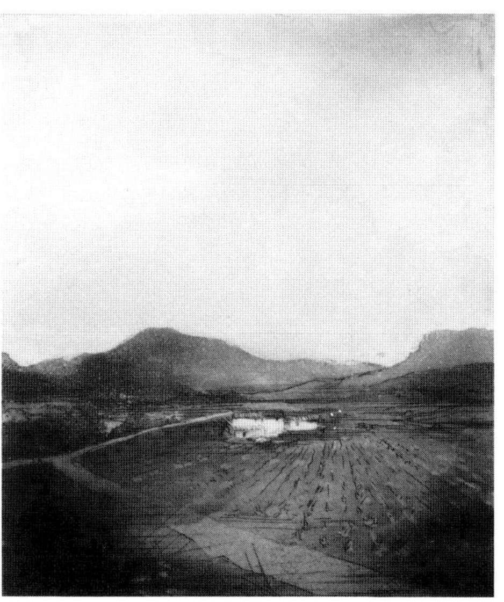

197

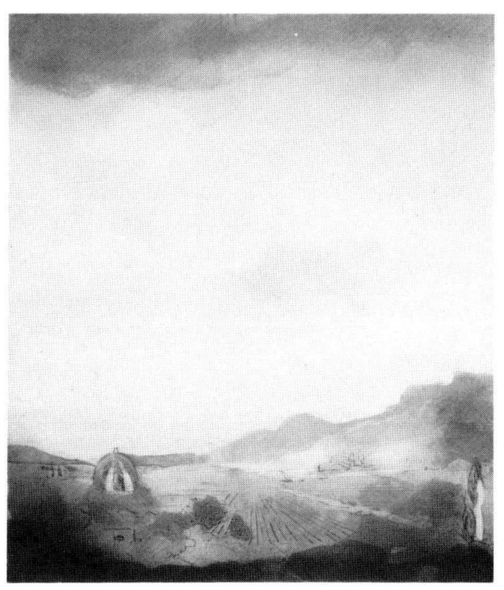

200

Plastische Arbeiten

Beispiele figürlichen Schaffens

Seit 1975 entstehen von Werner Lichtner-Aix auch plastische Arbeiten, ausgeführt in Sandstein und Bronze, nach einem Wachsmodell in kleinen Auflagen abgegossen.
Die Skulptur ist für sein grafisches und malerisches Werk von Bedeutung.
Er sagt dazu selbst: „Meine Figuren sind materialisierte Zeichnungen in drei Dimensionen. Sie dienen dazu, das Spektrum meiner Malerei zu bereichern".

Abb. Seite 132   PROVENÇALE
Bronzeguß nach Wachsmodell
16 cm Höhe
Guß Strehle, Altötting

Abb. Seite 133   LES DEUX COPINS
Bronzeguß nach Wachsmodell
14 cm Höhe
Guß Strehle, Altötting

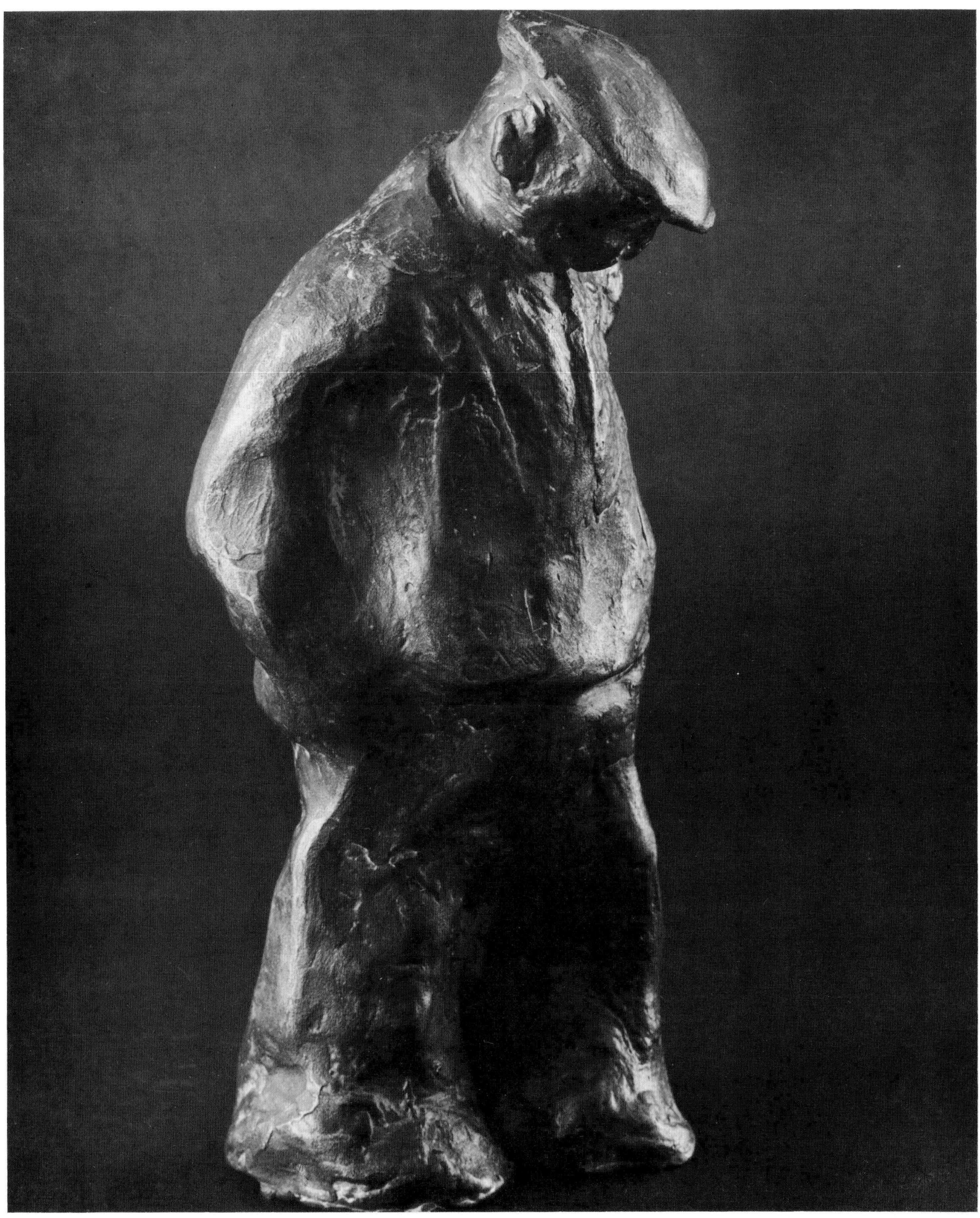

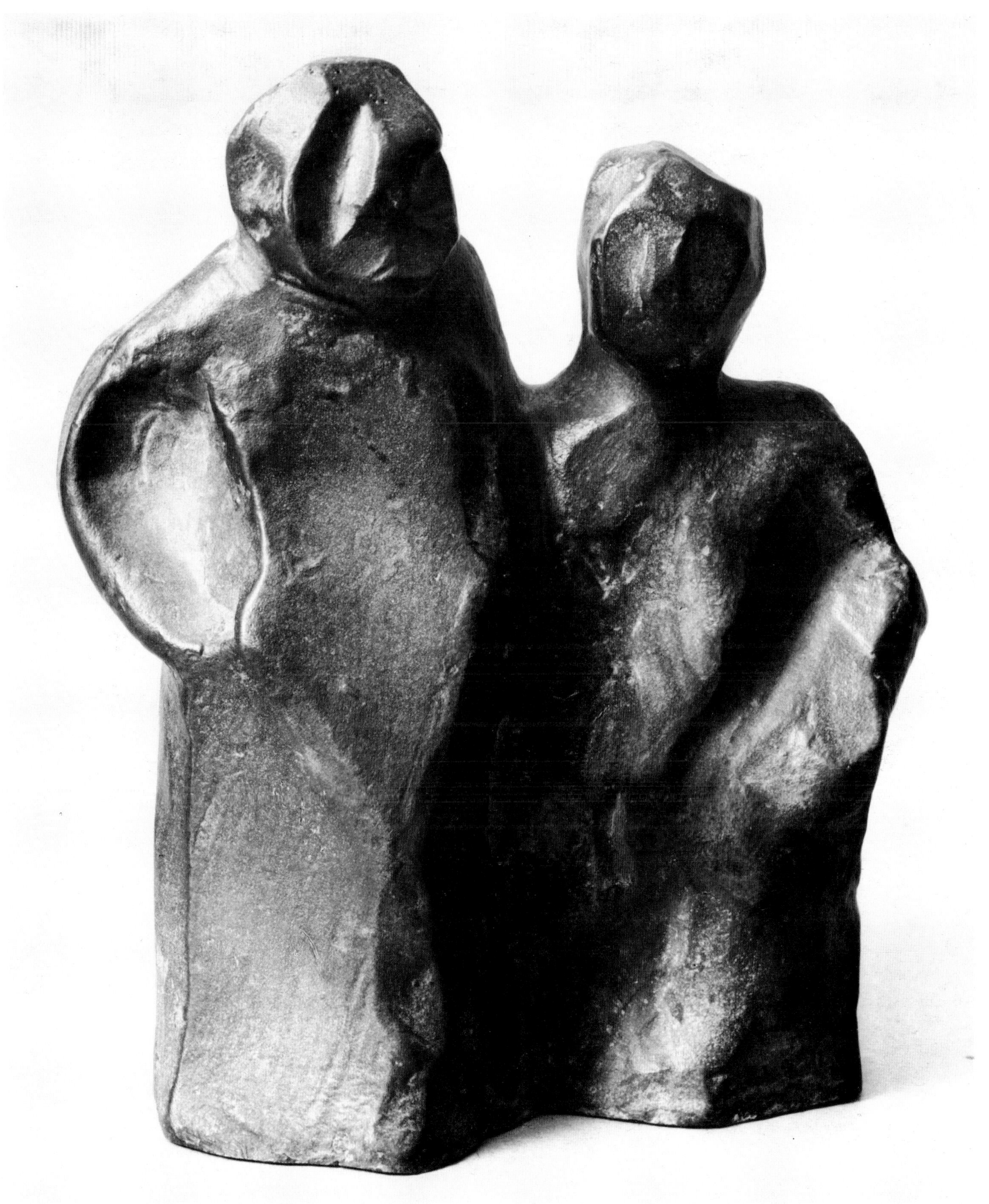

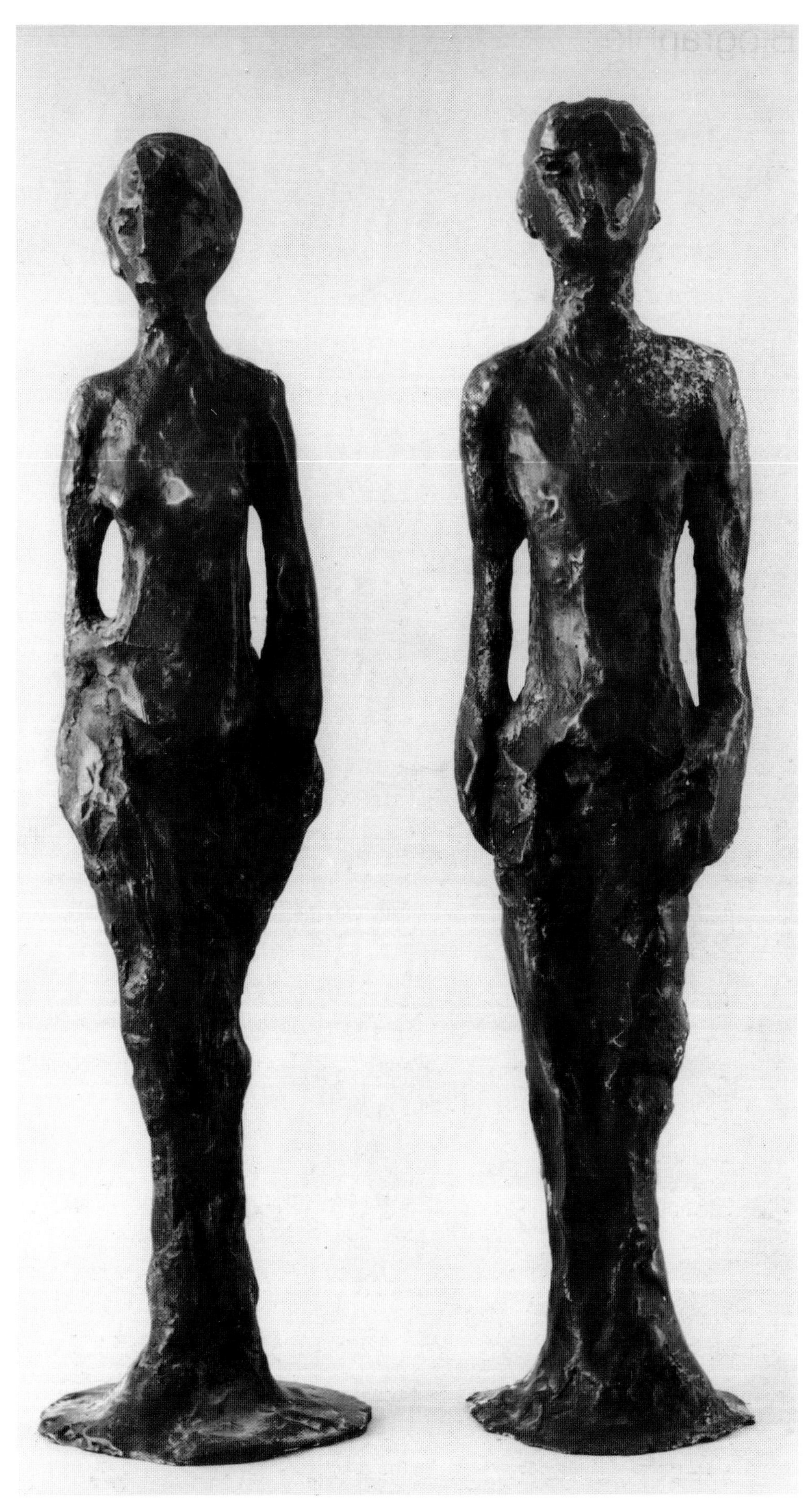

LE COUPLE
Bronzeguß nach Wachsmodell
Er 45 cm Höhe, Sie 44 cm Höhe
Guß Strehle, Altötting

Biographie

WERNER LICHTNER-AIX
Am 24. 7. 1939 in Berlin geboren.
Kindheit und Jugend im Berlin der Kriegs- und
Nachkriegsjahre.
1955 - 1957 Ausbildung zum Technischen Zeichner,
gleichzeitiger Besuch der Abendschule.
1959 Beginn des freien Zeichnens auf der Insel
Rügen und der Selbstausbildung als Maler.
1961 Wechsel von Ostberlin in die Bundesrepublik.
Fortsetzung und Abschluß des technischen
Studiums.
1965 - 1967 Entwicklungsingenieur
Wählt das Pseudonym „Aix"
1967 Entscheidung für die freie Malerei und Graphik.
Reise in die Provence, wo er seine malerische
Heimat findet.
1968 Heirat mit Monika, genannt Monique, Ostrop.
Folge von Collagen „Archimedes"
Einzelausstellung bei Änne Abels, Köln
1969 Ockerbilder oder „Die hellen Bilder",

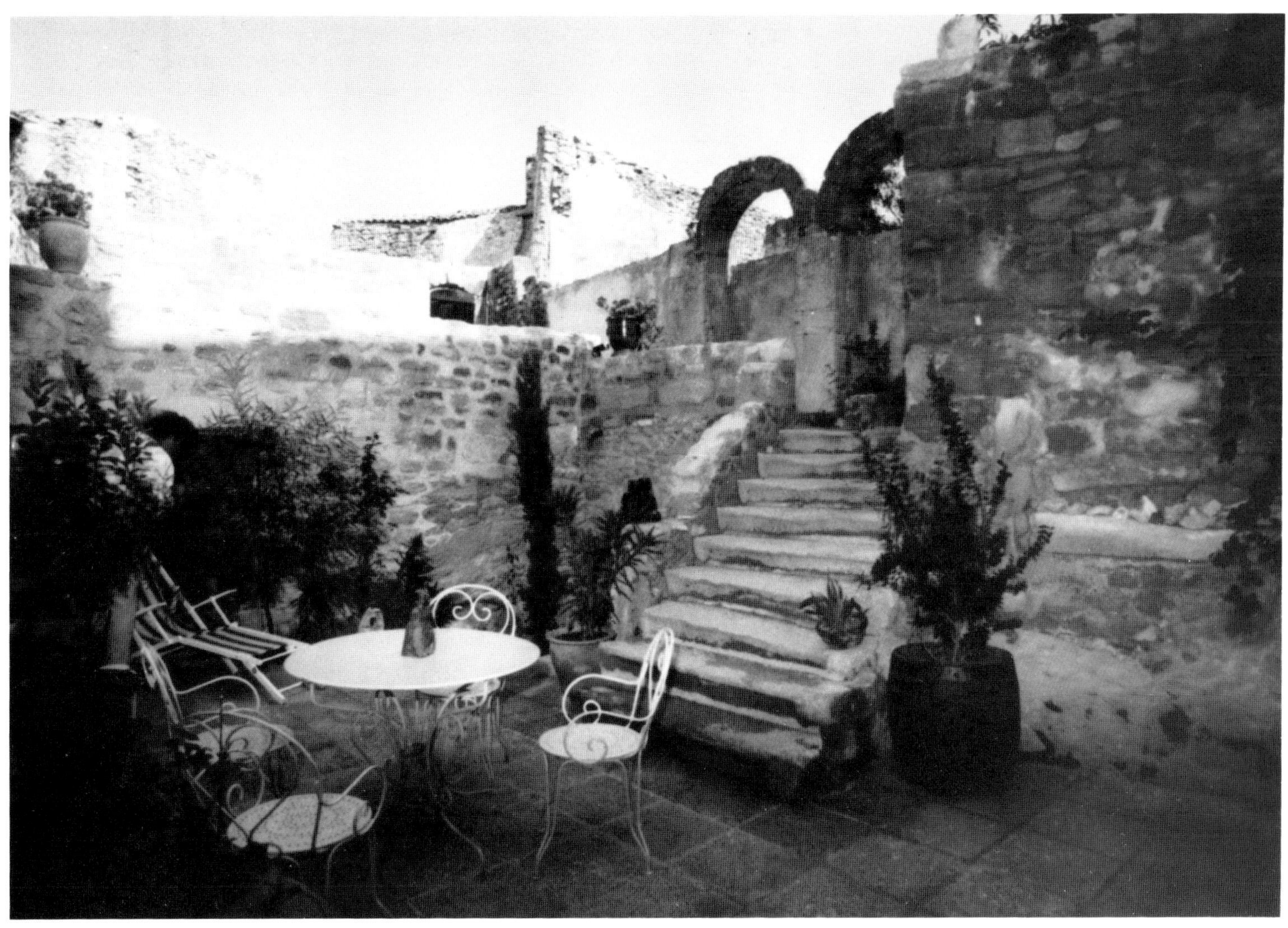

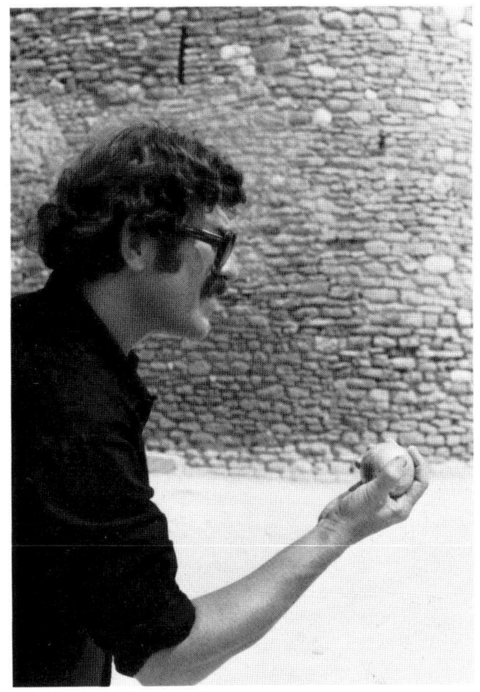

Werner Lichtner-Aix beim Boulespiel

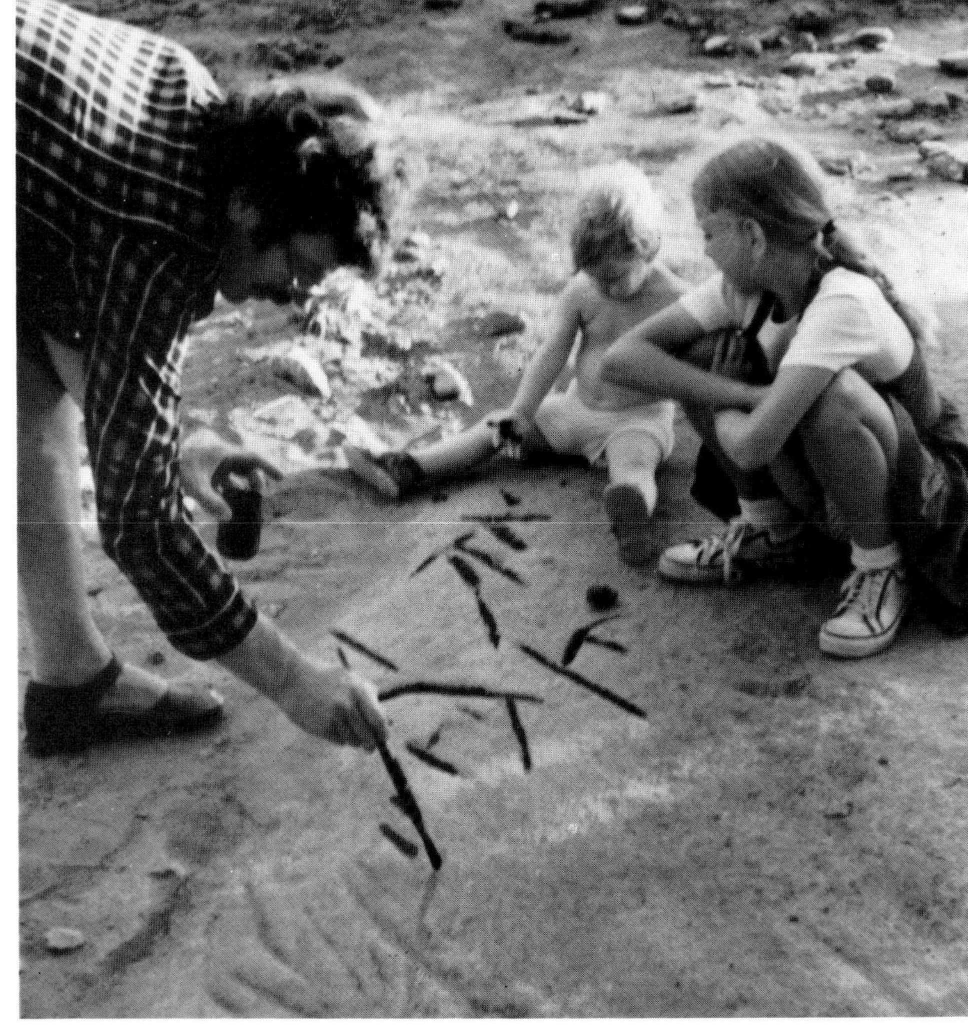

Eine alte Felsenzeichnung wird mit Farbe sichtbar gemacht

Zum Erscheinen des Buches La cuisine provençale, im Oktober 79, gratuliert Verleger Gerd Mazurkiewicz dem Ehepaar Lichtner-Aix.

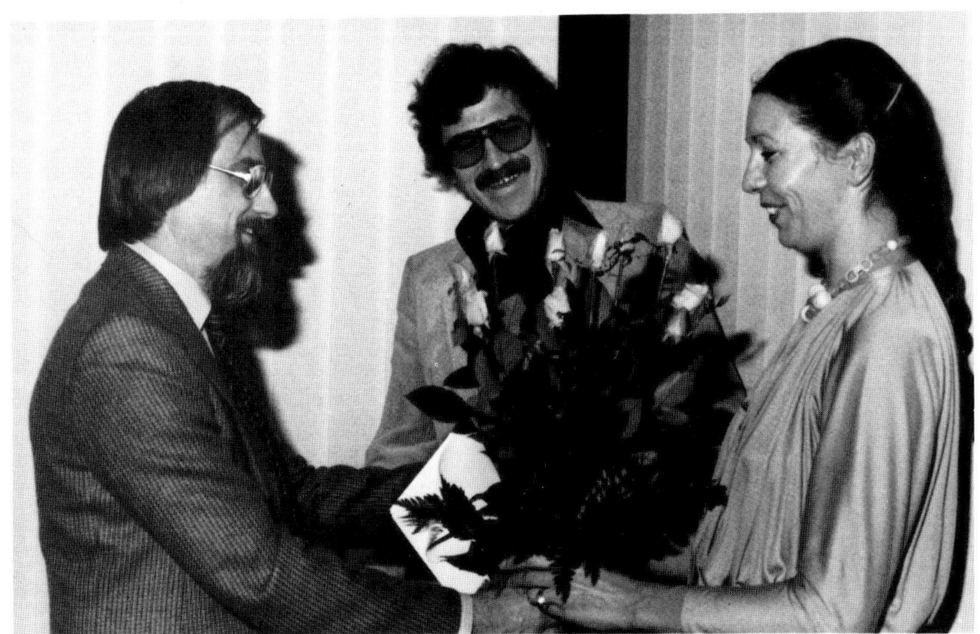

Seite 137
Lichtner-Aix vor der Staffelei im Atelier Sérignan

Die Familie des Künstlers: Frau Monique, Tochter Katharina und Sohn Maximillian-Roman

136

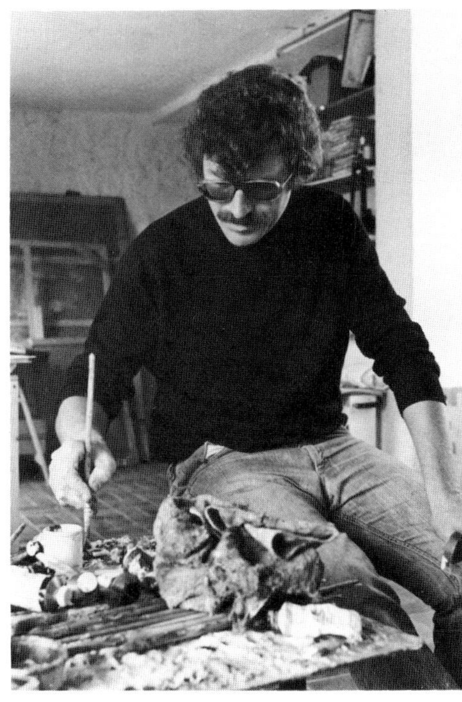

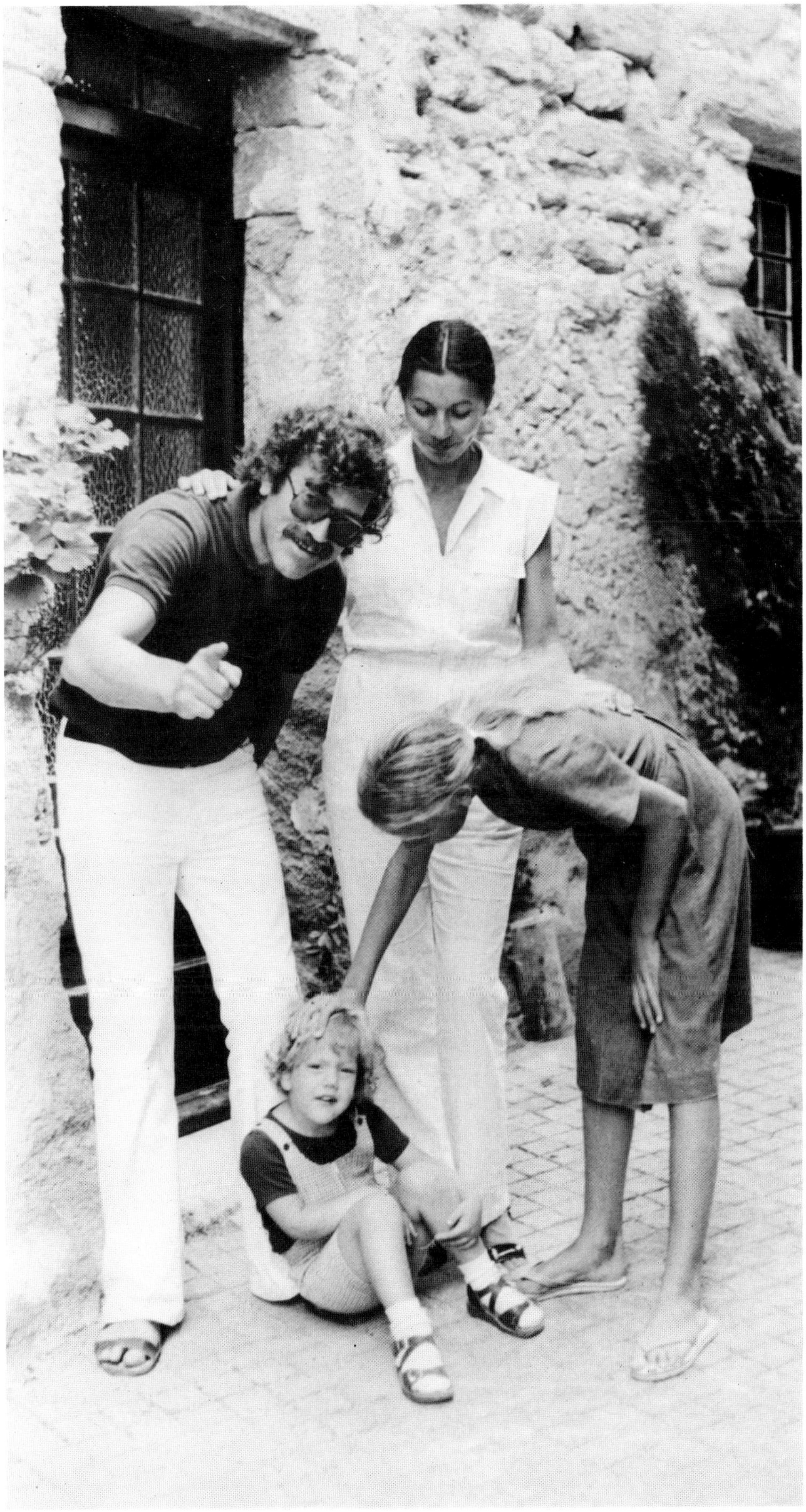

Lithographische Arbeiten „Das Zigeunerfest"
Einzelausstellung bei Gurlitt, München
Geburt der Tochter Katharina Friderike
1970 „Die Farbmosaiken"
Erhält von der Gemeinde Sérignan ein mittelalter-
liches Haus als Geschenk, das in den folgenden
Jahren gemeinsam mit seiner Frau Stein für Stein
aufgebaut wird.
1971 Diskussion der Farbe
Zeichnungen zu Jean-Henry Fabre.
Bilder von Plätzen
Bilder der freien Landschaft
1974 Die „Mistralbilder", der Wind als Vorwand für
die reine Farbe
1975 Erste Monographie bei Wittemann, München
1976 Gesamtwerk-Ausstellung bei Lange, Berlin
1977 Geburt des Sohnes Maximillian-Roman
Auseinandersetzung und Entwicklung der Farbradierung
1978 Wolkenlandschaften
1979 Bebilderung des Buches „La cuisine
provençale" seiner Frau Monique, erschienen im
Kunstverlag Weingarten.
1980 Radierfolge „Aïoli"
1981 Neue Landschaftsbilder „Belvedére"
1982 Nebelbilder
Es entstehen Handzeichnungen im Großformat.
Die Oberfläche wird zum stofflichen Material.
Goyert, Köln zeigt die neuen Arbeiten in einer
umfassenden Werkschau.
Bilder zum Buch „Knoblauch, Kräuter und Oliven"
seiner Frau Monique, erschienen im Kunstverlag
Weingarten.

Bibliographie

WERNER LICHTNER-AIX

1964 Bild, Berlin 1.4. – Spandauer Volksblatt,
Berlin 13.9. – BZ, Berlin 2.10. – Der Kurier,
Berlin 6.10.

1965 Münchner Merkur 1.9.

1967 Abendzeitung, München 14./15.1. – Münchner
Merkur 3.2. – Badische Neue Nachrichten 7.3.
– Abendzeitung, München 7.4. – Münchner
Merkur 24.6. – Münchner Merkur 10.9. –
Madame Heft 10 –

1968 Ausstellungskatalog „Lichtner-Aix", Galerie
Änne Abels, Köln 5. – Köln und Bonn, Falk-
verlag – Artis 5 – Kölner Woche 5. – Kölner
Rundschau 3.5. – Kölner Leben 11.5. – Bonner
Generalanzeiger 11./12.5. – Kölner Stadt-
anzeiger 28.5. – Le Dauphiné 5.6. –
Le Dauphiné 24.6. – Westfalen-Blatt 2.10. –
Münchner Merkur 4.12. – Die Weltkunst 12

1969 Nord-West-Zeitung 30.1. – Le Provençale 3.5.
– Le Dauphiné 8.5. – Westfalen-Blatt 10.5. –
Westfalen-Blatt 31.5. – Wolfgang Christlieb in:
Ausstellungskatalog „Lichtner-Aix", Kunst-
studio Westfalen-Blatt, Bielefeld 6. – West-
falen-Blatt 3.6. – Westfalen-Blatt 5.6. –
Münchner Merkur 17.10. – TZ, München
29.10. – Süddeutsche Zeitung, München
30.10. – Tz, München 4.11. – Abendzeitung,
München 7.11. – Artis 12

1970 Galeriespiegel 2/3 – Westfalen-Blatt 10.4. –
Abendzeitung, München 13.4. – Abend-
zeitung, München 22.4. – Tz, München 28.4. –
Bild, München 29.4. – Neue Presse 1.5. –
Bayern-Kurier 2.5. – Rheinische Post 21.11. –
Westdeutsche Zeitung 21.1. – Neue-Rhein-
Zeitung 24.11. – Neue-Rhein-Zeitung 25.11. –
Münchner Leben 4. – Amerika Gedenk-
bibliothek, Kunst der jungen Generation –
Documenta-Archiv, Kassel – Studien-
programm Bayerischer Rundfunk

1971 Rago T. Ebeling in: Ausstellungskatalog
„Lichtner-Aix", Kunststudio Westfalen-Blatt,
Bielefeld 2. – Westfalen-Blatt 5.2. – Westfalen-
Blatt 10.2. – Le Dauphiné 28.7. – Le Dauphiné
31.8. – Le Provençale 5.9. – Weser-Kurier
3.11. – Bremer Nachrichten 4.11. – Abendzeitung, München 1.12. – Münchner Merkur
5.12.

1972 Wolfgang Christlieb in: Ausstellungskatalog
„Lichtner-Aix", Städtisches Museum, Braun-
schweig 7. – Braunschweiger Zeitung 10.7. –
Le Dauphiné 23.7. – Le Provençale 4.8. –
Der Abend, Berlin 14.10. – Hans Rittermann,
SFB Berlin 10. – Hannoversche Allgemeine
24.10. – Neue Hannoversche Presse 25.10. –
Die Welt 25.10.

1973 Ausstellungskatalog „Lichtner-Aix", Kunststudio Westfalen-Blatt, Bielefeld 2. – Westfalen-Blatt 27.2. – Le Provençale 24.7. –
Pariser Kurier

1974 Künstler der jungen Generation, Berlin –
Ausstellungskatalog „Lichtner-Aix", Galerie
Louise Ortner, Villach 3. – Volkszeitung,
Kärnten 17.3. – Kärtner Tageszeitung 16.3. –
Kleine Zeitung, Kärnten 16.3. – Yvan Breteau,
„La thématique du mistral" Le Dauphiné 31.9.
– Dr. Otto Conzelmann in: Ausstellungs-
katalog „Lichtner-Aix", Städtische Galerie,
Paderborn/Kunststudio Westfalen-Blatt,
Bielefeld 10. – Neue Westfälische 22.10. –
Westfalen-Blatt 22.10. – Westfalen-Blatt 22.11.
– Westfalen-Blatt 23.11. – Westfalen-Blatt
25.11. – Westfalen-Blatt 5.12. –

1975 Le Monde 1. – Le Figaro 1. – Pariser Kurier
15.2. – Abendzeitung, München 15.2. –
Münchner Merkur 28.2. – Abendzeitung,
München 8.3. – Süddeutsche Zeitung,
München 18.7. – Abendzeitung, München
10.12. – Süddeutsche Zeitung, München
23.12. – Süddeutsche Zeitung, München
30.12. – Madame Heft 12 – Monographie
Werner Lichtner-Aix

1976 Westfalen-Blatt 2.4. – 3.4.- 5.4. – Westfalen-
Blatt 26.2. – Abendzeitung, München 9.4. –
Rheinpfalz 4.5. – Rhein-Neckar-Zeitung 25.5.
– General-Anzeiger 21.6.-26./27.6. – Kölner
Stadtanzeiger 28.10. – Mannheimer Morgen,
Ostern 6.5. – Hannoverscher Allgemeine
5./6.6. – Madame Heft 11 – Die Welt 30.12. –
Berliner Morgenpost 30.12. –

1977 Weltkunst Heft 1 – Die Welt 12.1. – Westfalen-

Blatt 15.1. – Abendzeitung, München 28.1. –
3.2. – Frankfurter Rundschau 23.2. – Rhein-
Neckar-Zeitung 19./20.11. – Mannheimer
Morgen 24.11. –

1978 Schwäbische Zeitung 24.1. – Südkurier 31.1.
– Schwäbische Zeitung 3.2. – Westfalen-Blatt
20./21.4.-24.4. – Mannheimer Morgen 29.9. –
„Der Kunsthandel" Titelbild September –
„Die Kunst" Titelbild, Anton Sailer über
Lichtner-Aix

1979 Süddeutsche Zeitung, München 2.11. – Kultur-
kritik Bayerischer Rundfunk 15.12. – Westfalen-Blatt 15.12. – Madame Heft 12 –

1980 Ausstellungskatalog „Lichtner-Aix",
Städtische Galerie, Paderborn. Dr. Rainer
Beck – Schwäbische Zeitung 9./10.11. –

1980 „Die Kunst" Heft 2 – Stern Heft 7 – Westfalen-
Blatt 12.2. – Westfälische Zeitung 13.2. –
Westfalen-Blatt 15.2. – Weltkunst Heft 3 –
Wuppertaler Tagblatt 4.5. – Abendzeitung,
München 13.10. – Westfalen-Post 9.10. –
Allgemeine Zeitung, Mainz 5.11. – Kultur-
spiegel, SWF Baden-Baden 13.11. – Wupper-
taler Tagblatt 11.10. – NRZ 14.10. – Lady
international Heft 12 – Börsenblatt 7.11. –
EKZ Informationsdienst Heft 10 – Badische
Neueste Nachrichten 23.10. – Badisches
Tagblatt 11.10. – Schweizer Buchspiegel –

1981 „Die Kunst" Heft 3 – Westfalen-Blatt 10.2. –
Aargauer Tagblatt 6.11. – Basler Zeitung 4.7. –
Essen & Trinken Heft 10 – Rhein-Neckar-
Zeitung 27.8. – SFB, Berlin 27.11. – Börsen-
blatt 10.9. – Tagesspiegel, Berlin 25.11.

1982 Schöner Wohnen 2/82 – Stadt-Anzeiger, Köln
6.5. – Frankfurter Allgemeine 4.6. – Schöner
Wohnen 9/82 – Frankfurter Neue Presse 9.10.
– Badische Neuste Nachrichten 16.10. –
Rheinische Post, 30.10. – General-Anzeiger
16.10. – Bergische Morgenpost 16.10. –
Remscheider General-Anzeiger 1.11. –
Hannoversche Allgemeine 1.11. –
Schwäbische Zeitung 9.11. – T. M. Journal,
Nürnberg Heft 6 – Mannheimer Morgen 4.11.
– Heidenheimer Zeitung 15.12. – Reutlinger
Generalanzeiger 12.11. – Charm, Hamburg

Heft 4/82 – Aargauer Tagblatt 9.12. – Süd-
deutscher Rundfunk 12.12. – Gießener
Anzeiger 20.12. –

1983 Die Kunst 1/83 – Augsburger Allgemeine
Zeitung 26.2. – SWF Dr. Thomas Vogel

Verzeichnis der Abbildungen

Abendlandschaft *OE 74005*   47
Abendlandschaft *KR 141* 115   31
Abendlandschaft I *OE 75007*   49
Abendlandschaft II *OE 75009*   51
Abendlandschaft III *OE 75010*   48
Aïoli (Radierfolge) *KR 144-155*   116/117
Aïoli géant *OE HZ 79075*   58
Aïoli géant *KR 146*   116
Aix-en-Provence *KL 62*   102
Alten von Sablet, die *KL 41*   99
Altstadt *KL 15*   95
Am Vaccarès *KL 5*   94
Antibes *KR 115*   111
Archimedes   15
Ardèche *OE A 82006*   75
Arena, in der *KL 18*   96
Arleserin mit Gardians *KL 1*   94
Arleserin und Stierhirten *KL 4*   94
Aubignan   88
Auf dem Wege nach Bethlehem *KR 179*   123
Automne *OE 72002*   23
Automne *OE 80044*   70
Avignon *KL 64*   102
Avignon (Richelieu) *KL 95*   107

Banon *KR 186*   126
Barroux *KL 93*   107
Bateille, la *KR 114*   111
Beaucaire *KR 176*   123
Beaumont *KR 169* 120   40
Belgarde *OE 79093*   61
Bergerie du Ventoux, la *OE HZ 82049*   78
Bison, le *OE A 77035*   32
Bistrot *KL 69*   103
Bistrot von Sablet *KL 27*   97
Blick von l'Esclade *KL 47*   100
Boucher von Séguret, der *KL 19*   96
Bouillabaisse, la *KR 145*   116
Boules *OE HZ 79101*   57
Boules *KR 153*   117
Bouleplatz *KL 57*   102
Bouleplatz *KL 91*   106
Boulodrome *OE 79034*   56
Bureau de tabac *KR 132*   37 112

Cacharel I *KR 175*   123
Cacharel II *KR 188*   128
Café du commerce *KL 26*   97
Café du commerce *KR 155*   117
Café du gare *KL 10*   95
Café Kronenburg *KL 42*   100
Café mit garde champêtre *KL 70*   103
Camargue *OE A 75047*   43
Camargue I *KR 121*   113
Camargue II *KR 122*   113
Camargue III *KR 123*   113
Camargue IV *KR 124*   113
Camargue V *KR 125*   113
Camargue VI *KR 126*   113
Campanile *KR 152*   117
Cannes *KL 8*   95
Cannes, am Hafen *KL 30*   97
Caromb II *OE HZ 83002*   85
Carpentras I *OE 81053*   73
Carpentras *OE 81053*   73
Carpentras *OE HZ 83001*   84
Château Renard *KL 75*   104
Cigale, la *KR 108*   110
Collines, les *KR 120*   111
Commune de Paris, la *KL 55*   101
Corne blanche, la *OE A 82005*   64
Corrida *KL 7*   94
Corrida *KL 16*   96
Corrida *KL 23*   97
Corse, la *KL 76*   104
Côte d'Azur *KL 74*   104
Cresac *OE 80032*   67

Dernière table, la (der Tod eines Malers) *KL 65*   103
Dorfplatz in Sérignan *KR 112*   110

Entwurf zu Henri IV *KL 85*   105
Erinnerungen, 13 Zeichnungen zum Thema   86-87
Espiguette, la *KR 128*   112
Espiguette, la II *KR 159*   118
Etang de Vaccarès *OE HZ 82047*   79

Femme avec l'ombrelle *KR 164*   119
Femme avec parasol *KR 165*   8 119

Ferrassières I *KR 133*   112
Ferrassières II *KR 134*   112
Ferrassières III *KR 135*   112
Ferrassières IV *KR 139*   115
Fischer *KL 81*   104
Fischer im Boot   10
Fischer von Marseille, der *KL 39*   99
Florets I, les *KL 45*   100
Florets, les *KL 87*   105
Forcalquier *KR 182*   125
Forcalquier, place de la fontaine I *OE 80042*   66
Freier Platz *OE 72090*   25

Gabelle, la *KR 171*   121
Gardians, les *KL 36*   99
Gardians, les *KR 147*   116
Garrigue III *OE 78074*   52
Gitanes, les oder Manitas spielt Gitarre *KL 53*   101
Gladiatorenspiele I *KL 49*   100
Gladiatorenspiele II *KL 51*   101
Gottesanbeterin, die – la mante religieuse *KR 111*
   110
Großer Feiertag *KL 34*   98

Häusergruppe   54
Haute Provence II *KR 170*   120
Heiligen drei Könige, die *KR 180*   124
Henri IV, Entwurf zu *KL 85*   105
Henri IV *KL 86*   105
Hinterm Ofen *KL 17*   96

In der Arena *KL 18*   96

Jardin, le *KR 102*   109
Jean-Henri Fabre *KR 106*   109
Jean-Henri Fabre (Arbeitszimmer) *KR 107*   110

Katharina, zur Geburt von *KR 100*   109
Kleine Arena, die *KL 3*   94
Kleine Strandlandschaft *KR 162*   118
Knoblauch, Kräuter und Oliven *KR 187*   127
Knoblauchbauer *OE HZ 79085*   59
Knoblauchmarkt *KL 71*   103
Kreidefelsen auf Rügen   10

Krippe *KR 178*   123
Kurkonzert *KL 12*   95

Lagarde *KR 190*   129
Landschaft auf Korsika   50
Landschaft bei Aix-en-Provence *OE HZ 79050*   55
Landschaft mit Collinen *KL 63*   102
Landschaft mit Dächern *KL 66*   103
Landschaft mit Mond *OE 73055*   42
Landschaft mit Weinwurzeln *KL 73*   103
Lavendellandschaft *KR 158*   118
Les Baux *KL 44*   100
Les-Saintes-Maries, bei *OE 68017*   19
Lever du soleil *OE 78048*   41
Licht und Schatten *KL 50*   101
Licht und Schatten (Midi) *KR 163*   118
Lilienblüte *KR 117*   111

Malaucène *KL 61*   102
Manitas spielt Gitarre oder Les gitanes *KL 53*   101
Manosque *KR 191*   129
Marchand d'ail *KR 148*   116
Marché I *KR 130*   112
Marché II *KR 131*   112
Marché III *KR 140*   115
Marché d'Orange *KR 172*   122
Markt von Vaison *KL 2*   94
Marktplatz *KL 22*   96
Marktplatz von Vaison la Romaine I *KL 24*   97
Marktplatz von Vaison la Romaine II *KL 25*   97
Marktplatz von Vaison la Romaine *KL 40*   99
Marktstände *KL 43*   100
Marseille *KL 21*   96
Mazan *KR 167*   119
Meerlandschaft *KL 92*   107
Méjannes I *KR 185*   125 130
Méjannes II *KR 184*   125
Midi *KL 58*   102
Midi *KR 154*   117
(Midi) Licht und Schatten *KR 163*   118
Mirage   17
Mistral I *OE 73122*   45
Mistral I *OE 80022*   71
Mittelmeerlandschaft I *KR 195*   130

Mittelmeerlandschaft II *KR 196*   130
Mittelmeerlandschaft III *KR 197*   130
Mittelmeerlandschaft IV *KR 198*   130
Mittelmeerlandschaft V *KR 199*   130
Mittelmeerlandschaft VI *KR 200*   130
Monique *KL 78*   104
Monsieur Antoinne *KR 151*   117
Monsieur Faure *OE HZ 81003*   65
Monsieur Pépin *KL 94*   107
Mont Serein *OE HZ 82009*   80
Mont Ventoux, le *KL 83*   105
Mont Ventoux, le *KR 127*   113
Mont Ventoux, le II *KR 142*   115
Montagnes de Lures *OE A 82004*   77
Montmirail *KL 90*   106
Mante religieuse, la – Die Gottesanbeterin *KR 111*   110
Morgenlandschaft *KR 143*   115

Netzeflicker, die *KL 35*   98
Nordische Fischer *KL 72*   103
Nuages *OE HZ 79029*   53

Papillon *KR 109*   110
Pays d'Apt *KR 194*   129
Paysage haute Provence *KR 168*   120
Paysage près de Beaumont I *OE 79036*   62
Pêcheurs, les *KR 103*   109
Pétanque, la *KL 56*   102
Pfarrer von Clanseye, der *KL 59*   102
Pillendreher, die *KR 110*   110
Pique-nique (aïoli) *KR 150*   117
Pique-nique II *KR 113*   110
Pique-nique am Mont Ventoux *KR 105*   109
Pique-nique im Herbst *OE HZ 82083*   83
Place, la *KR 129*   112
Plage, la *OE A 75048*   44
Plage, la I *KR 138*   20 115
Plage, la II *KR 160*   118
Plan Dieu *OE 81011*   65
Plan Dieu *KR 173*   123 33
Platanenallee mit Frau *KL 89*   103
Platanenplatz *KL 67*   103
Plateau Albion *KR 136*   114

Poisson, le *KR 144*   116
Pont d'Avignon *KL 38*   99
Pont St. Esprit *KL 82*   105
Port d'Antibes, le *KR 101*   109
Porte de Provence *OE 79125*   63
Près de Salin *OE A 82003*   74
Près de Valence *OE HZ 82048*   76
Promenade des Anglaises *KL 14*   95
Provencia, la *KL 54*   101
Provenzale im Regen, der *KL 32*   98
Provenzalische Landschaft, Le Mont Ventoux par
Bedoin *KR 157*   118

Ratatouille *KL 99*   108
Regen, der *KL 28*   97
Roquemaure *KR 181*   124
Rosine, la *KR 156*   118
Roulette *KL 13*   95
Roussillon *KR 149*   116
Ruine   64

Salin *KR 166*   119
ST. Cécile les vignes *KR 177*   123
ST. Estève I *OE 79082*   29
ST. Estève II *OE 79083*   30
ST. Etienne les orgues I *OE 78094*   60
ST. Germain de Galberte *OE 80035*   68
ST. Rémy *KL 37*   99
ST. Tropez *KL 11*   21 95
ST. Tropez *KR 104*   109
Sérignan *KL 52*   101
Sérignan *KR 193*   129
Sérignan; die Hauptstraße *KL 46*   100
Sérignan mit Mont Ventoux *KL 68*   103
Sérignan, Place de l'église *OE 79029*   34
Sérignan, Weinfelder *KL 48*   100
Serres *KR 174*   123
Simiane *KR 183*   129
Soupe de poisson *KL 98*   108
Souvenir grec *KL 96*   107
Stilleben mit blauer Vase *OE 66014*   12
Stierkampf   13
Stierkampf (Collage)   16
Strand, der *KL 31*   97

Strandlandschaft II *OE 73103*   26
Straße, die *KL 20*   96
Suze la Rousse *KR 119*   111

Thymian, König der Kräuter *OE HZ 82062*   81
Tod eines Malers, der – la dernière table *KL 65*   103
Touristen kommen, die *KL 9*   95
Troubadours, les *KL 84*   105
Uchaux *KL 97*   108
Und es waren Hirten auf dem Felde *KR 161*   118
Und weideten des Nachts die Schafe *KR 189*   129
Unter Palmen in Monte Carlo *KL 29*   97

Vaccarès, am *KL 5*   94
Vaison, Marché hebdomadaire *OE 80054*   69
Vaison, sur le marché *OE 80046*   72
Valence *KL 88*   105
Vaucluse *KL 77*   104
Vaucluse *KR 116*   111
Venasque *KR 192*   39 129
Vierzehnter Juli in Orange, der *KL 33*   98
Vigne, la *KL 79*   35 104
Vigne, la *KR 118*   35 111
Ville, la *KL 60*   102
Villedieu *KL 80*   104
Vue générale les farjons   27

Wo es nach Kräutern duftet *OE HZ 82079*   82
Wolkenlandschaft *OE 76041*   9
Wolkenlandschaft I und II *KR 137*   115

Zigeuner-Gruppe *KL 6*   94
Zur Geburt von Katharina *KR 100*   109

N. [...] die [...]

typische Umbra (unten) oben Schwarz [...]
[...] und mit Handballen verteilt [...]
Kugeln mit schwarz [...] und
mit Handballen verteilen. Licht
[...] Kreide auswischen. [...]
[...]

Vor dem Bild
mit [...]
diagonal
[...].
Schwarz [...]
mit Hand-
ballen erhöhen
im oberen
Bildrand

[...] Bl[...]
mit weiß[...]
[...]
[...] und
[...] malen
(2 cm) verteilen
[...] und mit weichem [...]
[...] Platte verteilen. Vorsicht
[...] Anschließend
[...] mit Ballen verteilen.
[...] V. Erst Platte 2 drücken

Vorsicht